상상력을 Plus+ 더하는

환상의 레고 랜드

MICRO BOOKS

지은이 **이종선**

한양대학교 언론정보대학원에서 석사학위를 취득하고, 출판사에서 에디터로 활동하며 다수의 IT 도서를 기획 집필하였습니다. 현재는 마이크로북스 출판사에서 특별하고 완벽하게 독자에게 꼭 맞는 마이크로콘텐츠를 만들고 있습니다.

주요 저서

컴퓨터로 만드는 신나는 레고 월드 | 과학실험으로 풀어가는 파우더 토이 프로그래밍 | 컴퓨터로 배우는 재미있는 한국사 | 사이툴로 그리는 재미있는 미술교실 | 스마트하게 배우는 한글 2007 | 스마트한 생활을 위한 파워포인트 2010 | 엑셀 2010 | 스마트폰 기초 | 스마트폰 활용 | SNS 소셜미디어 | 컴퓨터 셀프 정비하기 | 정보와 활용 | 뚝딱뚝딱 배우는 인터넷

상상력을 더하는

환상의 레고 랜드 | Studio 2.0

초판 1쇄 발행_ 2023년 06월 20일

지은이 이종선
발행인 이종선
총편집인 마이크로콘텐츠팀
표지&편집디자인 앨리슨큐

발행처 마이크로북스
주소 서울시 강서구 양천로 55길
전화 070-7954-3156
출판신고 2020년 1월 31일 제 2020-000013호
ISBN 979-11-974621-2-2

홈페이지 | www.microbooks.co.kr
이메일 | microbooks@naver.com
유튜브 채널 | www.youtube.com/@microbooks

무한한 상상력 저 너머로, 레고 스튜디오

레고 스튜디오 프로그램은 사용자가 가상 블록을 사용하여 레고 모델을 구축 할 수 있는 데스크탑 애플리케이션입니다. 손으로 하나씩 조립하던 레고를 마우스로 수많은 종류의 다양한 블록을 연결하여 원하는 것을 자유롭게 만들 수 있습니다. 우리가 상상하는 그 이상의 무한한 세계를 레고 스튜디오를 통해 경험하시길 바랍니다.

레고 조립 ···›

렌더링 ···›

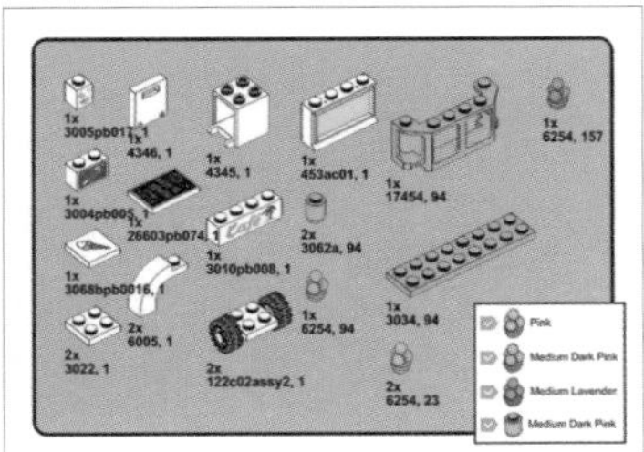

조립 설명서

이 책의 차례

Contents

마이크로콘텐츠 다운로드 방법

1 **마이크로북스** 홈페이지(www.microbooks.co.kr)에서 다운 받으실 수 있습니다.
경로 : 자료실> '상상력을 더하는 환상의 레고 랜드 예제파일'

마이크로북스 마이크로북스 마이크로 콘텐츠 도서소개 2 유튜브 강의실 자료실

자료실

번호	글제목
2	[상상력을 더하는] 환상의 레고 랜드 예제파일 N

15강

파일 홈 공유 보기

« 환상의 레고 랜... › 15강 15강 검색

02강
03강
04강
05강
06강
07강
08강
09강

이름	수정한 날짜
15강_미스터 디제이(완성).io	2023-04-20 오후
15강_예제1.io	2023-04-20 오후
15강_예제2.io	2023-04-20 오후

동영상으로 미리보기

유튜브 채널 www.youtube.com/@microbooks

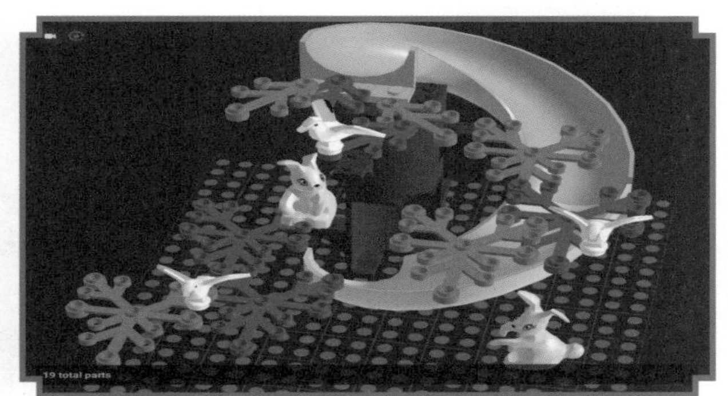

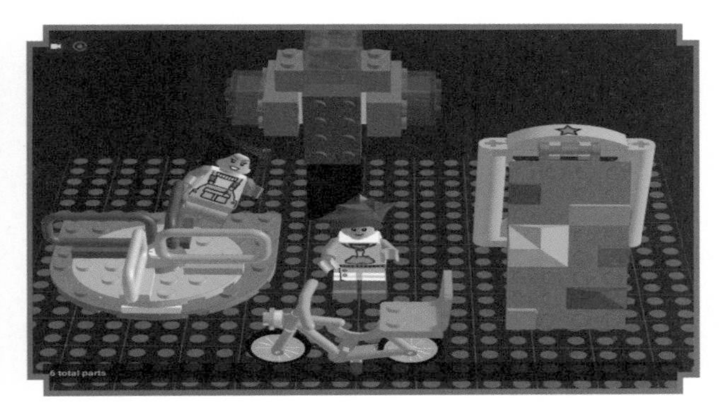

01 레고 스튜디오

가상의 블록을 이용해 상상 속 이야기를 자유롭게 만들 수 있는 레고 스튜디오를 살펴보고 블록을 자유롭게 연결해요.

학습 목표

- 블록을 연결하는 방법에 대해 알아봅니다.
- 새로운 파일을 만들고 저장하는 방법에 대해 알아봅니다.

• 선택 도구		• 힌지 도구		• 복제 도구	
• 숨기기 도구		• 충돌 도구		• 스냅 도구	

스튜디오 프로그램 설치하기

스튜디오는 가상 부품인 블록을 이용해 레고 모델을 자유롭게 구축할 수 있는 데스크탑 애플리케이션입니다.

1. 웹 브라우저 주소창에 ‘https://www.bricklink.com’을 입력하여 브릭링크 웹사이트를 방문해요.

2. 브릭링크 홈페이지가 나타나면 [스튜디오]( ) 아이콘을 선택한 다음 목록에서 [Download]를 클릭해요.

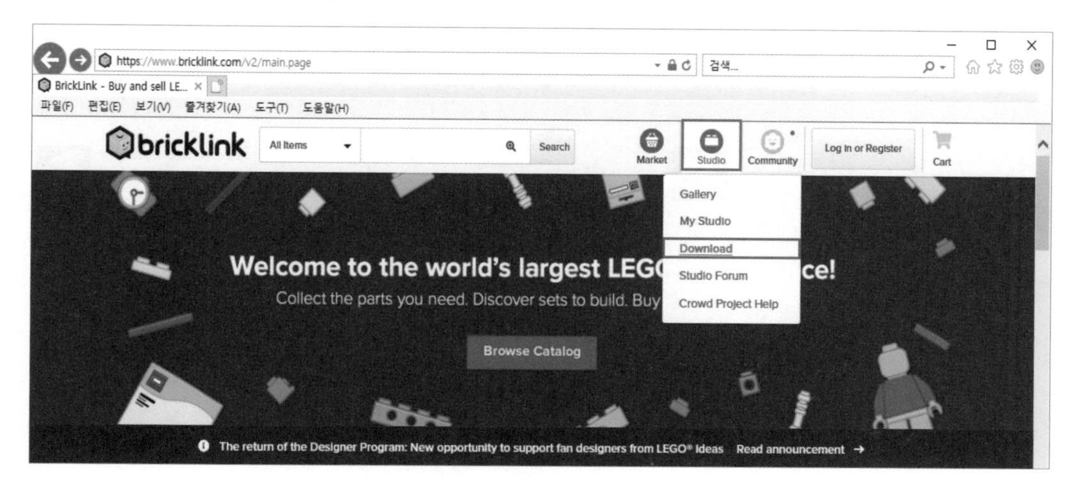

3. 다운로드 화면이 나타나면 [Download Studio 2.0 for Windows] 단추를 클릭한 다음 화면 하단에 나타난 창에서 [실행] 단추를 클릭해요.

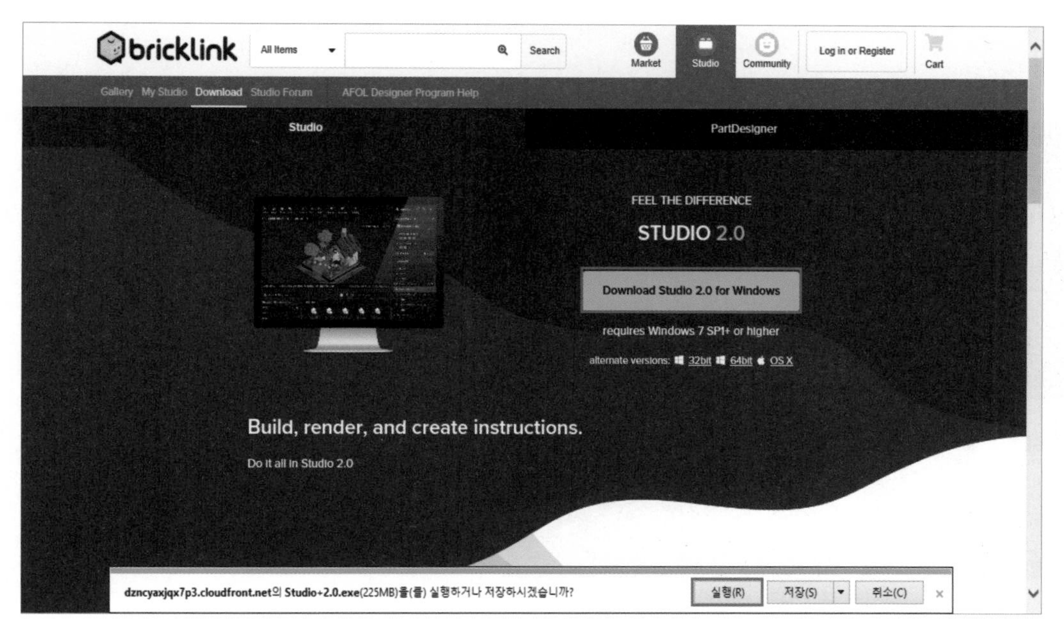

4. [설치] 창이 나타나면 [I accept the agreement]를 선택하고 [Next] 단추를 클릭한 후, 다음 창에서 [Create a desktop shortcut]를 선택하고 [Next] 단추를 클릭해요.

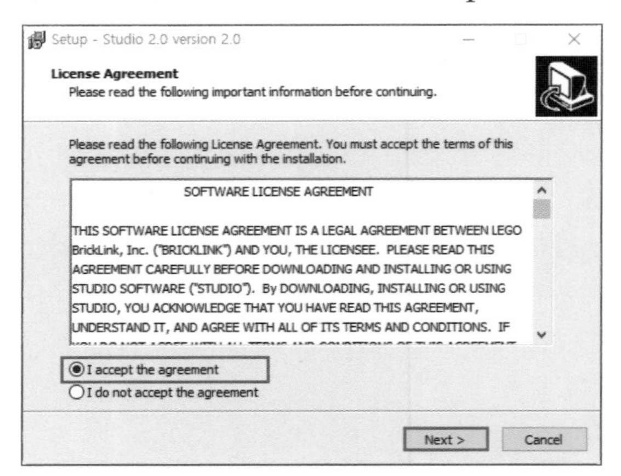

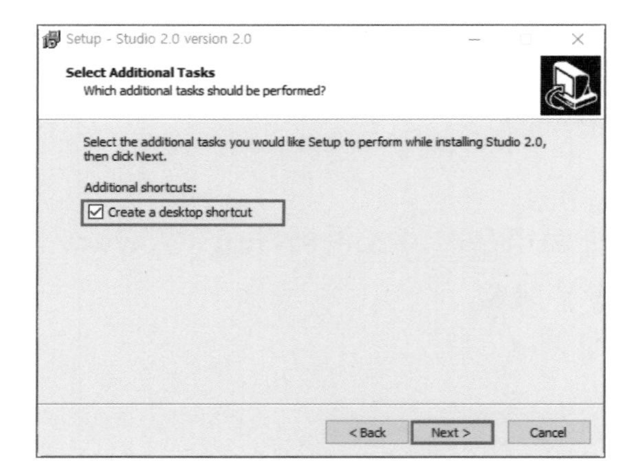

5. 그림과 같은 화면이 나타나면 [Install] 단추를 클릭해요.

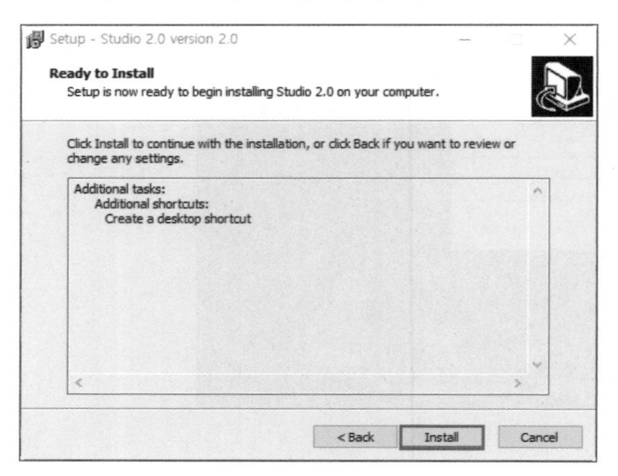

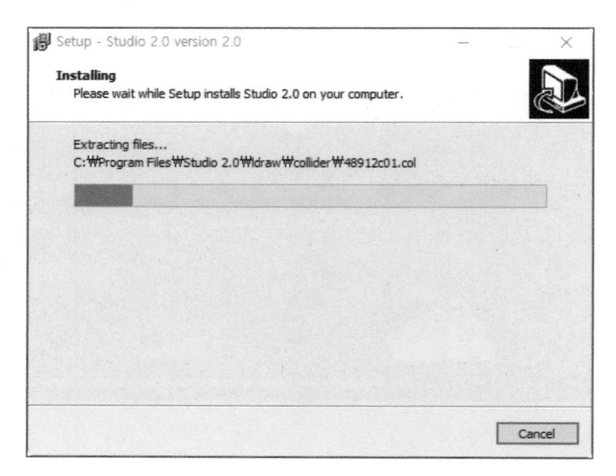

6. 설치가 끝나면 바탕화면에 나타난 [스튜디오 2.0]( ) 아이콘을 더블 클릭하여 프로그램을 실행해요.

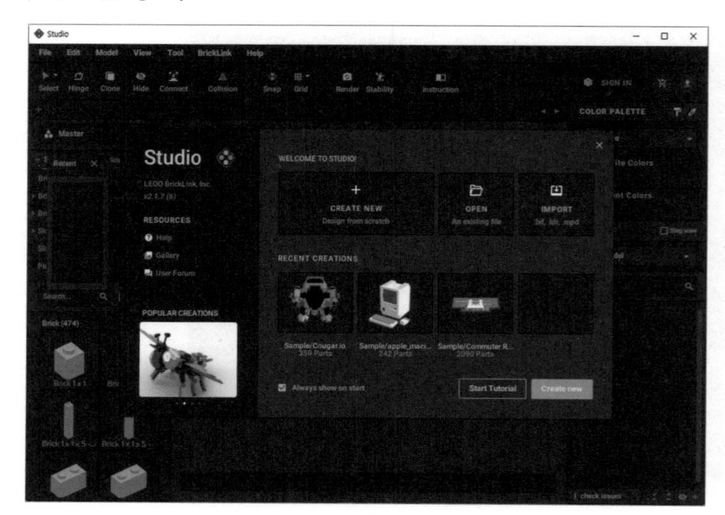

01 레고 스튜디오 화면 구성

메인 화면 구성 살펴보기

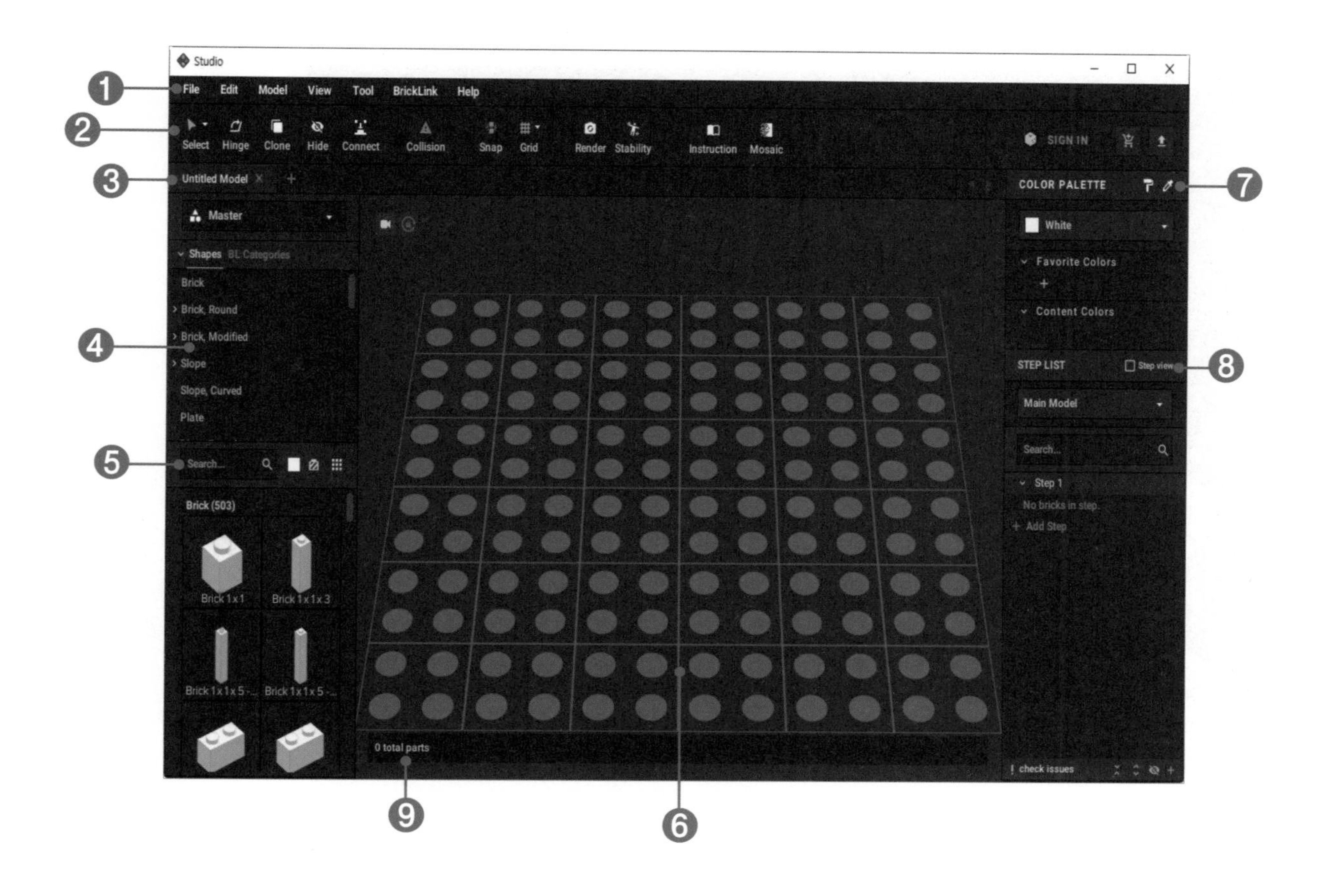

❶ **메뉴 표시줄** : 파일, 편집, 뷰포트, 도움말 등의 기능을 이용할 수 있습니다.

❷ **빌딩 도구** : 자주 사용하는 선택, 힌지, 복제 및 숨기기 등의 도구가 있습니다.

❸ **제목 표시줄** : 새로운 파일 혹은 저장된 파일이 탭 형식으로 열립니다.

❹ **빌딩 팔레트** : 레고를 만들 수 있는 모든 블록을 찾을 수 있습니다.

❺ **블록 검색창** : 이름 또는 크기로 블록을 검색하여 찾을 수 있습니다.

❻ **뷰포트** : 블록을 만드는 디지털 작업 공간을 뷰포트라고 하며 블록을 연결할 방향에 맞춰서 카메라를 회전, 이동, 확대/축소할 수 있습니다.

❼ **컬러 팔레트** : 색상 표에서 블록 색상을 지정하고, 색상을 확인할 수도 있습니다.

❽ **스텝 리스트** : 조립하는 과정을 공유할 수 있습니다.

❾ **상태 표시줄** : 현재 사용하고 있는 블록의 개수와 종류가 나타납니다.

02 블록을 연결해요.

01 빌딩 팔레트에서 그림과 같은 블록을 선택한 후, 화면과 같은 위치로 이동하여 클릭하면 블록이 연결돼요.

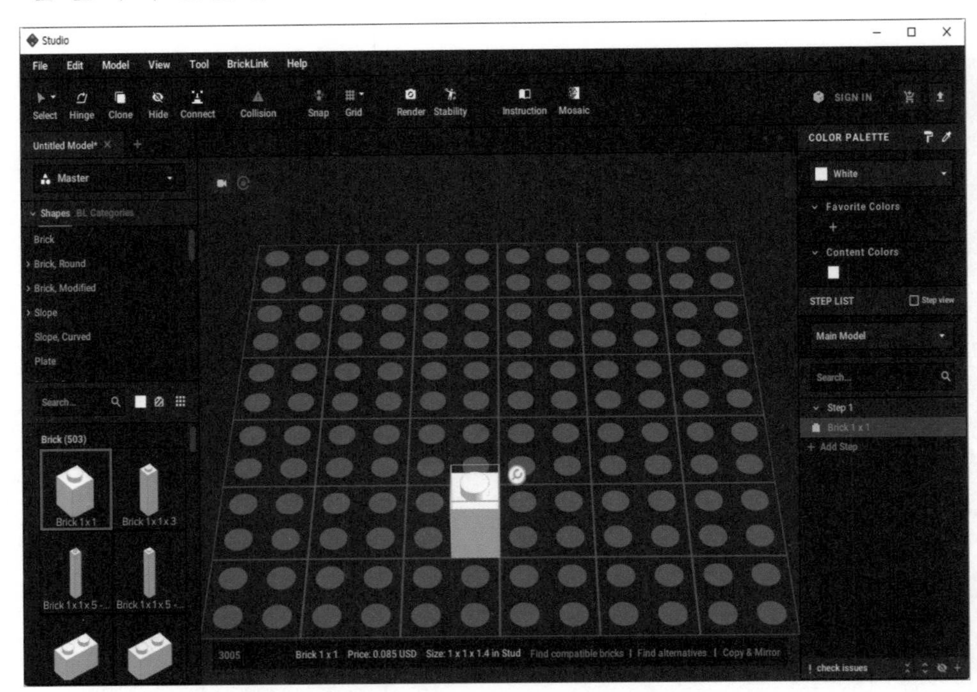

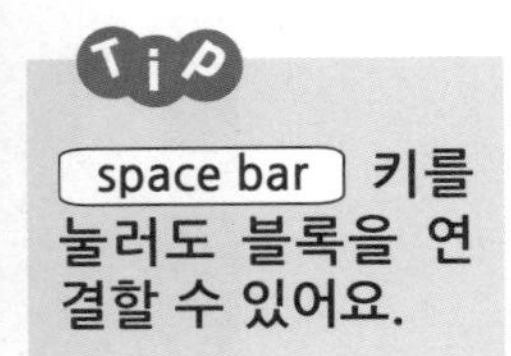

space bar 키를 눌러도 블록을 연결할 수 있어요.

02 이어서 선택된 블록을 다시 클릭하면 블록을 연속으로 연결할 수 있어요.

03 선택된 블록을 위로 쌓기 위해 연결된 블록 위로 이동시킨 다음 클릭해요.

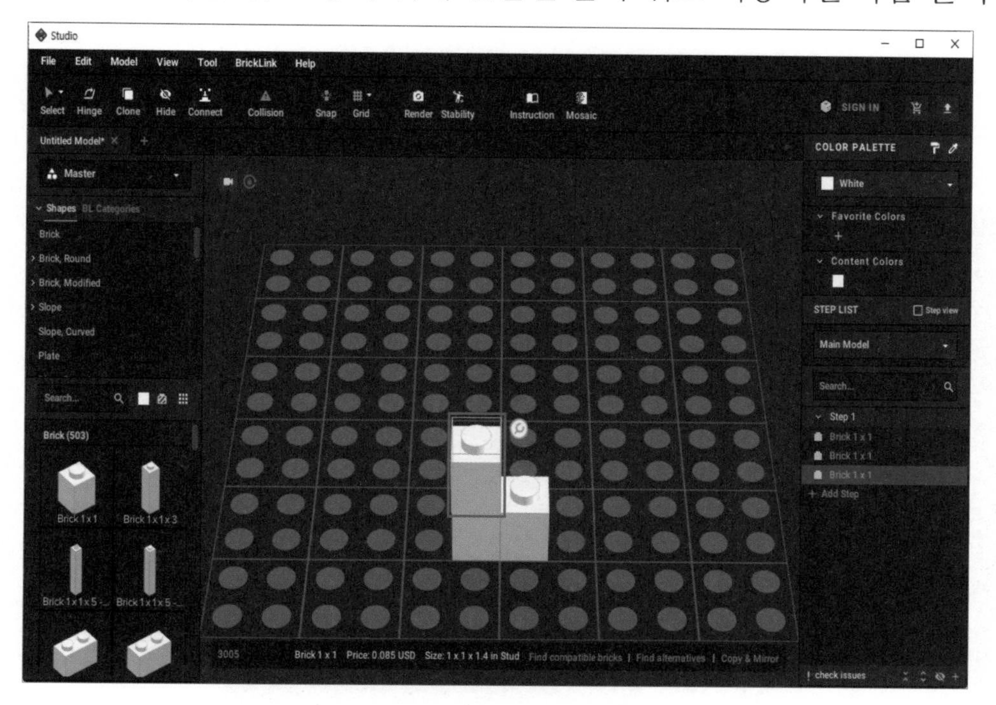

04 선택한 블록을 필요한 개수만큼 연결한 다음 [마우스 오른쪽 버튼]을 클릭하면 블록이 더 이상 연결되지 않아요.

Tip

- 키보드의 Esc 키를 눌러도 선택한 블록이 더 이상 연결되지 않아요.
- 키보드의 Delete 키를 누르면 연결된 블록을 삭제할 수 있어요.

03 새로운 파일을 만들어요.

01 새로운 파일을 만들기 위해 메뉴의 [File]-[New]를 클릭해요.

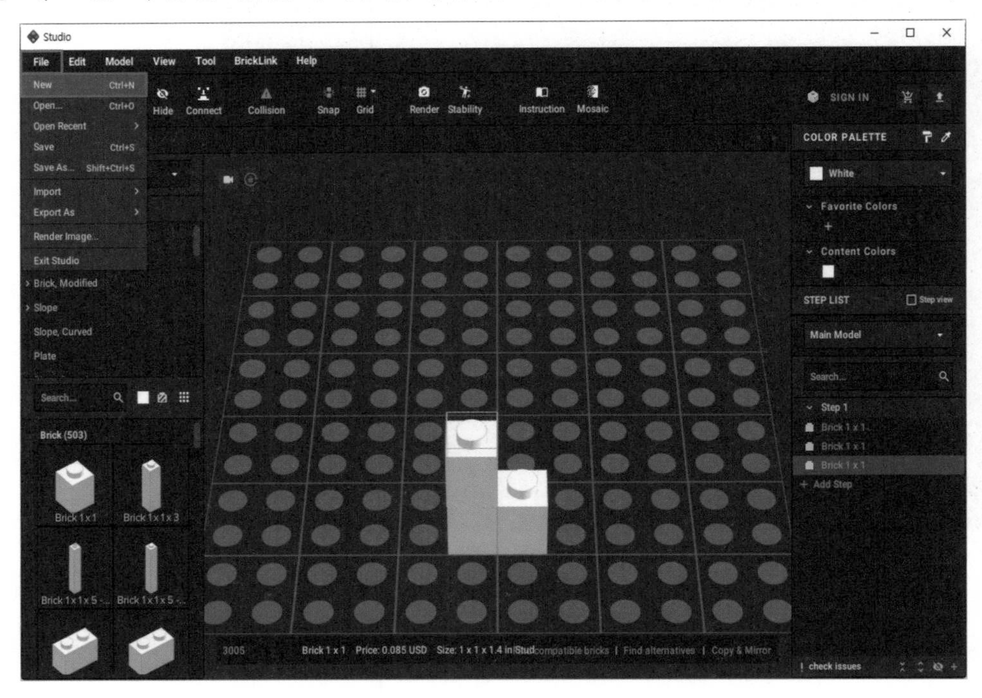

02 제목 표시줄에 새로운 파일이 탭 형식으로 나타나면 다시 파일 [닫기](X)를 클릭해요.

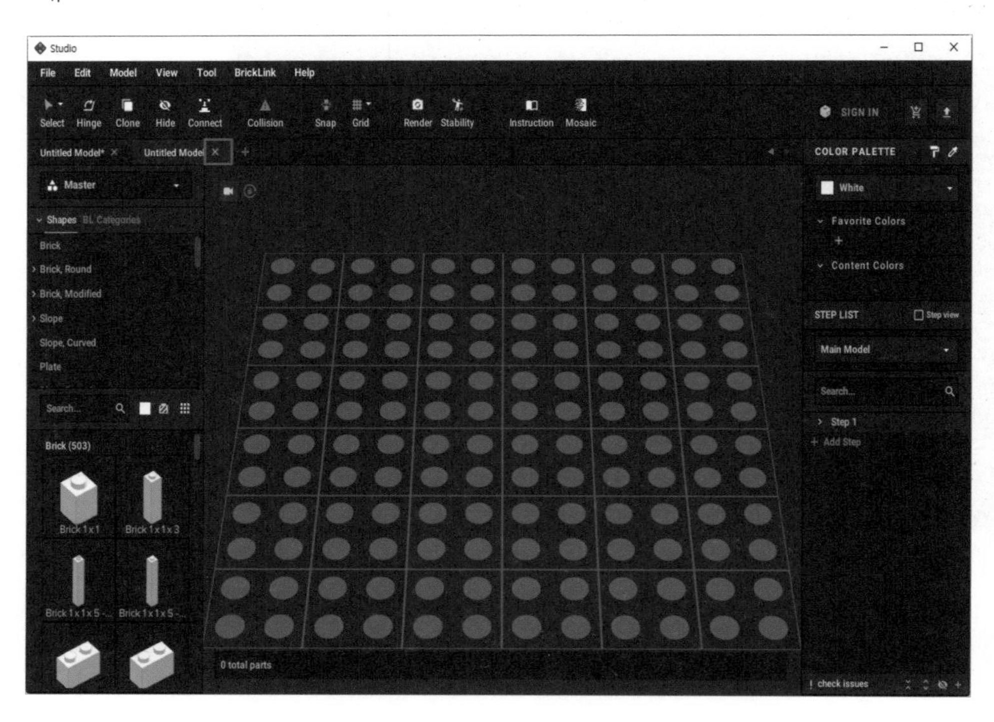

04 내 컴퓨터 속으로 저장해요.

01 블록을 저장하기 위해 메뉴의 [File]-[Save]를 클릭해요.

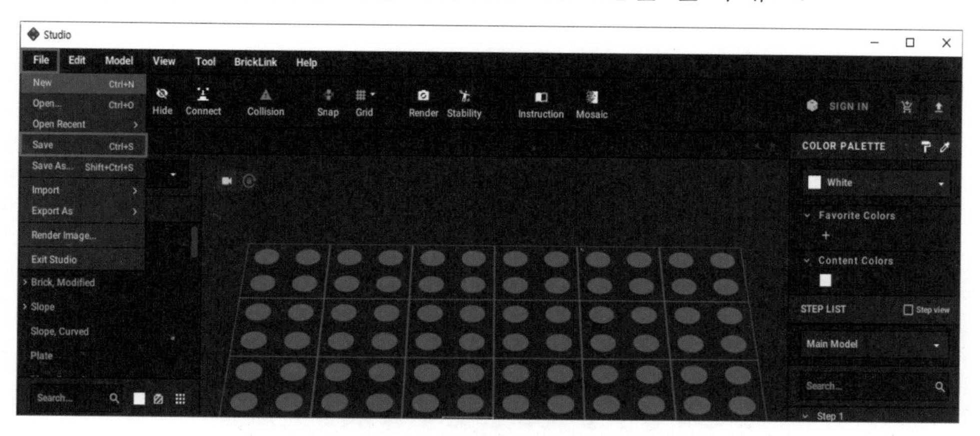

02 [파일 저장] 창이 나타나면 저장할 위치를 선택한 후, 파일 이름은 '레고 랜드'로 입력한 다음 [저장] 단추를 클릭해요.

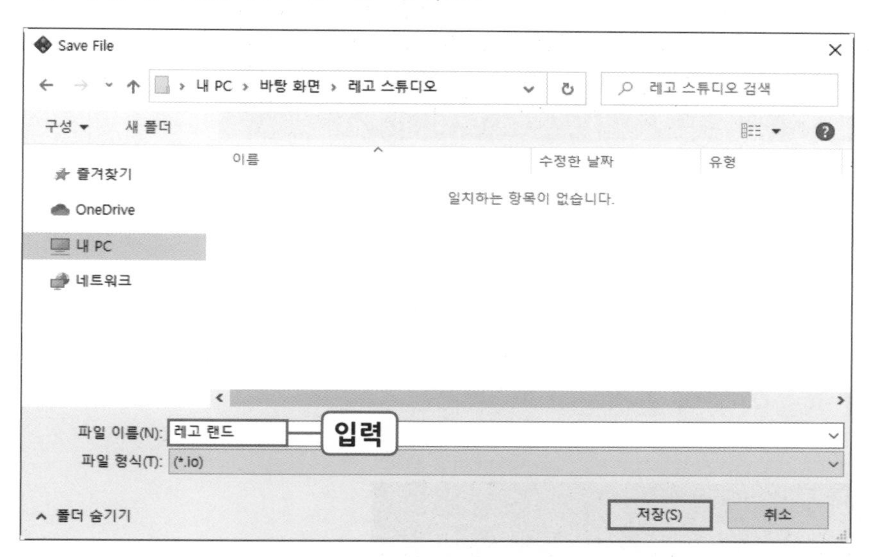

Tip 파일을 저장하기 전에 내 작품을 저장할 수 있는 폴더를 미리 만들어요.

03 저장이 완료되면 제목 표시줄에 "레고 랜드" 파일이 표시돼요.

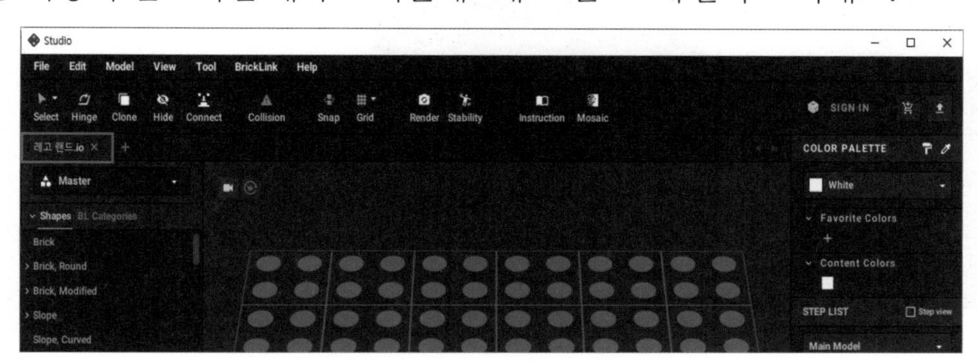

만들어봄

1 레고 스튜디오 화면 구성을 [보기]에서 골라 빈 칸에 번호를 적어요.

[보기] ① 뷰포트 ② 빌딩 팔레트 ③ 스텝 리스트 ④ 빌딩 도구 ⑤ 컬러 팔레트

2 새로운 파일에 블록을 층층이 쌓아 연결하고 저장해요.

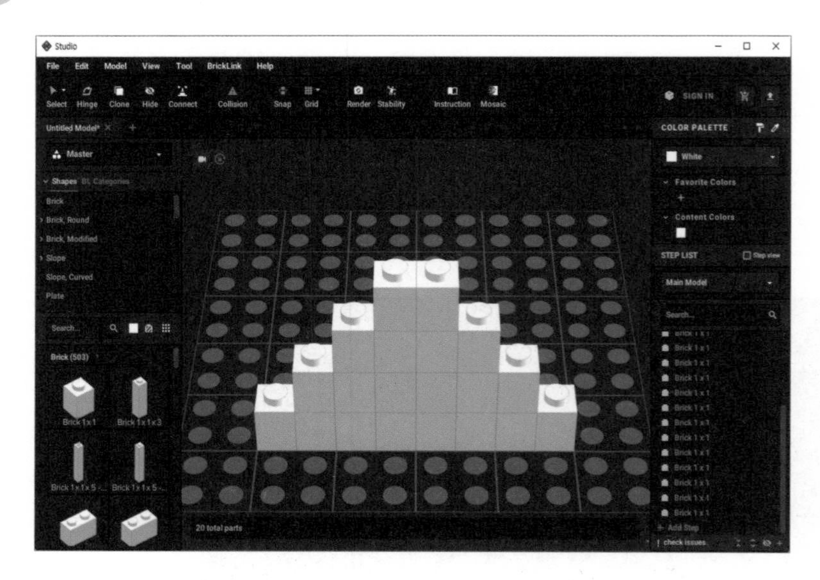

움직이는 디지털 공간

레고 디지털 작업 공간을 회전 및 이동할 수 있으며 블록을 크게 또는 작게 볼 수 있는 카메라를 자유롭게 움직여요.

학습 목표
- **카메라를 회전하여 움직이는 방법에 대해 알아봅니다.**
- **카메라를 확대/축소하는 방법에 대해 알아봅니다.**

카메라 회전

카메라 확대

카메라 축소

01 카메라를 움직여 회전해요.

01 빌딩 팔레트에서 그림과 같은 블록을 선택한 후, 화면과 같은 위치로 이동하여 클릭해요.

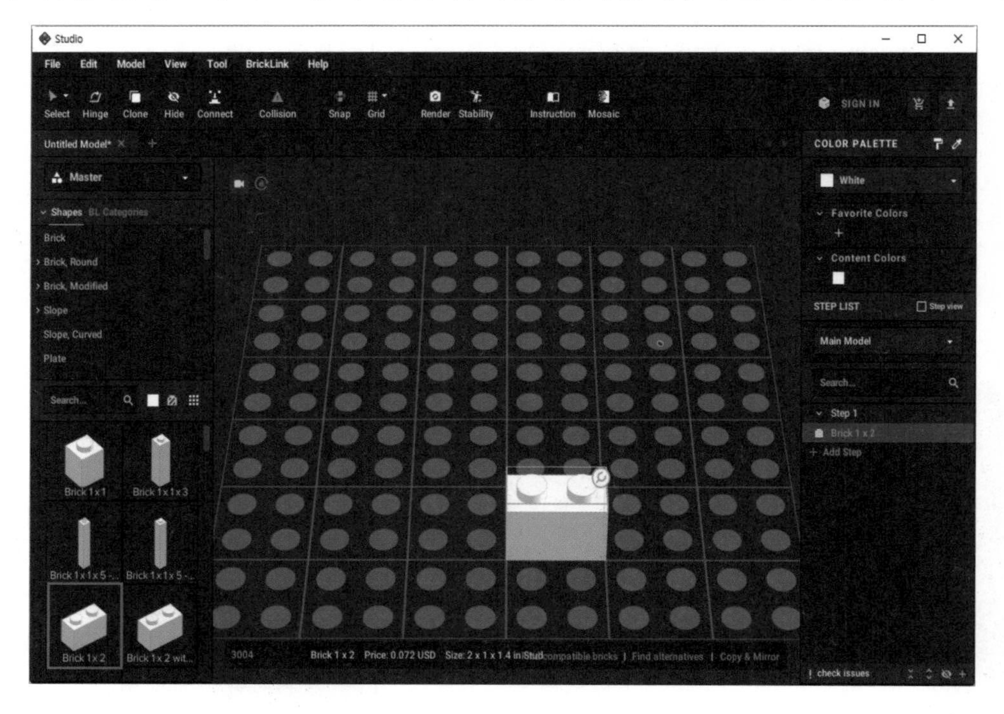

02 이어서 연결된 블록 앞에 연결하기 위해 [마우스 오른쪽 버튼]을 누르고 [뷰포트]를 왼쪽 방향으로 드래그하여 회전한 후, 화면과 같은 위치에 블록을 연결해요.

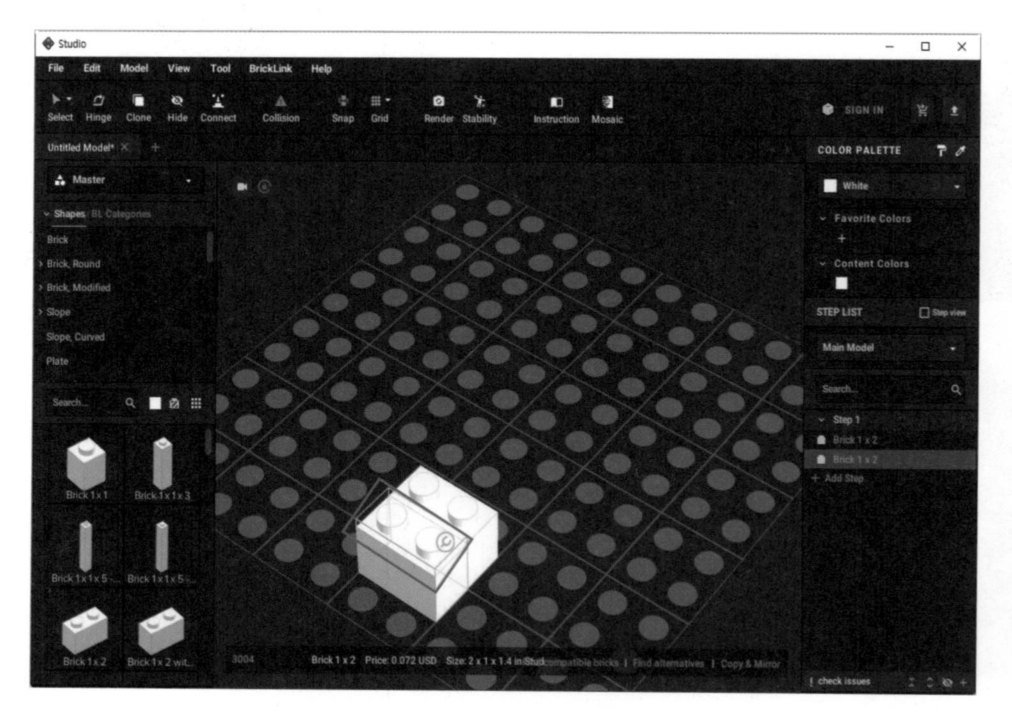

Tip

[마우스 오른쪽 버튼]을 누르고 뷰포트를 오른쪽 방향으로 드래그하여 회전해도 같은 방법으로 블록을 연결할 수 있어요.

02 카메라를 상하좌우로 이동해요.

01 카메라를 이동하기 위해 키보드의 space bar 키를 누르고 마우스를 드래그하여 오른쪽 상단으로 이동해요.

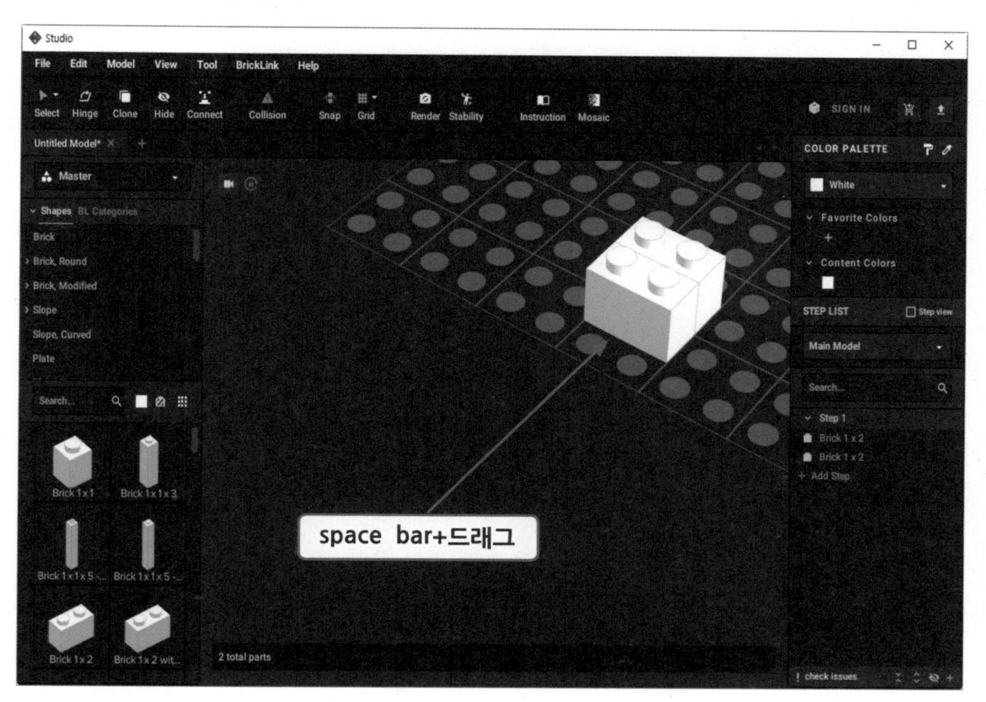

02 다시 키보드의 space bar 키를 누르고 마우스를 드래그하여 왼쪽 하단으로 이동해요.

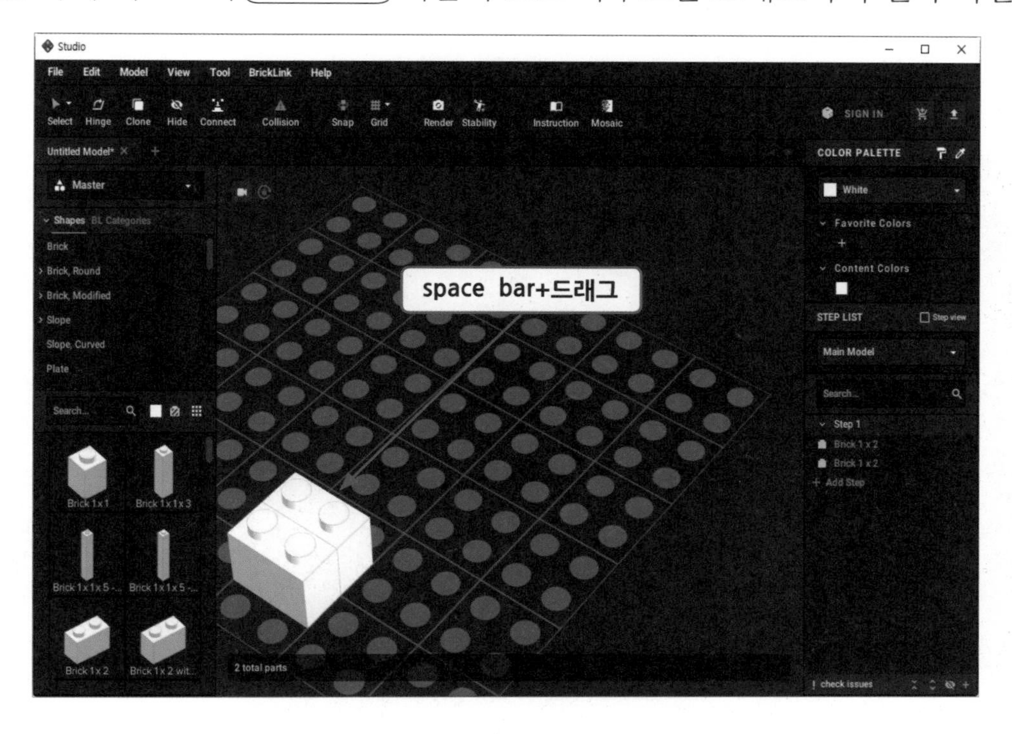

03 카메라를 확대하고 축소해요.

01 카메라를 확대하기 위해 [마우스 휠]을 여러 번 [위]로 움직여요.

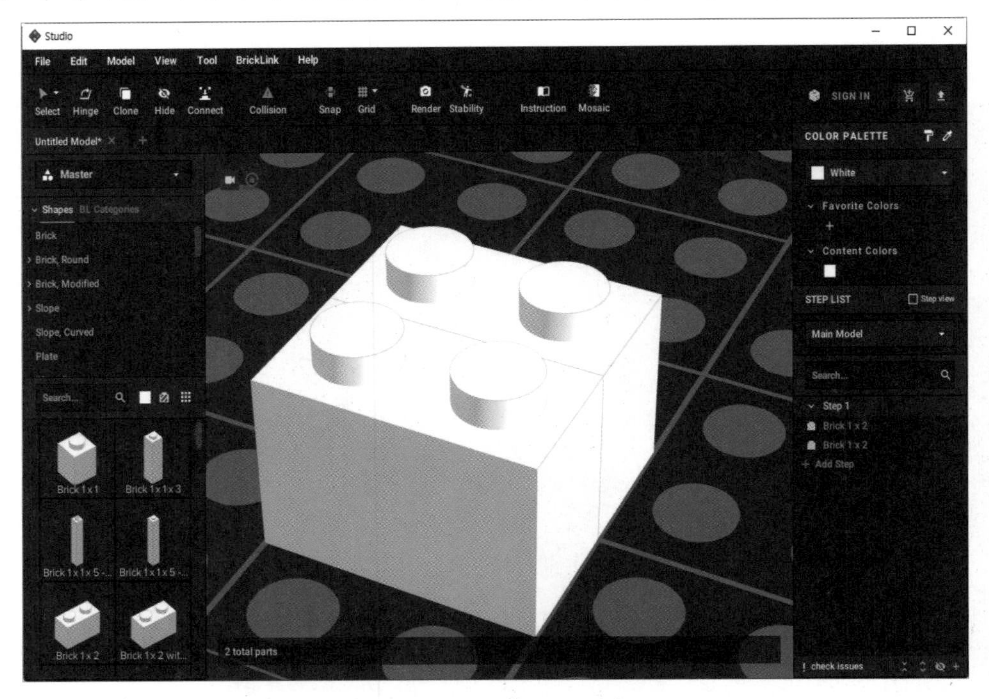

Tip

- 키보드의 Ctrl + + 키를 눌러도 카메라를 확대할 수 있어요.
- 키보드의 Ctrl + - 키를 눌러도 카메라를 축소할 수 있어요.

02 다시 카메라를 축소하기 위해 [마우스 휠]을 여러 번 [아래]로 움직여요.

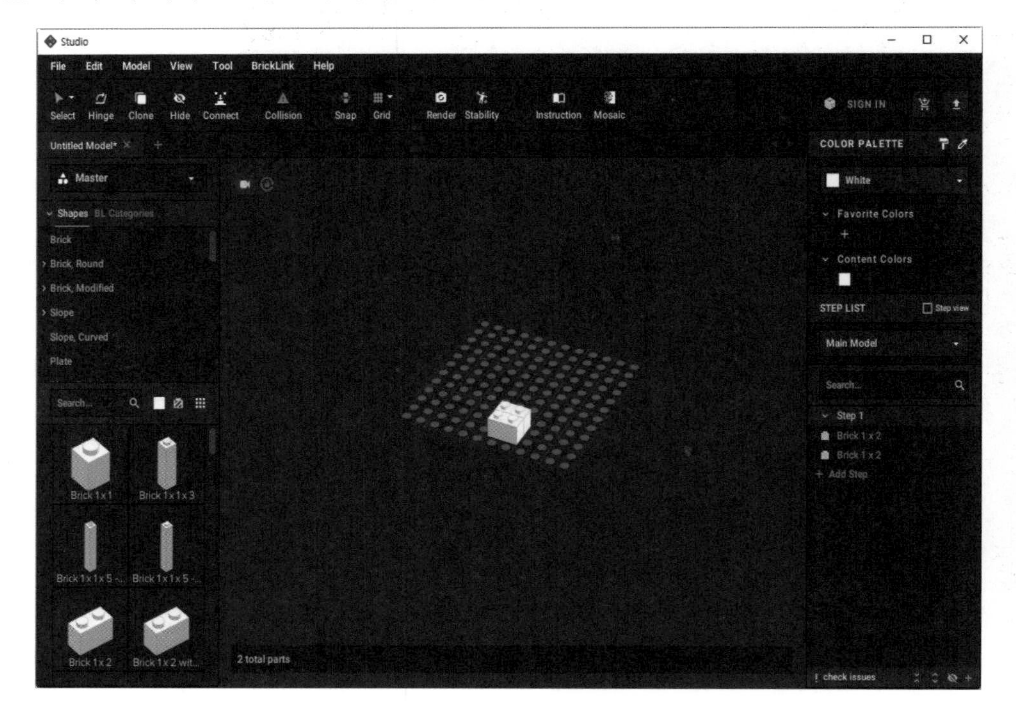

1. 키보드의 Ctrl + + 키를 여러 번 눌러 연결한 블록을 확대해요.

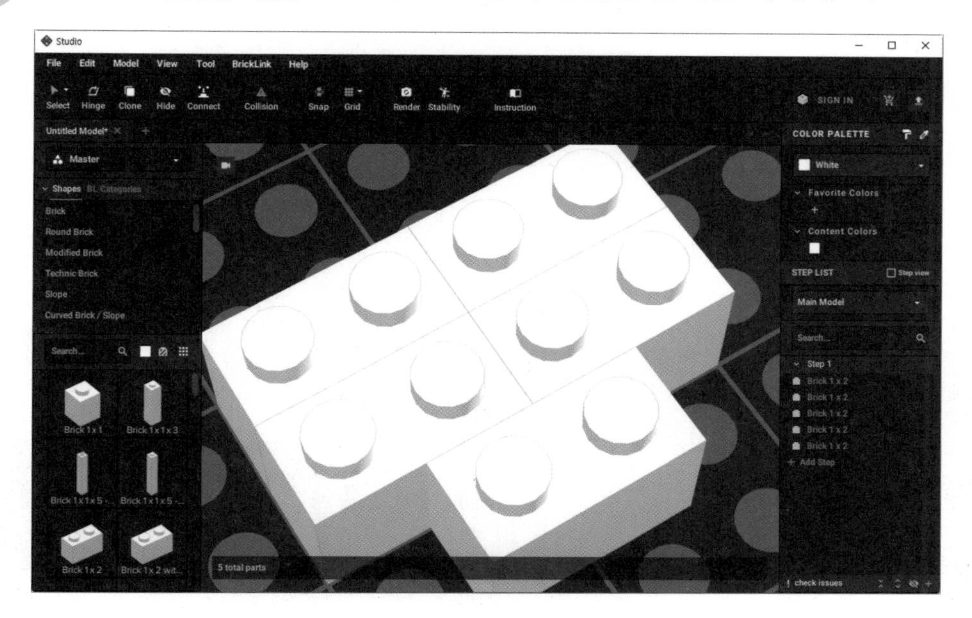

2. 키보드의 Ctrl + - 키를 여러 번 눌러 연결한 블록을 축소해요.

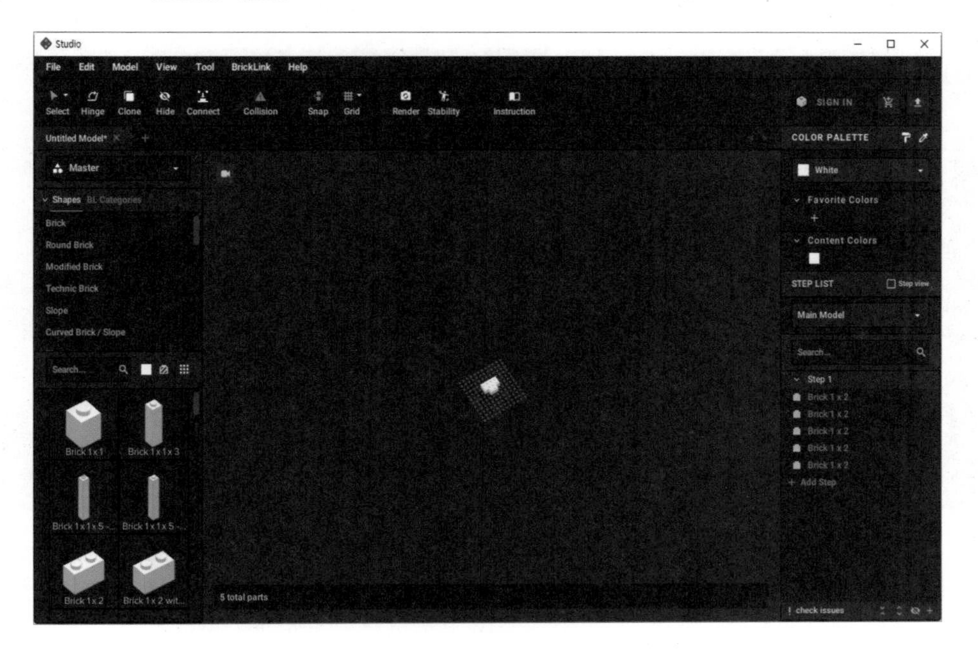

03 빌딩 팔레트 속 당근

올록볼록 모양도 다르고 알록달록 색상도 다양한 블록이 숨어 있는 빌딩 팔레트 속에서 당근 블록을 찾아요.

학습 목표
- 빌딩 팔레트를 확장하고 섬네일 크기를 변경하는 방법에 대해 알아봅니다.
- 블록 검색창을 이용해 당근 블록을 찾는 방법에 대해 알아봅니다.

미리 보기

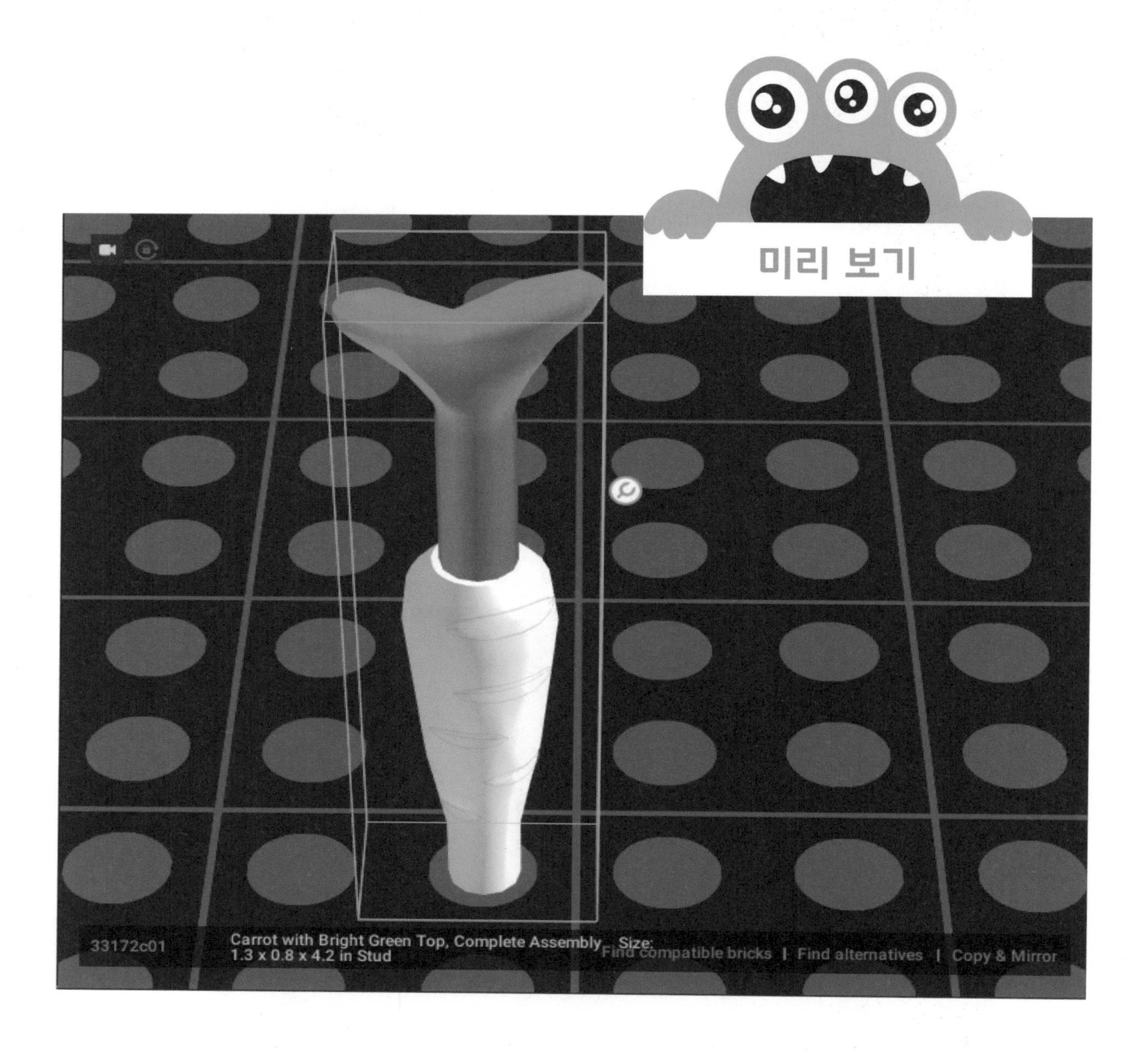

01 빌딩 팔레트를 확장하고 즐겨찾기를 설정해요.

01 빌딩 팔레트를 확장하기 위해 메뉴의 [View]-[Expand Building Palette]를 클릭해요.

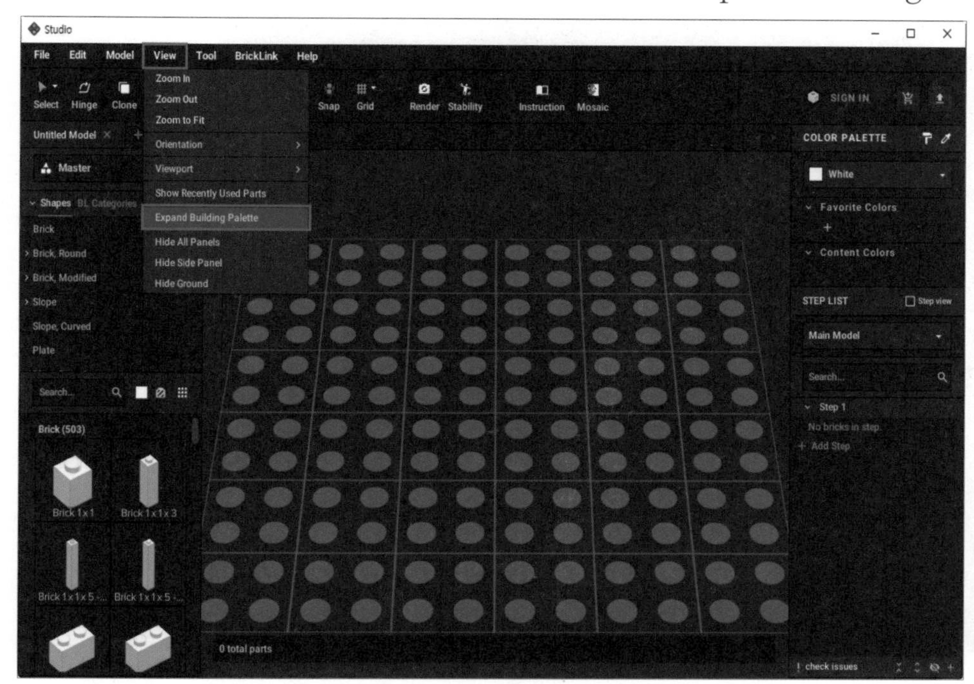

Tip
키보드의 Tab 키를 눌러도 빌딩 팔레트를 확장할 수 있어요.

02 빌딩 팔레트가 확장되면 섬네일 크기를 변경하기 위해 [섬네일 크기](▦) 아이콘을 클릭해요.

Tip
섬네일 크기를 작게 보기(▦)로 설정하면 더 많은 종류의 블록을 미리 볼 수 있어요.

03 그림과 같이 섬네일이 크게 변경된 것을 확인한 후, 자주 사용하는 블록을 즐겨찾기로 설정하기 위해 빌딩 팔레트 목록에서 [Plate]를 선택한 다음 오른쪽에 나타난 [즐겨찾기](☆) 아이콘을 클릭해요.

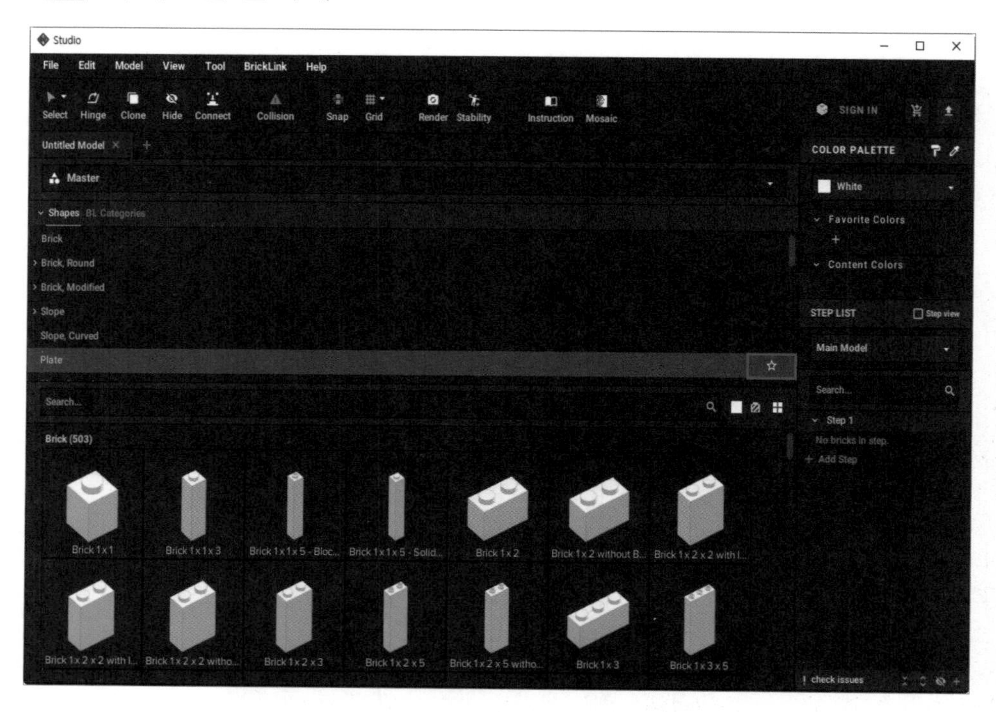

04 그림과 같이 자주 사용할 "Plate" 블록이 빌딩 팔레트 목록 상단에 위치한 것을 확인할 수 있어요.

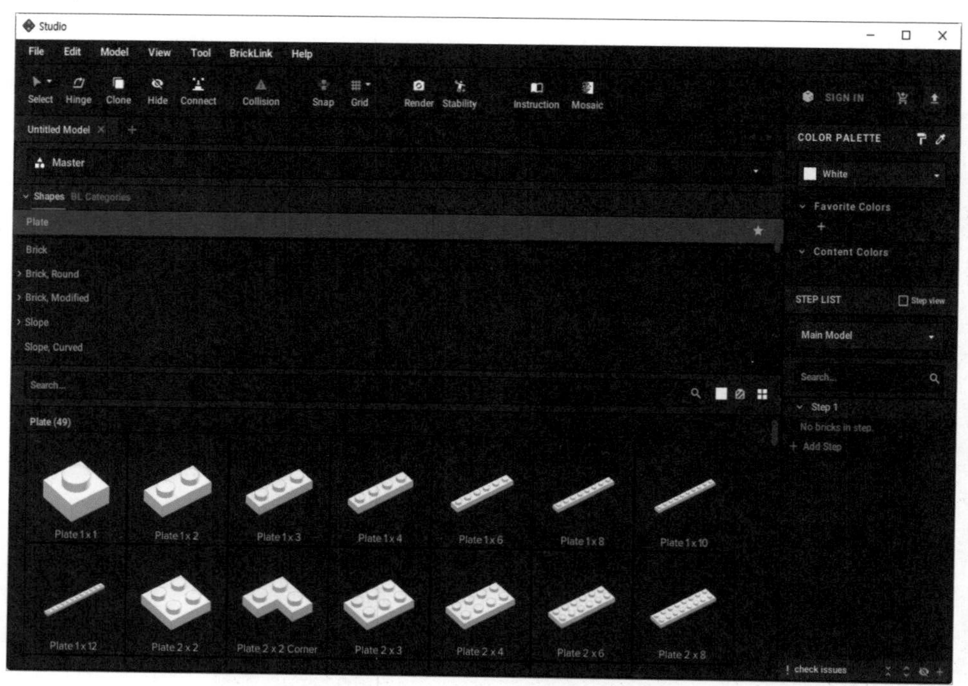

Tip

빌딩 팔레트 목록에 추가된 즐겨찾기를 해제하려면 다시 즐겨찾기(★) 아이콘을 클릭해요.

02 블록 검색창을 이용해 당근 블록을 찾아요.

01 당근 블록을 찾기 위해 빌딩 팔레트의 [블록 검색창]을 클릭하여 'Carrot'을 입력한 후, 그림과 같이 나타난 [당근] 블록을 클릭해요.

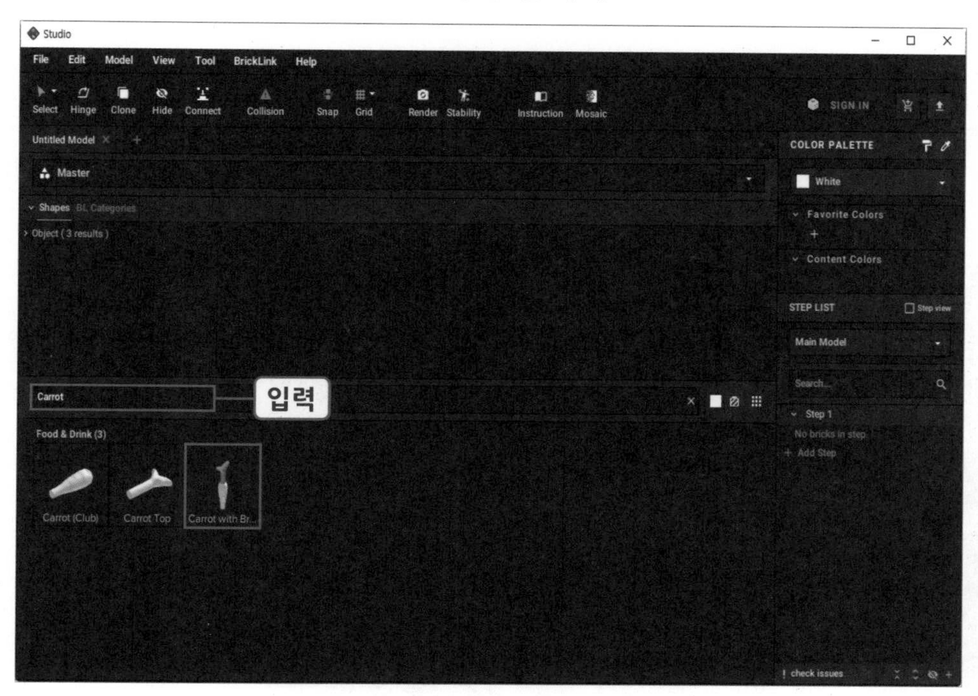

Tip

대/소문자 구분 없이 입력해도 블록을 검색할 수 있어요.

02 선택한 당근 블록을 드래그하여 뷰포트로 이동한 후, 화면과 같은 위치에 연결해요.

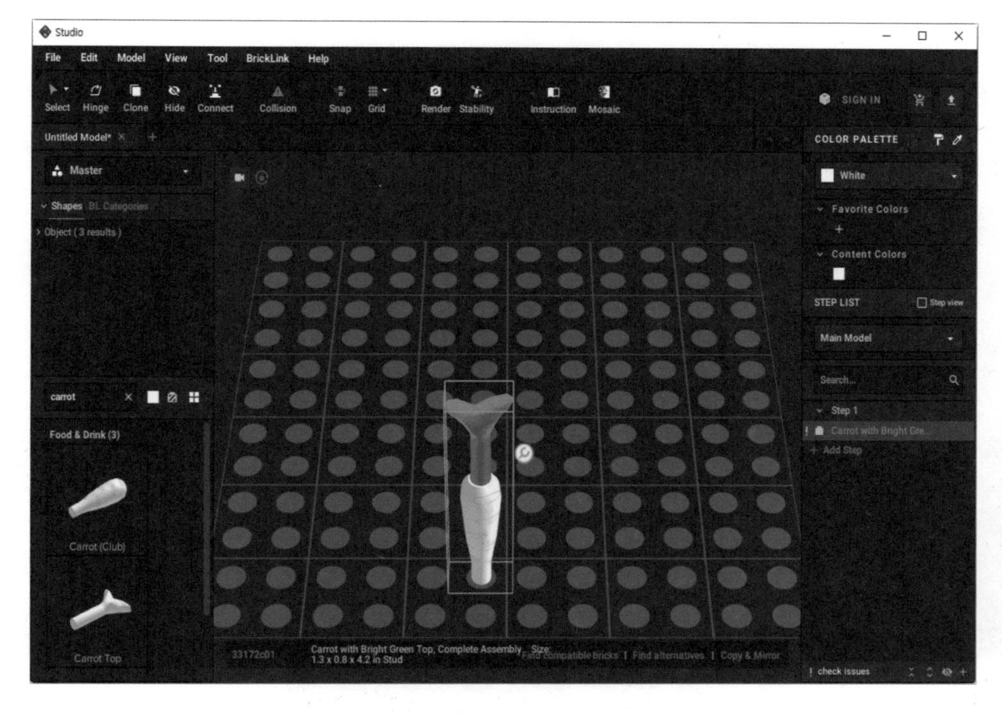

Tip

상태 표시줄에 나타난 부품 ID 33172c01를 이용해서 쉽게 블록을 찾을 수도 있어요.

1. 빌딩 팔레트의 즐겨찾기 목록에서 "Plate" 블록을 해제하고, 섬네일을 중간 크기로 변경해요.

2. 블록 검색창에서 'Apple', 'Steak', 'Pretzel', 'Yellow Pie'를 입력하여 사과, 스테이크, 프레즐, 노랑 파이 블록을 찾아요.

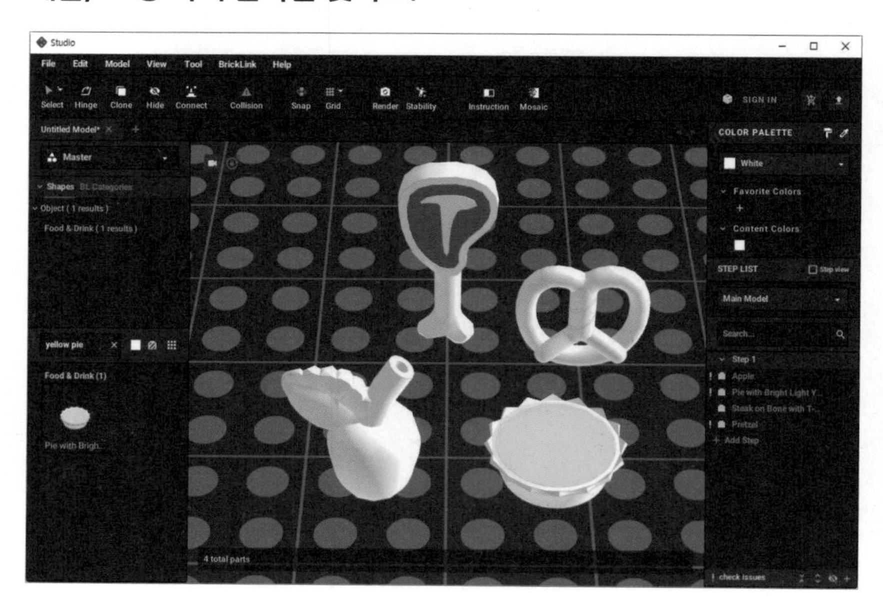

04 밤하늘에 나타난 슈퍼 영웅

슈퍼 영웅 파일을 뷰포트로 불러오고, 빨강 망토를 두른 영웅을 키보드로 위·아래·왼쪽·오른쪽으로 이동해요.

학습 목표

- 파일을 불러오는 방법에 대해 알아봅니다.
- 블록을 이동하는 방법에 대해 알아봅니다.

미리 보기

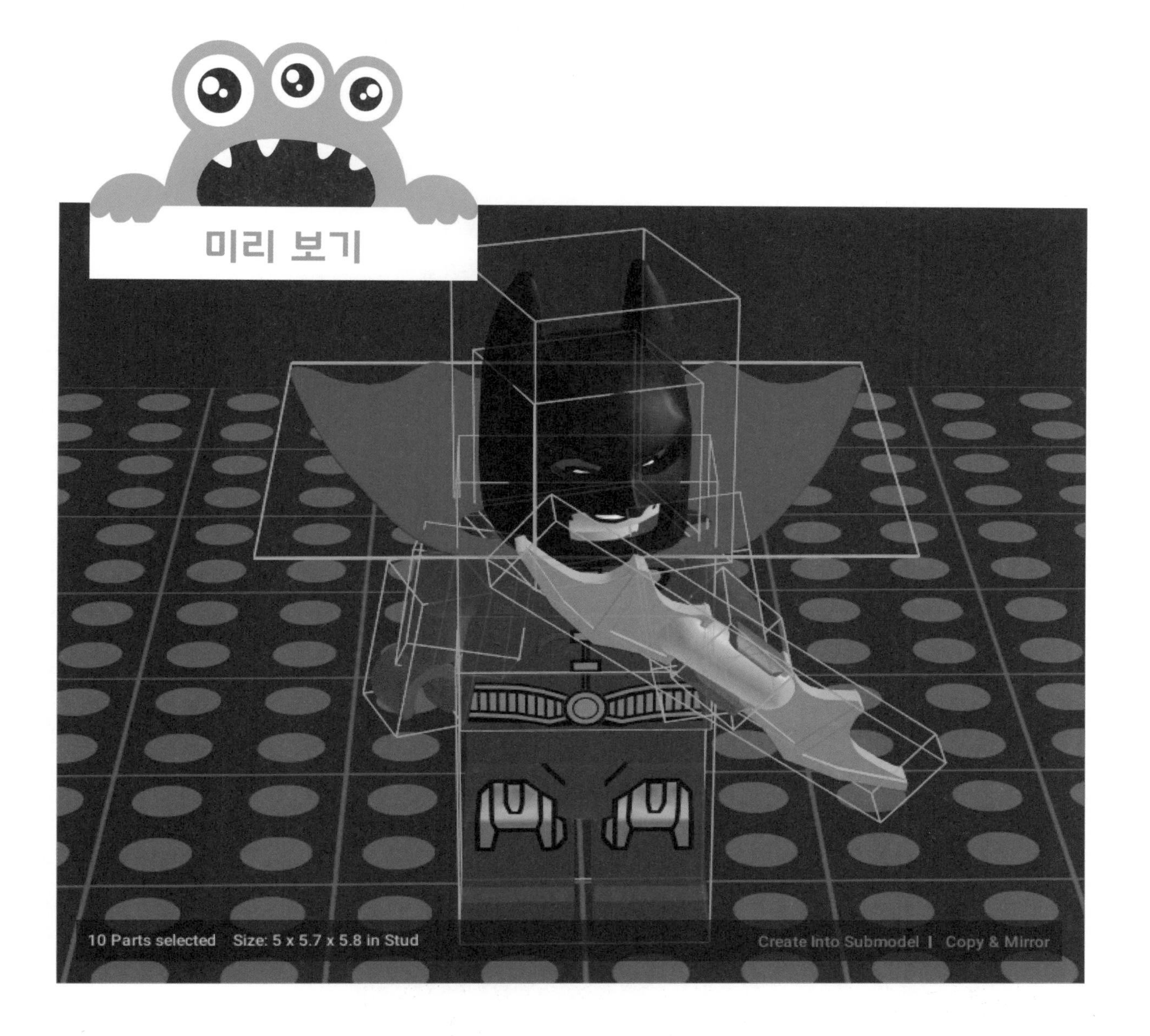

01 저장된 슈퍼 영웅 파일을 열어요.

01 컴퓨터에 저장된 슈퍼 영웅 파일을 열기 위해 메뉴의 [File]-[Open]을 클릭해요.

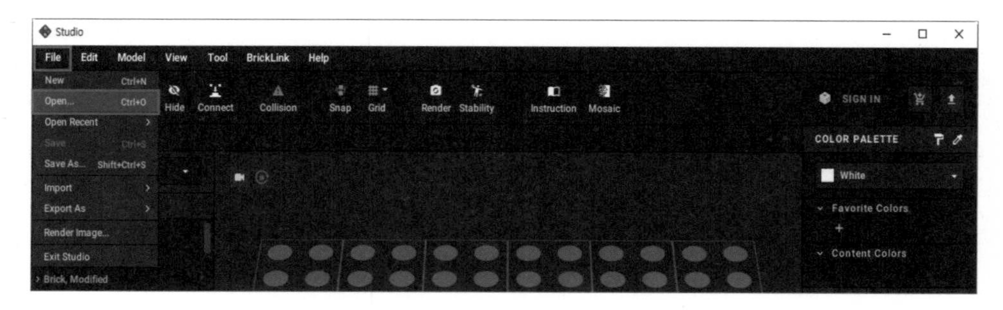

02 [파일 열기] 창이 나타나면 파일이 저장된 위치를 선택한 후, [04강_슈퍼영웅(실습)] 파일을 선택한 다음 [열기] 단추를 클릭해요.

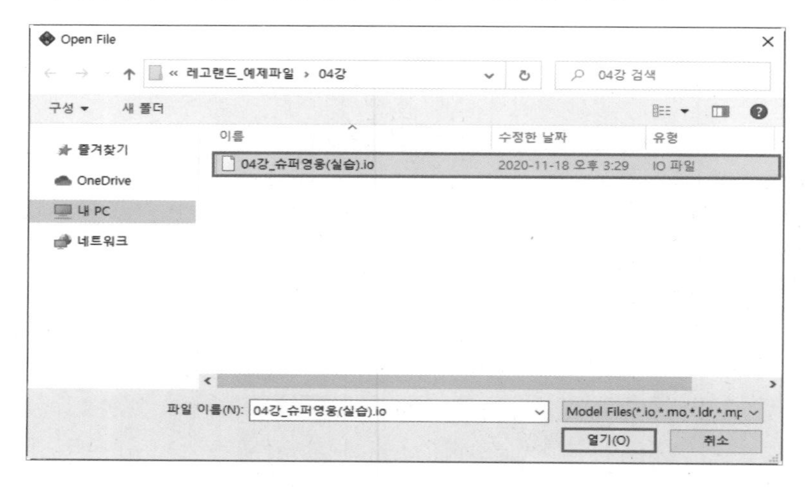

03 슈퍼 영웅 파일이 열리면 전체 블록을 선택하기 위해 키보드의 Ctrl+A 키를 눌러요.

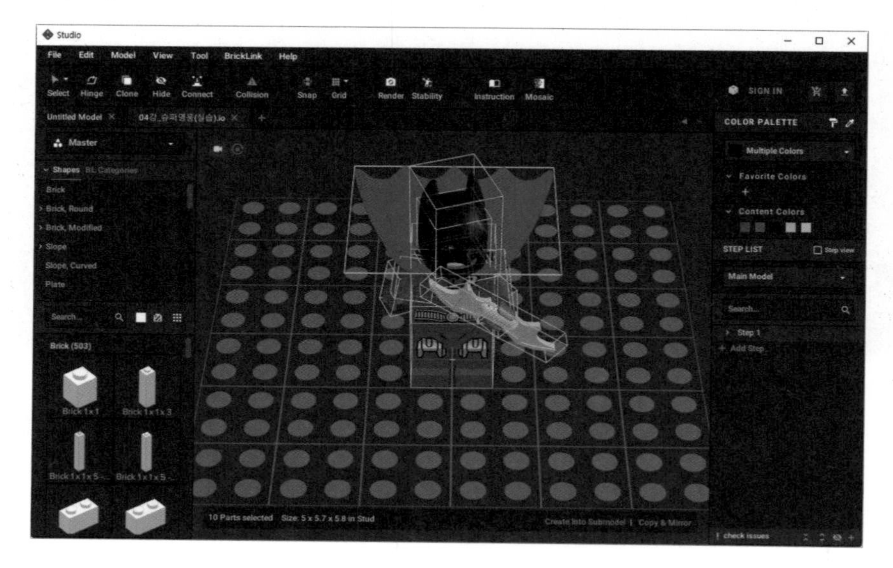

02 슈퍼 영웅을 키보드로 이동해요.

01 슈퍼 영웅을 앞으로 움직이기 위해 키보드의 [S] 키를 여러 번 눌러 화면과 같은 위치로 이동해요.

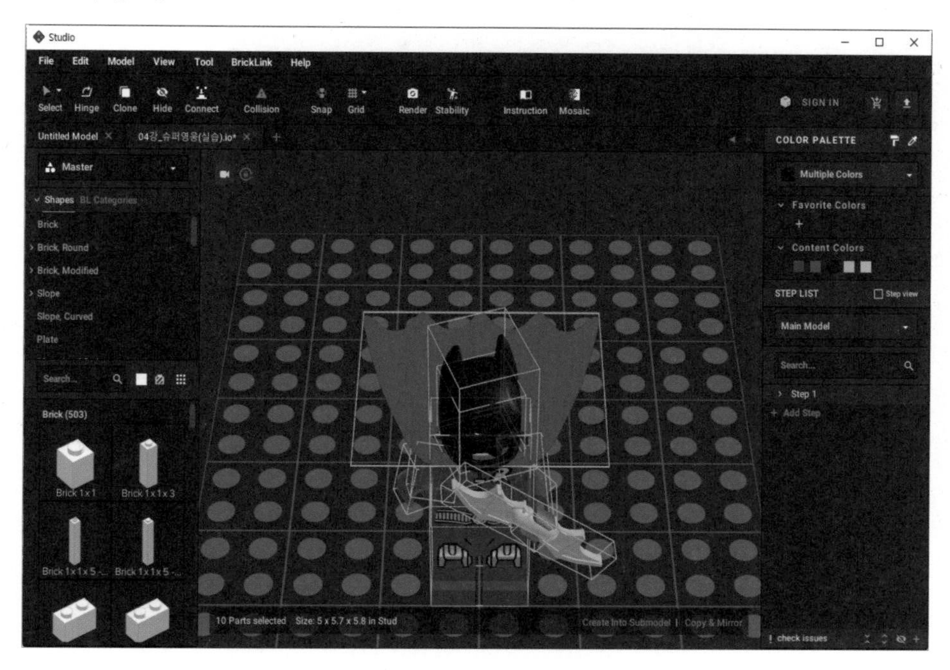

02 슈퍼 영웅을 뒤로 움직이기 위해 키보드의 [W] 키를 여러 번 눌러 화면과 같은 위치로 이동해요.

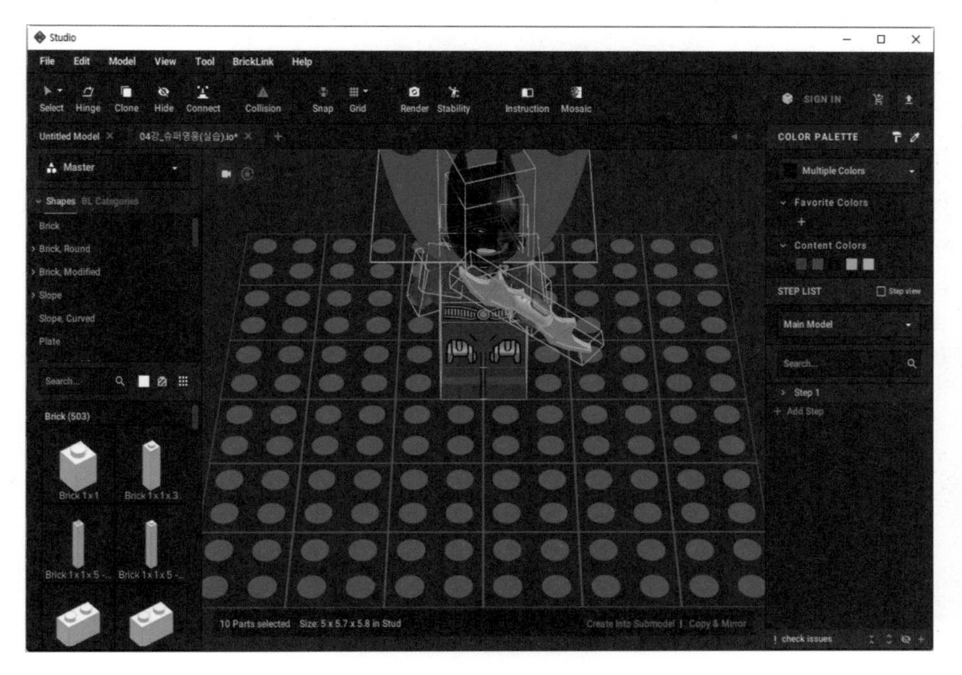

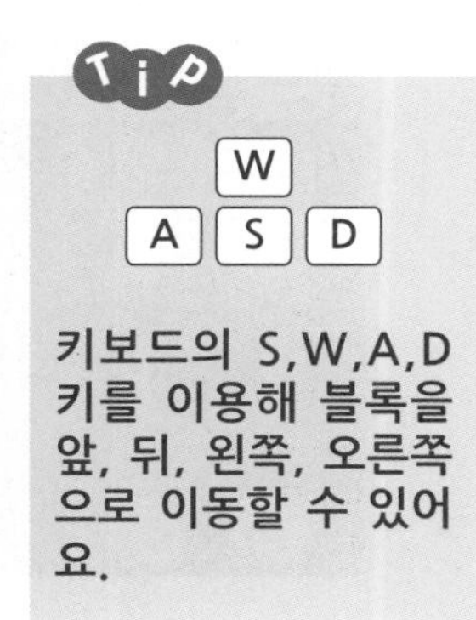

키보드의 S,W,A,D 키를 이용해 블록을 앞, 뒤, 왼쪽, 오른쪽으로 이동할 수 있어요.

03 이어서 슈퍼 영웅을 왼쪽으로 움직이기 위해 키보드의 A 키를 여러 번 눌러 화면과 같은 위치로 이동해요.

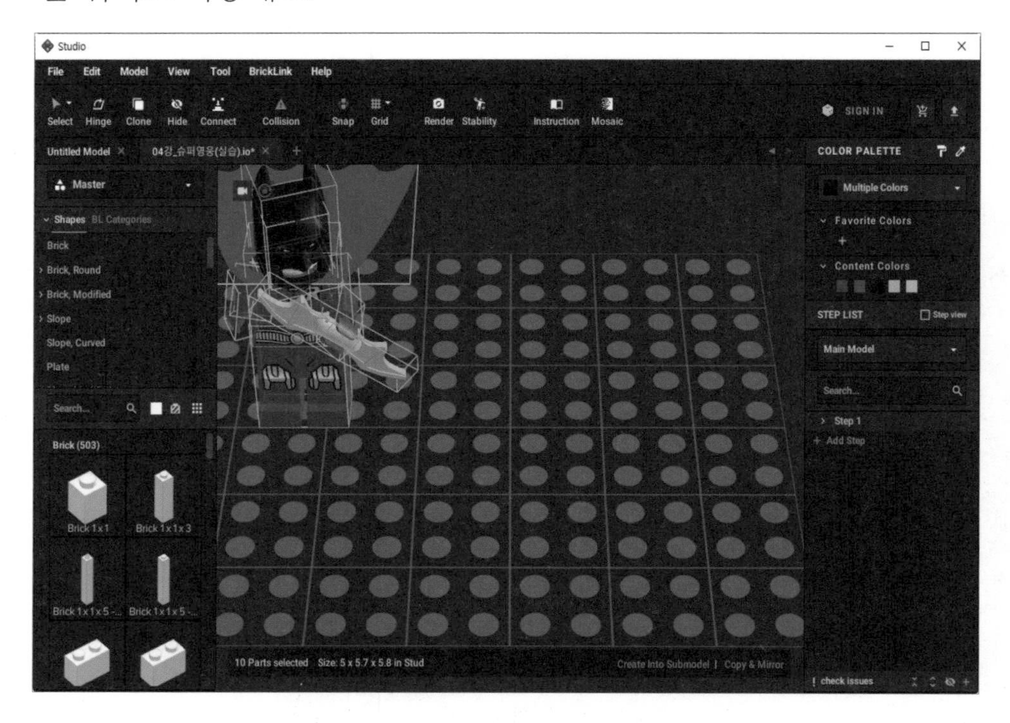

04 마지막으로 슈퍼 영웅을 오른쪽으로 움직이기 위해 키보드의 D 키를 여러 번 눌러 화면과 같은 위치로 이동해요.

만들어봄

① 번개맨을 키보드의 [S], [A] 키를 눌러 왼쪽 앞으로 이동해요.

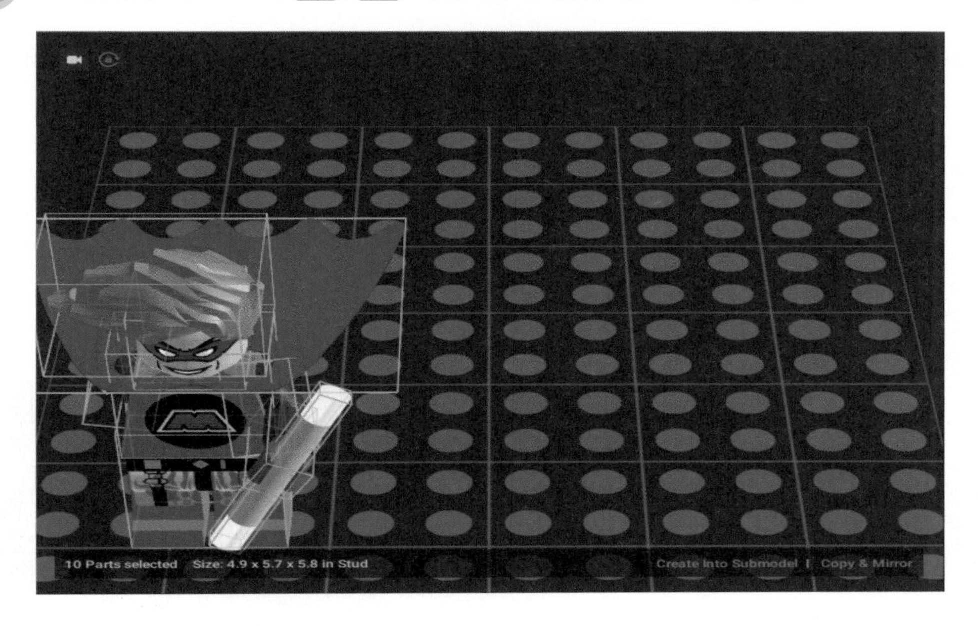

② 번개맨을 키보드의 [W], [D] 키를 눌러 오른쪽 뒤로 이동해요.

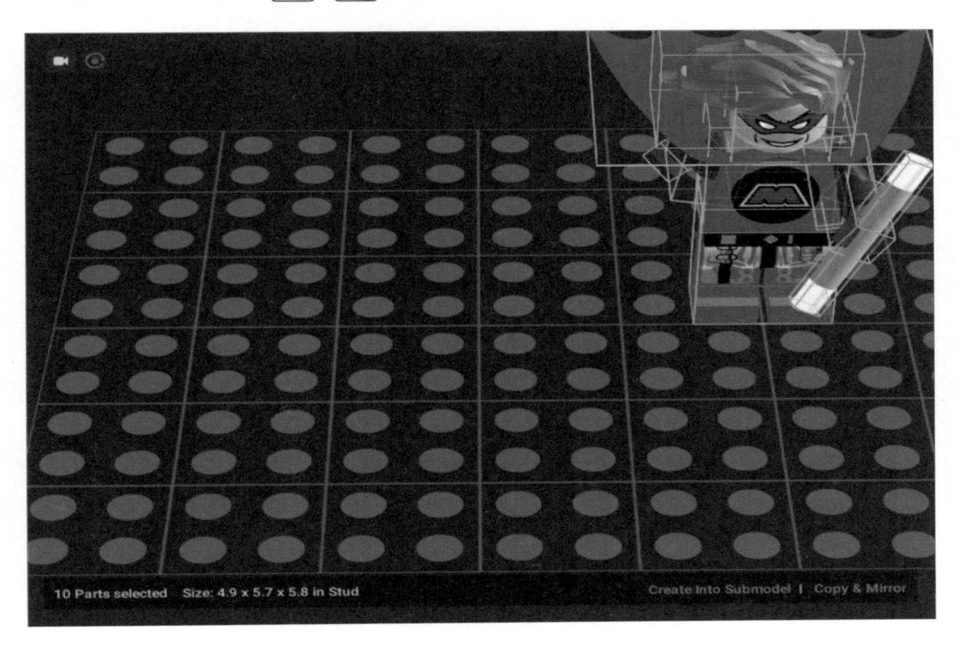

05 몬스터 로봇

유령 마을에 사는 무서운 몬스터 로봇을 만들기 위해 블록을 회전하여 연결해요.

학습 목표

- 블록을 연결하는 방법에 대해 알아봅니다.
- 블록을 회전하는 방법에 대해 알아봅니다.

미리 보기

01 몬스터 로봇을 만들어요.

01 몬스터 로봇을 만들기 위해 키보드의 Tab 키를 눌러 빌딩 팔레트를 확장한 다음 [Animal]-[Animal, Body Part]에서 그림과 같은 블록을 선택해요.

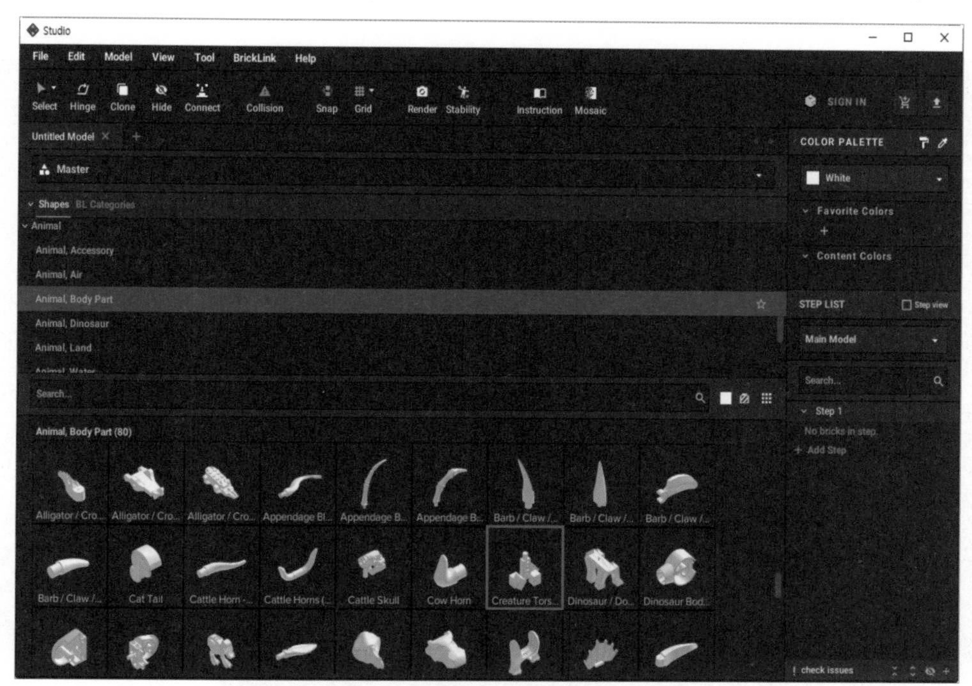

02 선택한 블록을 화면과 같은 위치에 연결한 다음 머리 블록을 찾기 위해 빌딩 팔레트의 [Minifigure, Head, Modified]에서 그림과 같은 블록을 선택한 후, 화면과 같은 위치에 연결해요.

02 키보드의 방향키로 블록을 회전해요.

01 몬스터 로봇을 꾸미기 위해 빌딩 팔레트의 [Tile]에서 그림과 같은 블록을 선택한 후, 화면과 같은 위치로 이동해요.

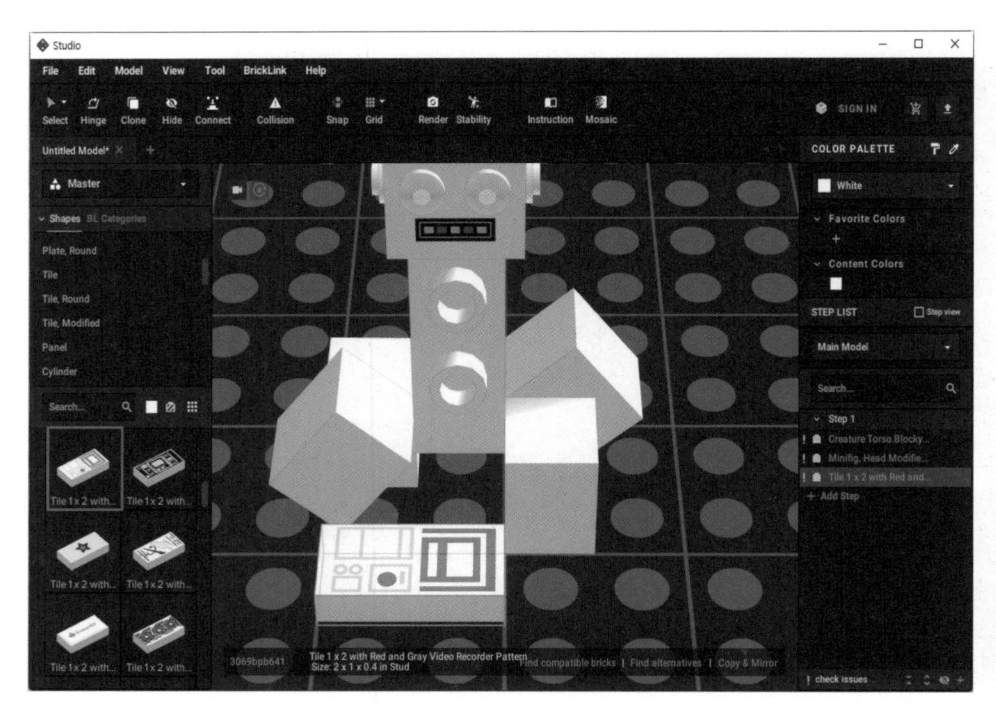

Tip

블록을 이동하면 모션 부분에 녹색으로 강조 표시돼요.

02 이어서 블록을 오른쪽으로 회전하기 위해 키보드의 [▶] 방향키를 눌러요.

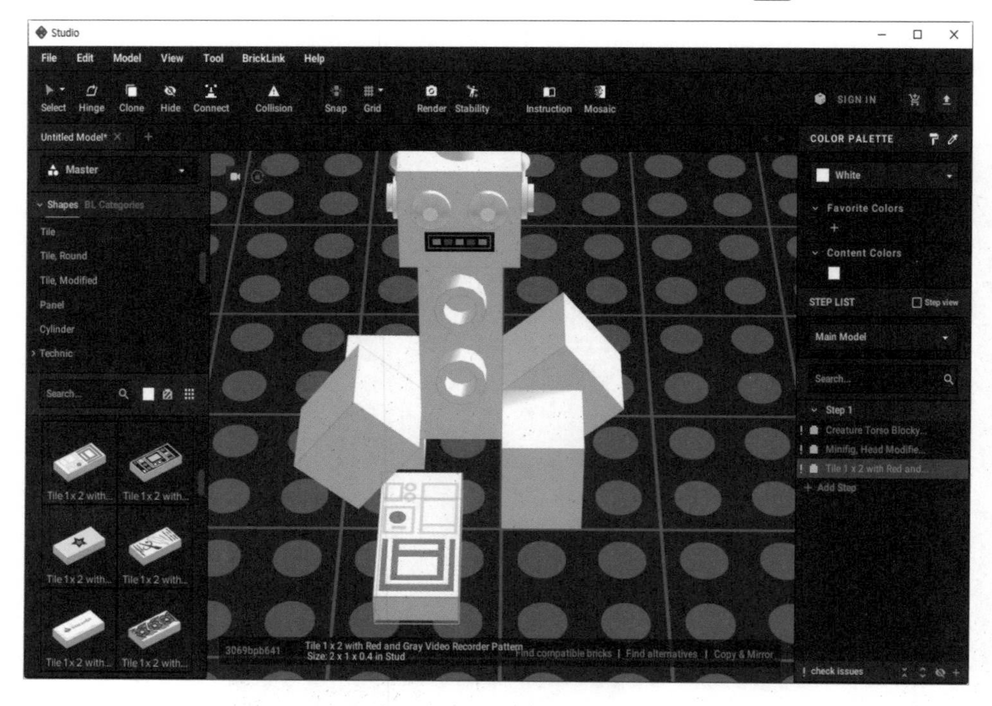

03 이어서 아래로 블록을 회전하기 위해 키보드의 ▼ 방향키를 눌러요.

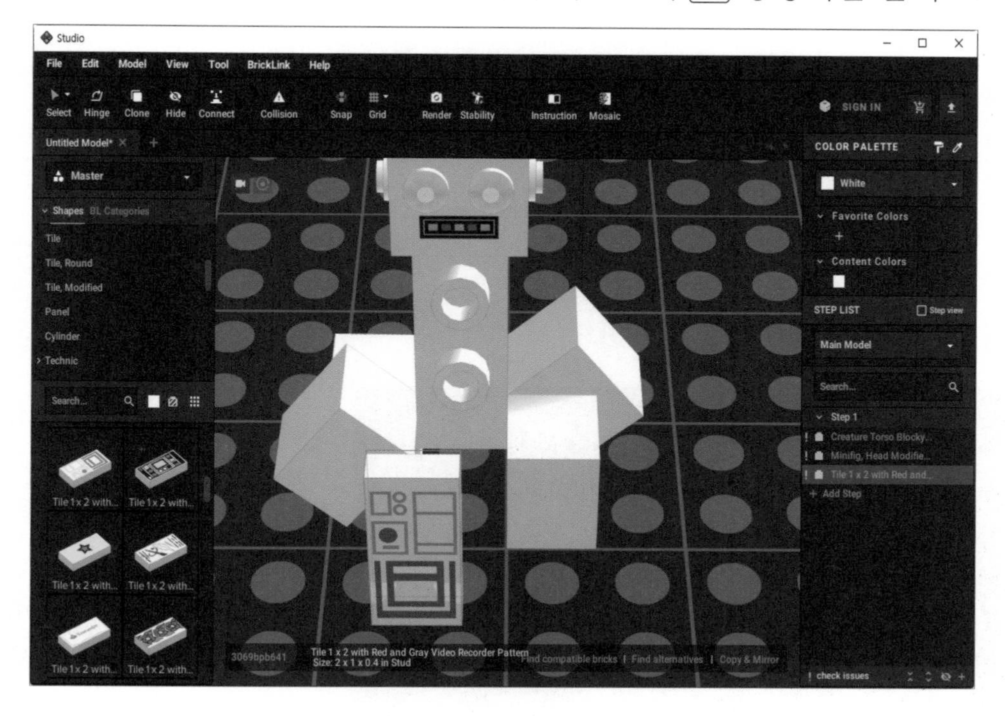

04 회전이 끝나면 블록을 화면과 같은 위치에 연결하여 몬스터 로봇을 완성해요.

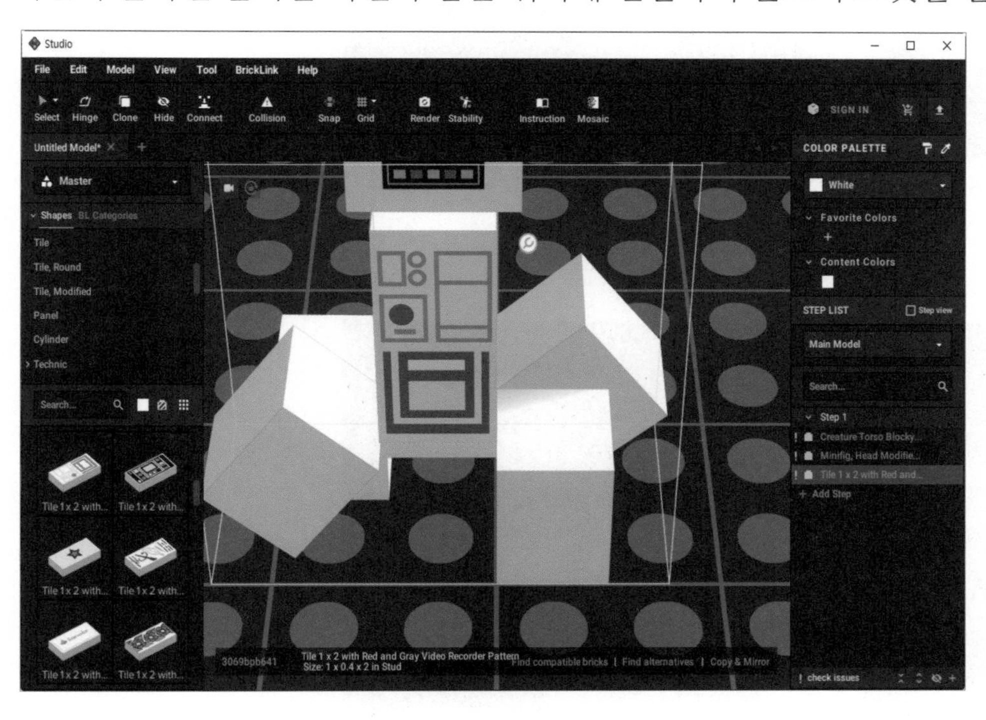

만들어 봄

① 블록을 회전하여 미니 몬스터를 만들어요.

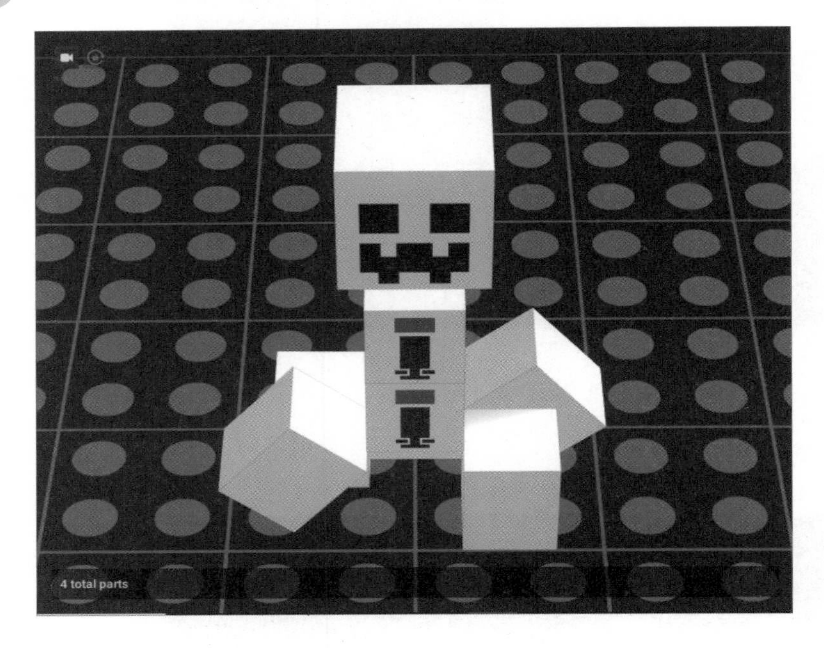

② 블록을 회전하여 로봇 몬스터를 만들어요.

I Like 칠면조♬

컬러 팔레트를 이용해 특별한 날에 먹는 칠면조를 색칠하고, 가장 좋아하는 칠면조 다리도 페인트 도구를 이용해 맛있게 칠해요.

학습 목표

- 컬러 팔레트를 이용해 색을 칠하는 방법을 알아봅니다.
- 페인트 도구를 이용해 색을 칠하는 방법을 알아봅니다.

미리 보기

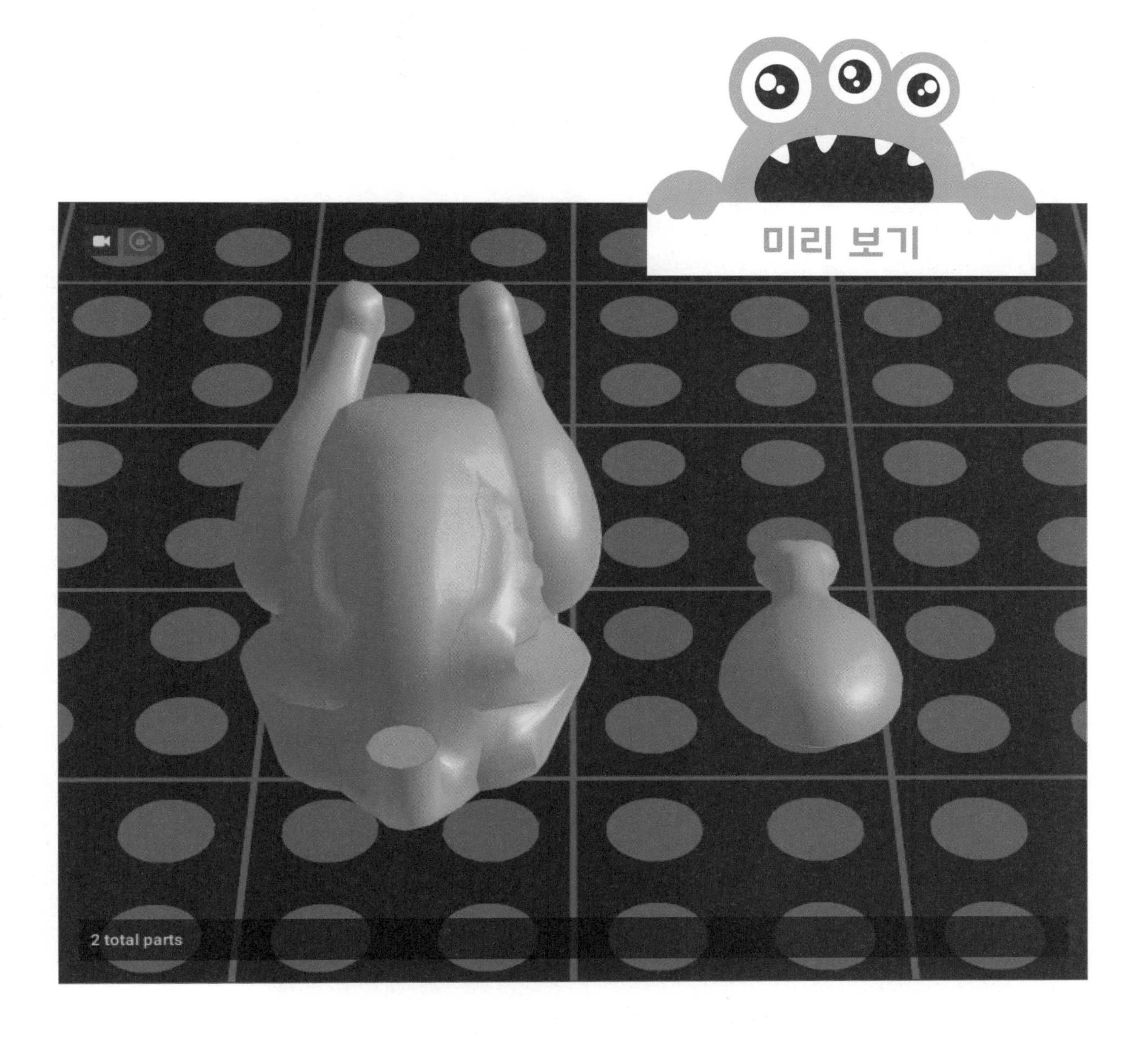

01 컬러 팔레트로 색을 칠해요.

01 칠면조를 만들기 위해 빌딩 팔레트의 [Object]-[Food & Drink]에서 그림과 같은 블록을 선택하여 화면과 같이 연결한 다음 컬러 팔레트의 [드롭 다운]( ) 단추를 클릭해요.

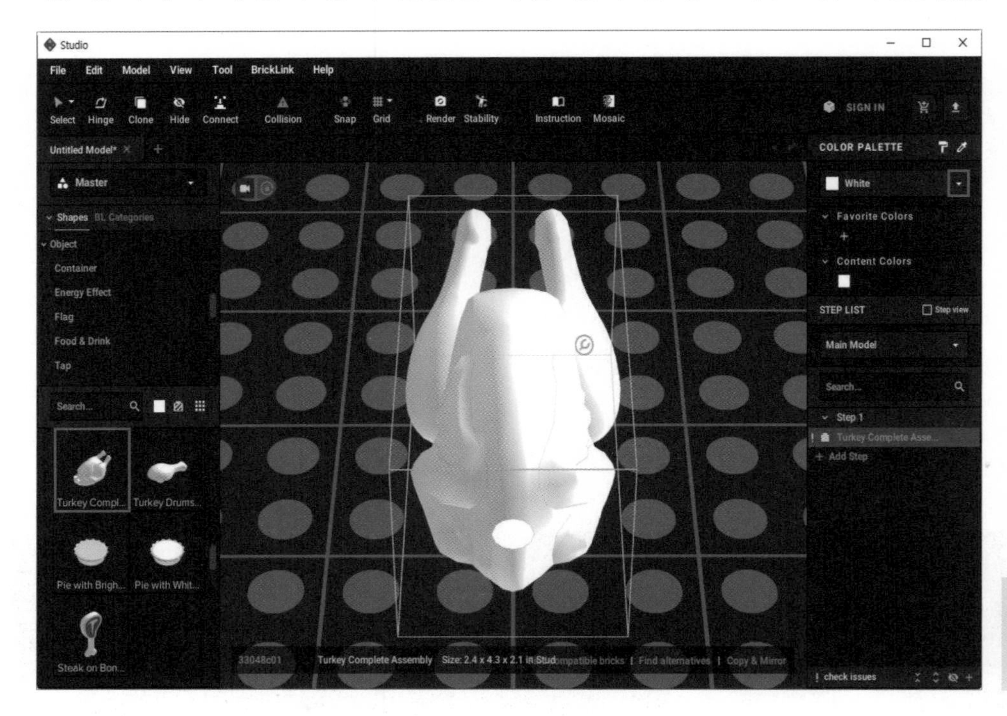

Tip
블록을 선택한 상태에서 색을 칠해요.

02 색상표가 나타나면 [주황]을 선택한 다음 목록에서 [Fabuland Orange] 색을 클릭해요.

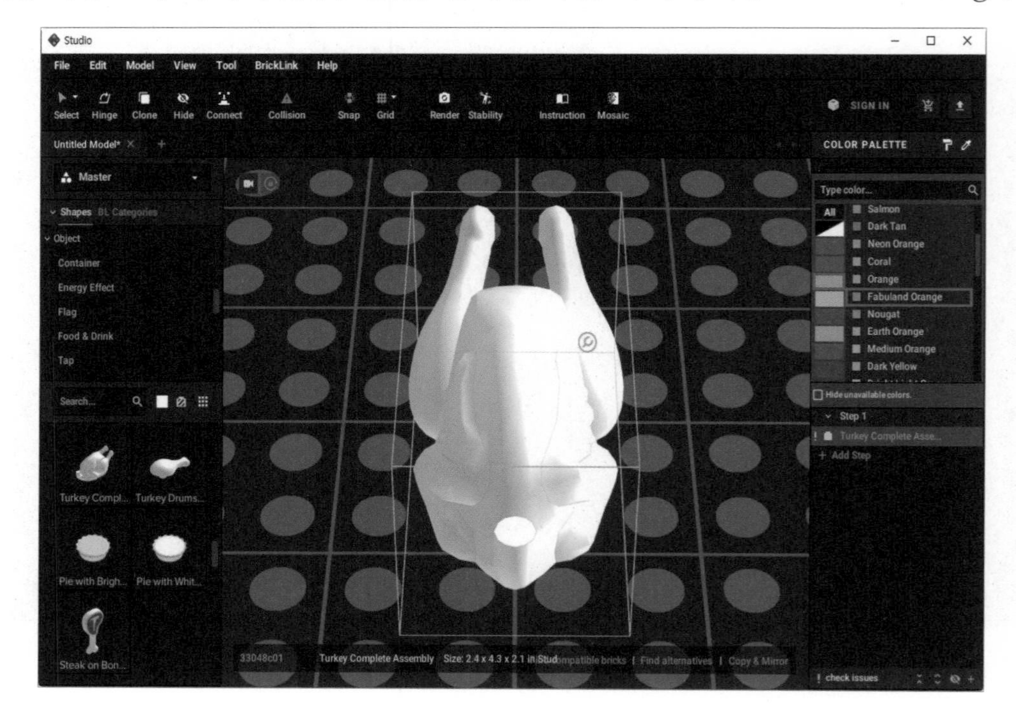

03 그림과 같이 칠면조 블록 색이 변경되면 다시 같은 색상의 다리를 만들기 위해 그림과 같은 블록을 선택하여 화면과 같이 연결한 다음 컬러 팔레트의 [스포이드]( ) 도구를 클릭해요.

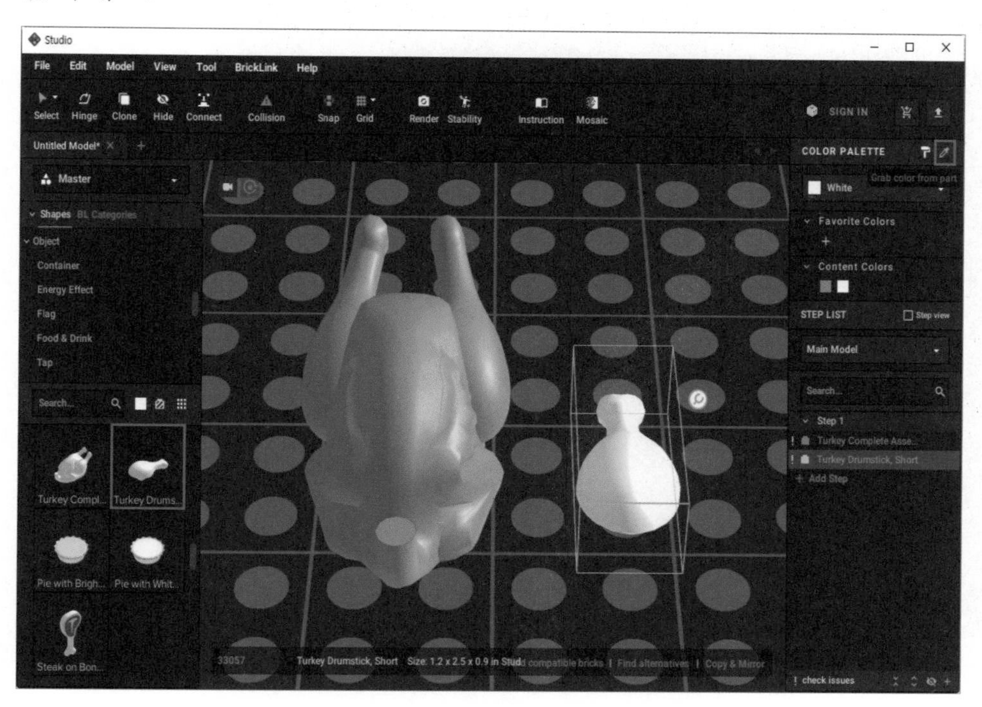

04 스포이드 도구가 선택되면 그림과 같이 색상을 추출할 [칠면조] 블록을 클릭해요.

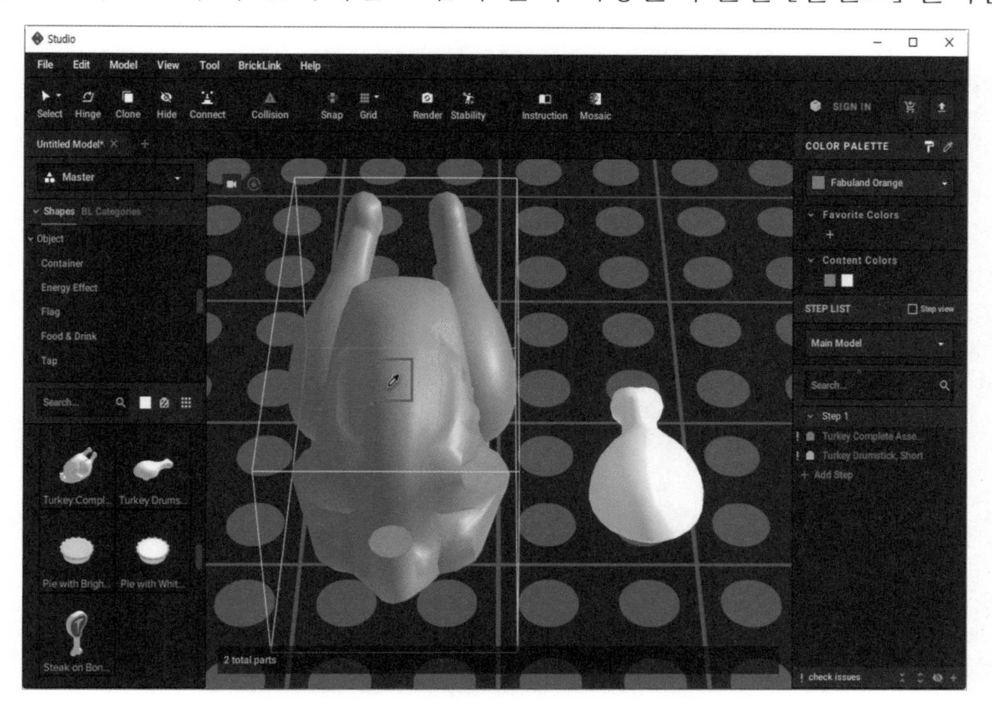

05 칠면조 블록과 같은 색상이 추출되면 다시 컬러 팔레트의 [페인트]( ) 도구를 선택한 다음 [다리] 블록을 클릭해요.

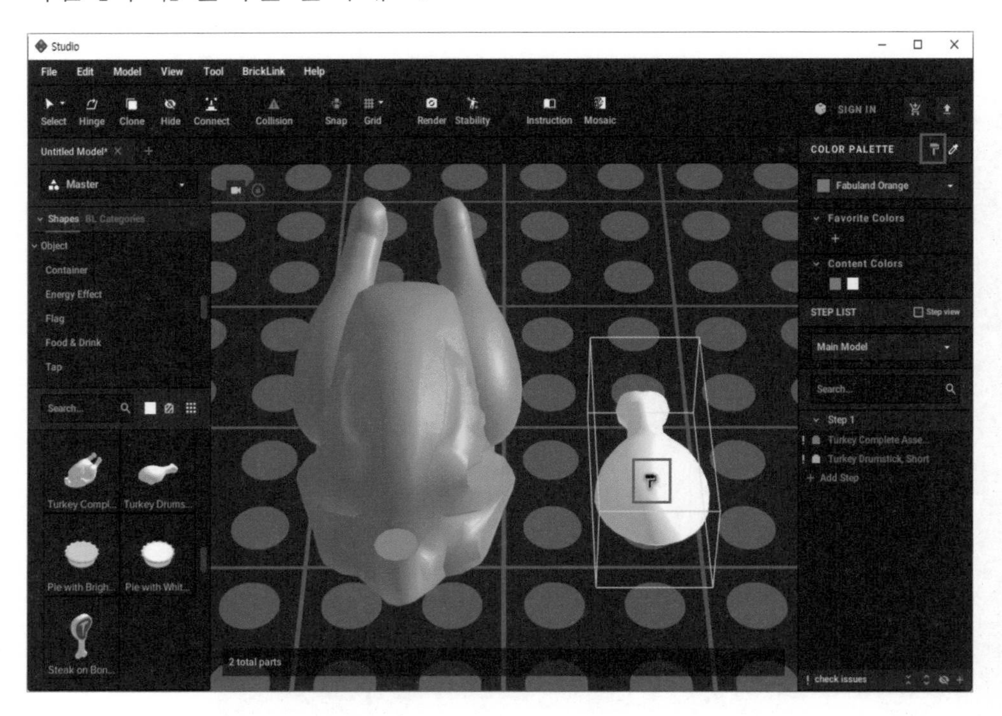

06 그림과 같이 다리 블록에 칠면조 블록과 같은 색이 칠해지면 마지막으로 빌딩 도구의 [선택]( ) 아이콘을 클릭하여 다시 선택 도구로 변경해요.

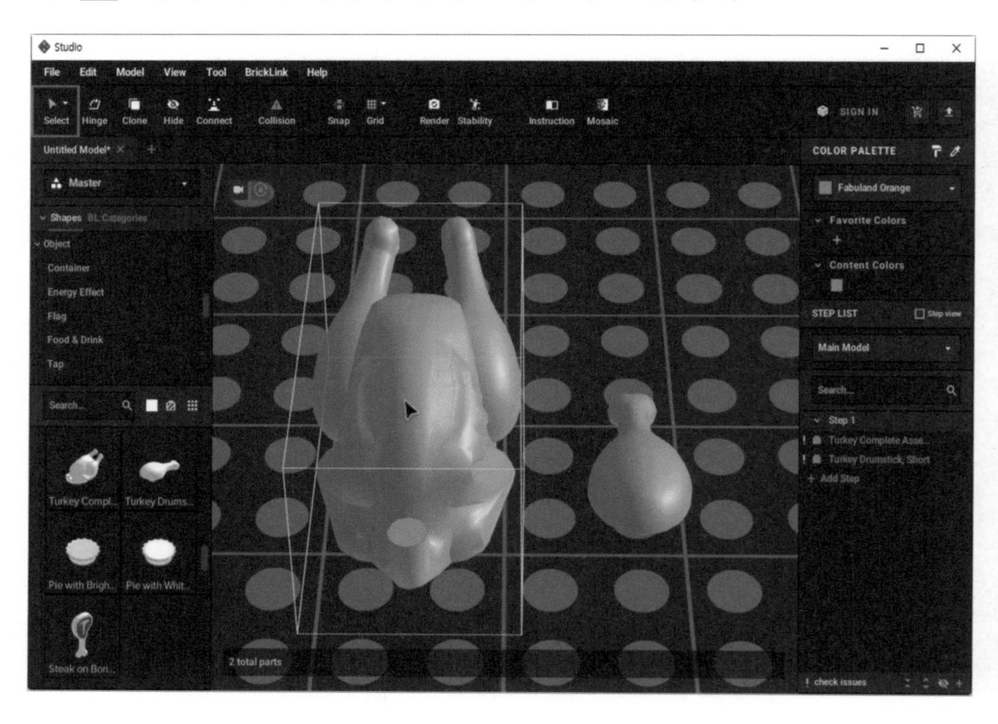

만들어봄

① 아이스크림 블록을 연결하고 컬러 팔레트에서 다양한 색상을 칠해요.

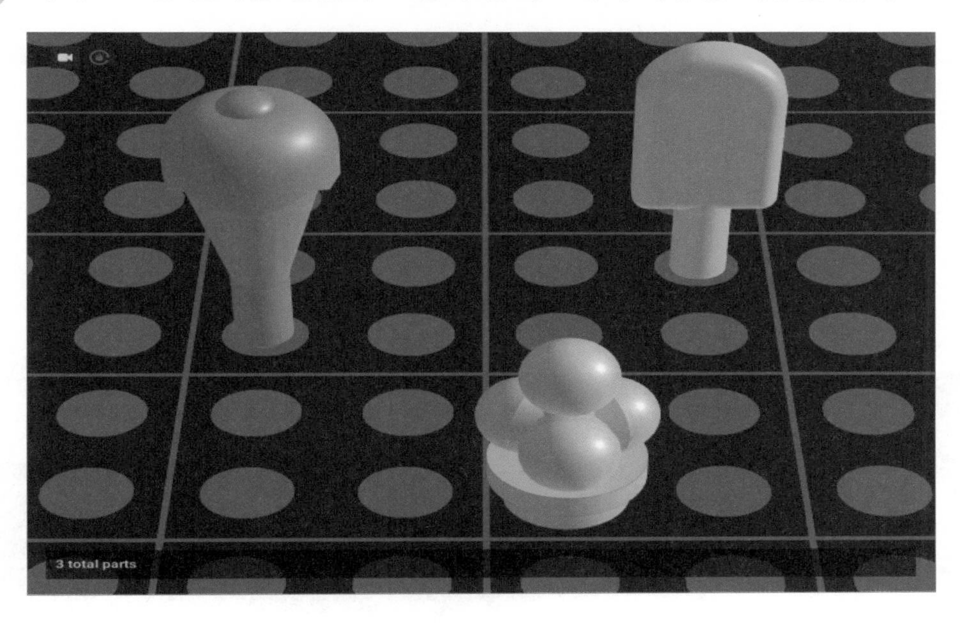

② 베이커리 블록을 연결하고 스포이드와 페인트 도구를 이용해 같은 색상을 칠해요.

07 구름 탄 고양이

구름을 타고 내려온 구름 탄 고양이를 만들고, 힌지 도구를 이용해 얼굴을 회전해요.

학습 목표
- 다양한 모양의 블록을 연결해 구름 탄 고양이를 만들어 봅니다.
- 힌지 도구를 이용해 블록을 회전하는 방법에 대해 알아봅니다.

미리 보기

01 구름 탄 고양이를 만들어요.

01 구름 탄 고양이를 만들기 위해 빌딩 팔레트의 [Tile, Modified]에서 그림과 같은 블록을 선택하여 연결해요.

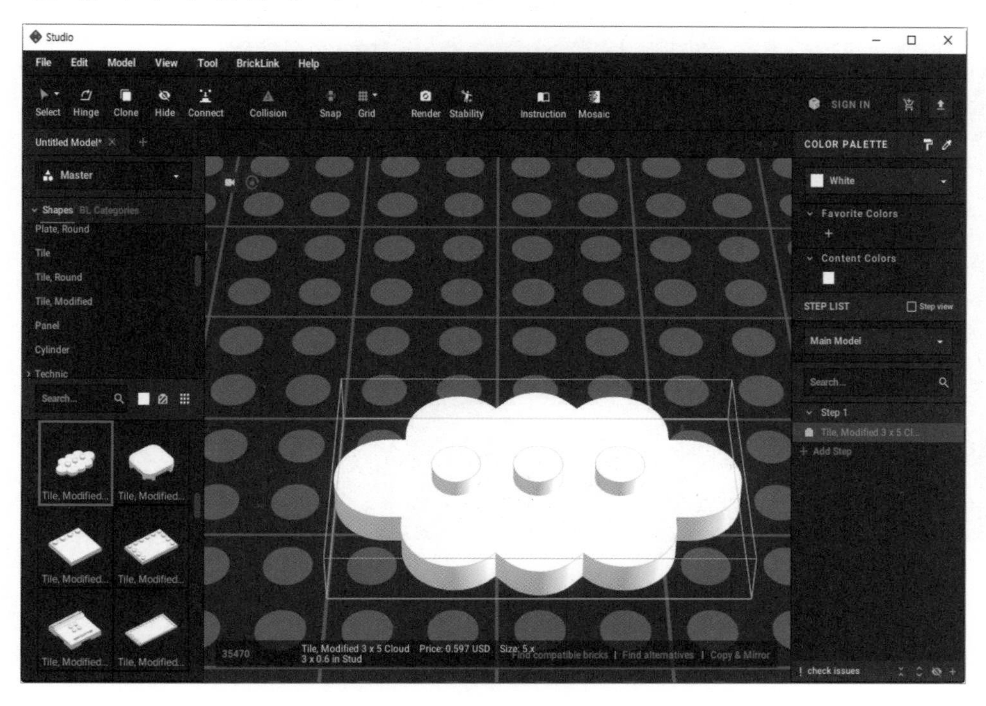

02 다시 빌딩 팔레트의 [Brick]에서 그림과 같은 블록을 선택하여 화면과 같은 위치에 2개를 연결해요.

03 이어서 빌딩 팔레트의 [Brick, Modified]-[Arch]에서 그림과 같은 블록을 선택하여 화면과 같은 위치에 연결해요.

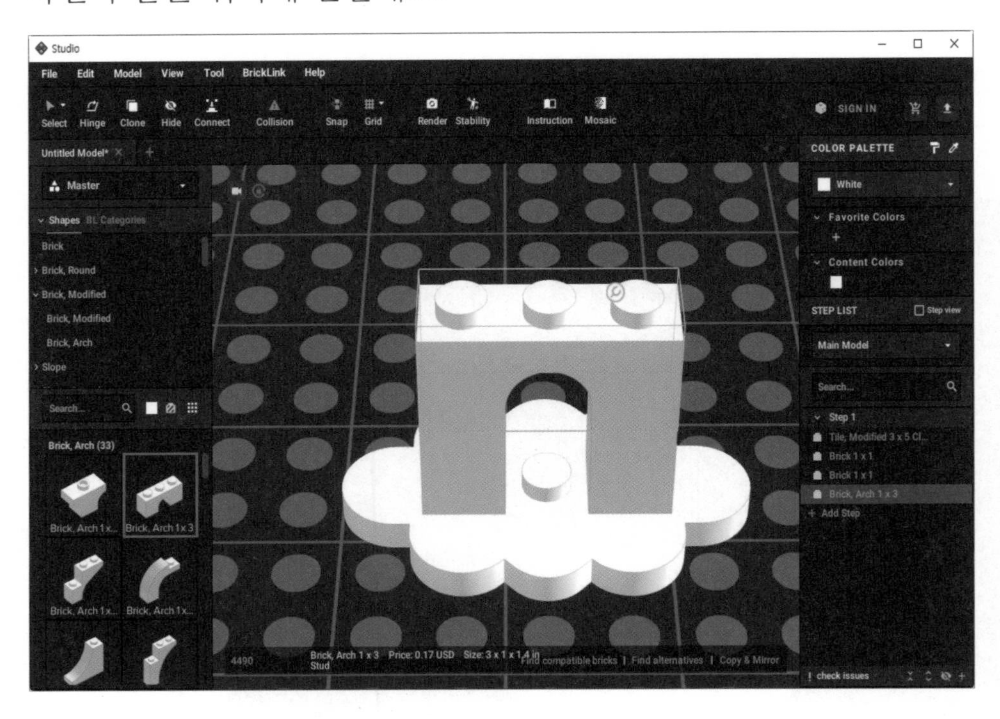

04 구름 탄 고양이 몸이 완성되면 빌딩 팔레트의 [Brick]에서 그림과 같은 블록을 선택하여 화면과 같은 위치에 연결해요.

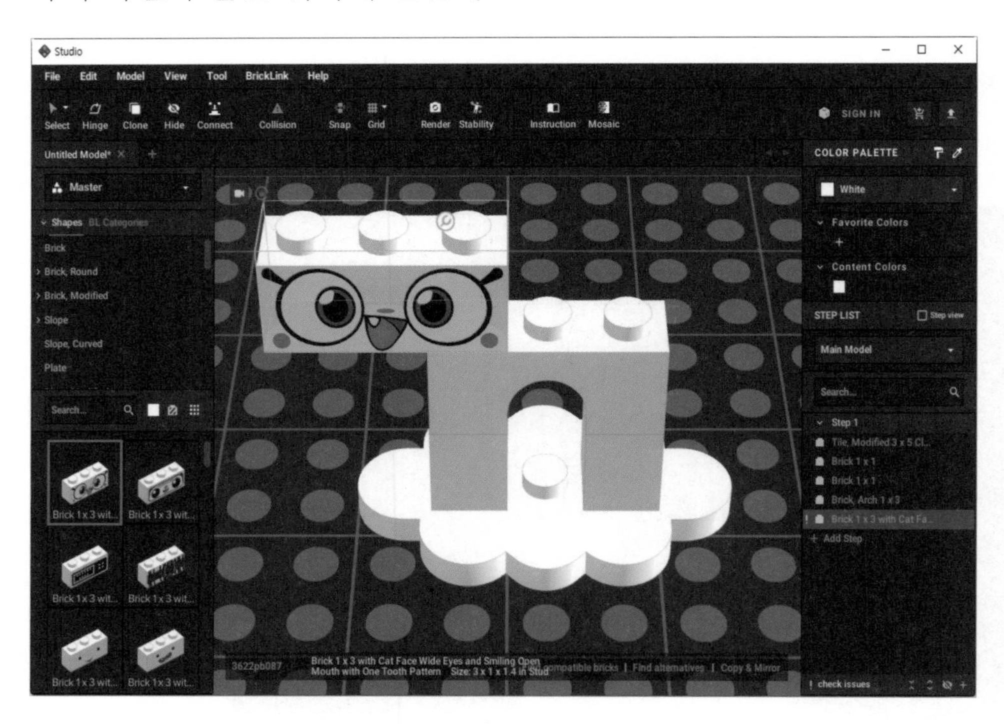

05 다시 고양이 꼬리를 연결하기 위해 빌딩 팔레트의 [Animal]-[Animal, Body Part]에서 그림과 같은 블록을 선택해요.

06 선택한 블록의 방향을 바꾸기 위해 키보드의 ▶ 방향키를 눌러 회전한 후, 화면과 같은 위치에 연결해요.

02 힌지 도구로 고양이 얼굴을 회전해요.

01 구름 탄 고양이 얼굴을 회전하기 위해 빌딩 도구에서 [힌지]( ) 아이콘을 클릭한 다음 [고양이 얼굴] 블록을 클릭해요.

02 이어서 그림과 같이 파란색 화살표가 나타나면 [파란색 화살표]를 클릭해요.

03 그림과 같이 파란색 화살표가 빨간색으로 바뀌면 화살표를 "위쪽" 방향으로 드래그해요.

04 그림과 같이 힌지 도구를 이용해 고양이 얼굴이 회전된 것을 확인할 수 있어요.

Tip

방향 회전이 끝나면 빌딩 도구에서 다시 선택 도구를 클릭해요.

1. 산타 고양이를 만들고 힌지 도구를 이용해 얼굴을 화살표 아래쪽 방향으로 회전해요.

2. 핑크 고양이를 만들고 힌지 도구를 이용해 얼굴과 꼬리를 화살표 위쪽 방향으로 회전해요.

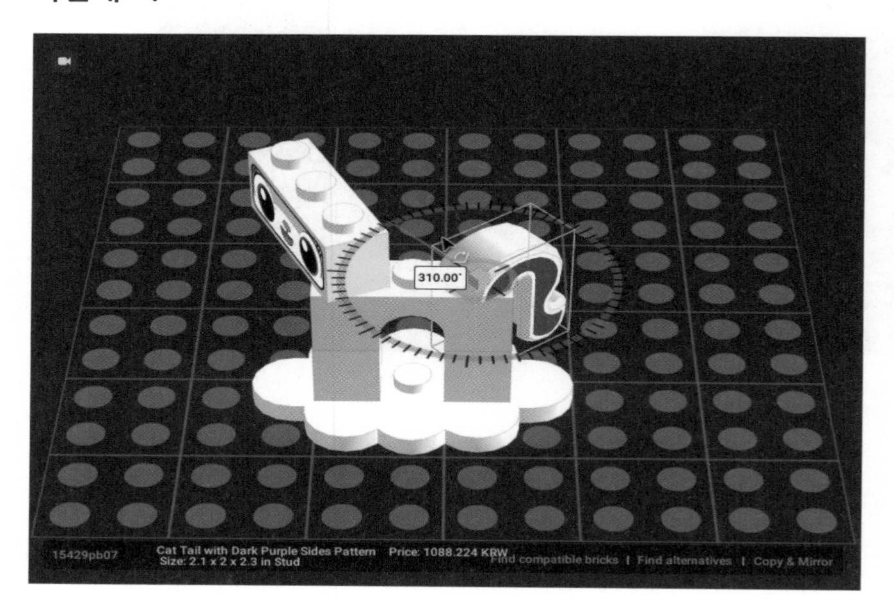

깜빡! 깜빡! 신호등

빨간색, 초록색, 노란색으로 바뀌는 안전한 신호등을 복제 도구를 이용해 손쉽게 만들어요.

학습 목표

- 복제 도구를 이용해 블록을 복제하는 방법에 대해 알아봅니다.
- 복제한 블록을 회전하여 연결하는 방법에 대해 알아봅니다.

미리 보기

01 깜빡이는 신호등을 만들어요.

01 신호등을 만들기 위해 빌딩 팔레트의 [Building]-[Support]에서 그림과 같은 블록을 선택하여 연결한 다음 컬러 팔레트에서 [하늘색]-[아쿠아] 색을 칠해요.

02 다시 빌딩 팔레트의 [Brick, Modified]에서 그림과 같은 블록을 선택하여 화면과 같은 위치에 연결한 다음 컬러 팔레트에서 [하늘색]-[아쿠아] 색을 칠해요.

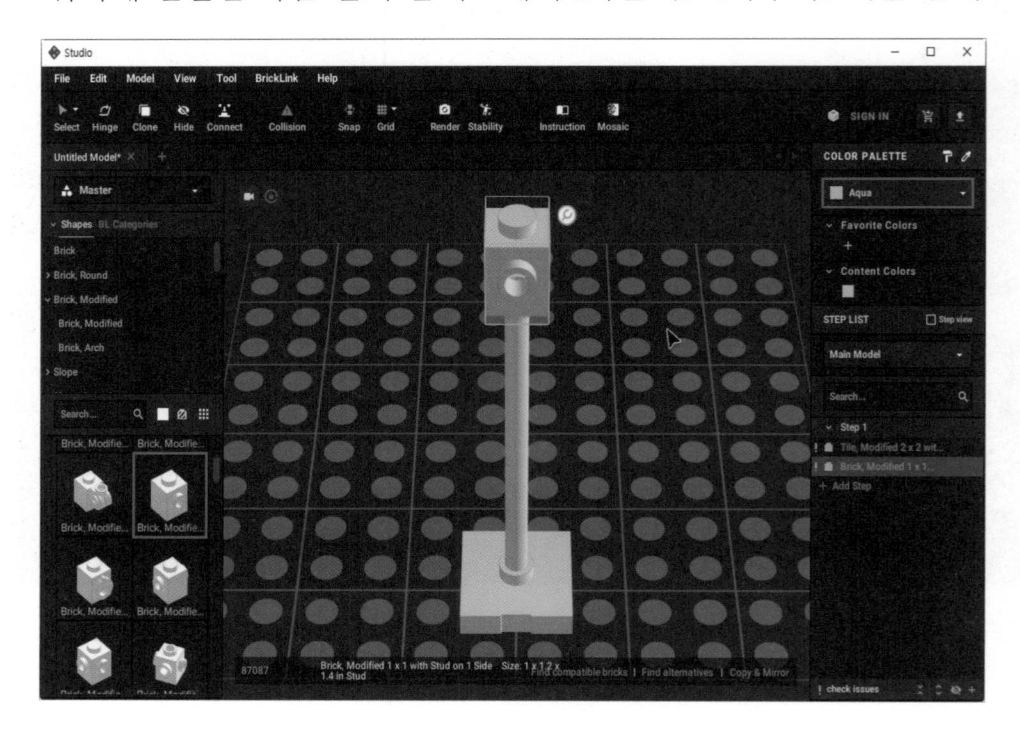

03 이어서 그림과 같이 돌기가 양쪽에 나타난 블록을 선택하여 화면과 같은 위치에 2개를 연결한 다음 컬러 팔레트에서 [하늘색]-[아쿠아] 색을 칠해요.

04 불빛 색을 만들기 위해 빌딩 팔레트의 [Plate, Round]에서 그림과 같은 블록을 선택하여 키보드의 ▼ 방향키를 눌러 회전한 후, 화면과 같은 위치에 3개를 연결해요.

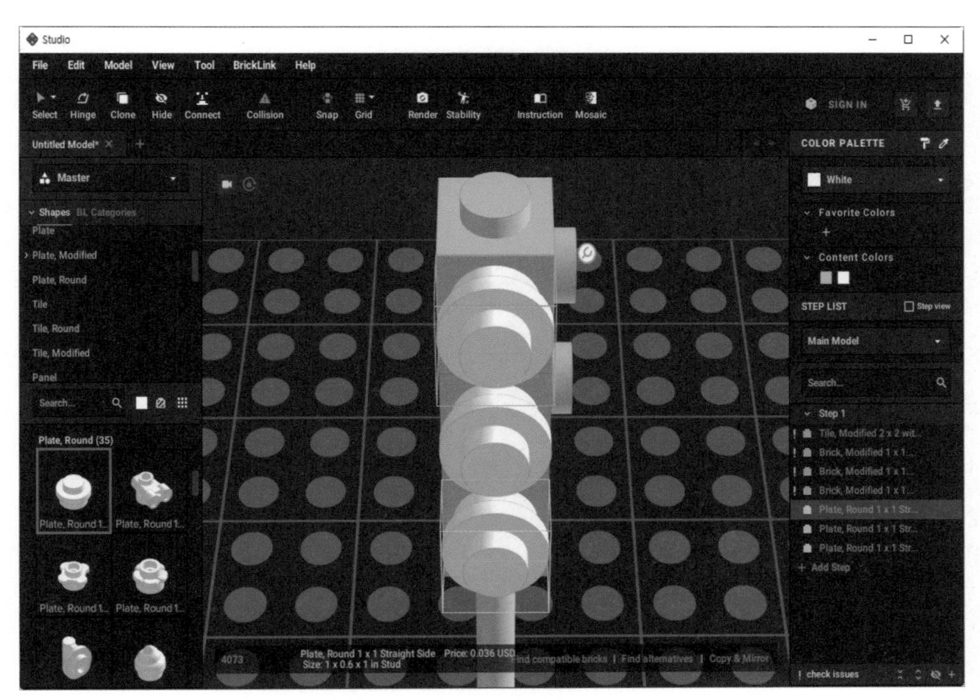

05 맨 위에 연결된 [둥근] 블록을 클릭한 후, 투명한 색으로 색칠하기 위해 컬러 팔레트에서 [빨강]-[Trans-Red] 색을 칠해요.

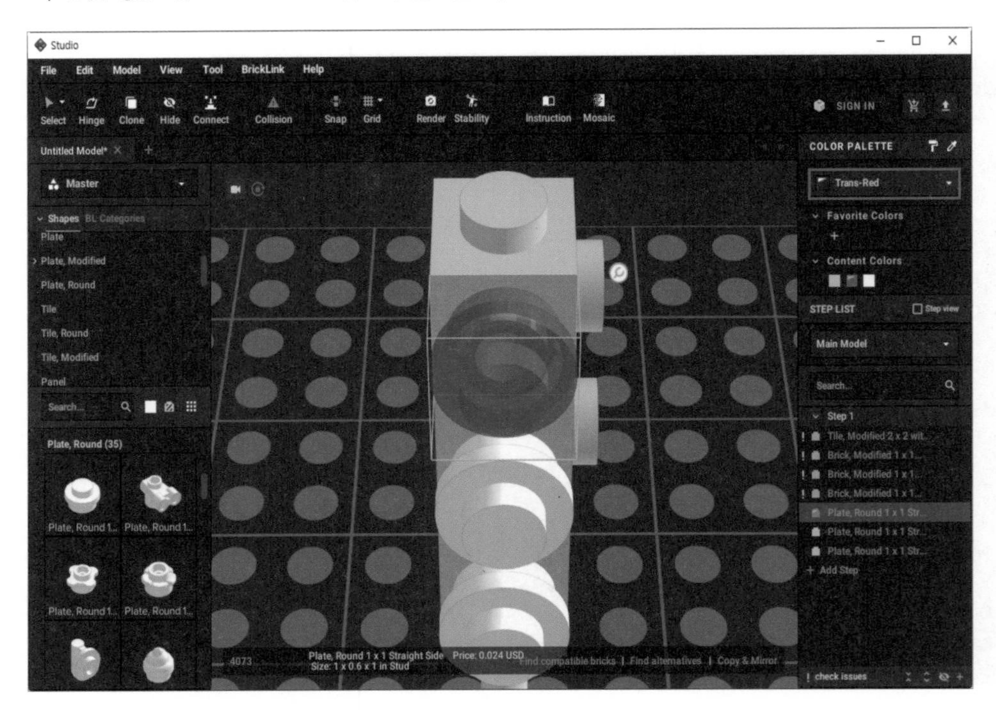

06 같은 방법으로 컬러 팔레트에서 [노랑]-[Trans-Yellow], [초록]-[Trans-Bright Green] 색을 칠해요.

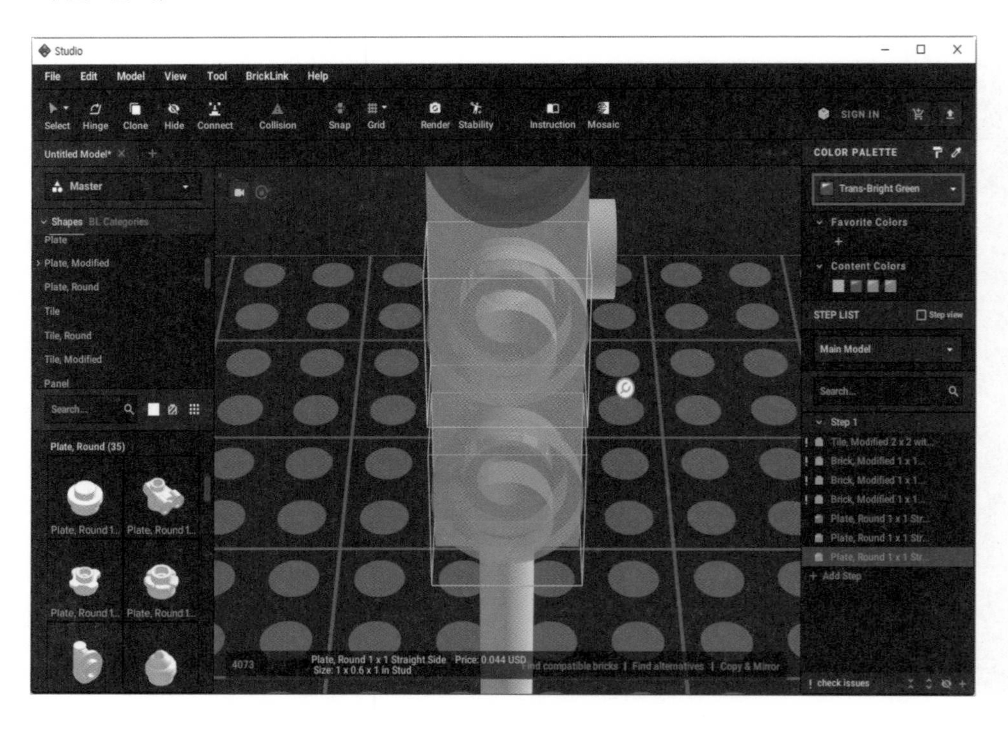

02 불빛 블록을 복제해요.

01 옆면에 불빛 블록을 연결하기 위해 [마우스 오른쪽 버튼]을 누르고 뷰포트를 왼쪽 방향으로 드래그하여 회전해요.

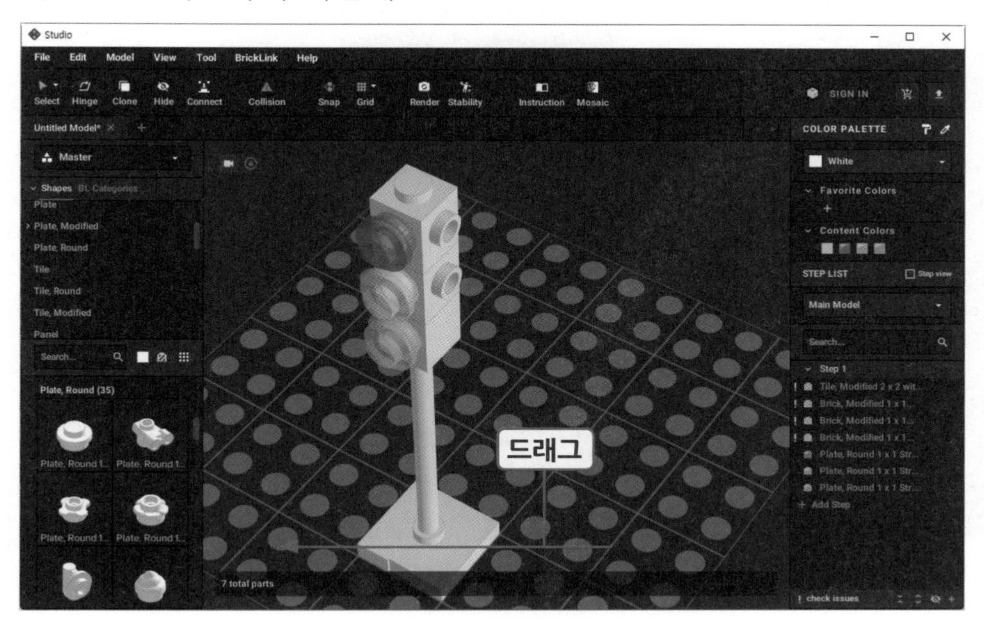

02 불빛 블록을 복제하기 위해 빌딩 도구에서 [복제]( ) 아이콘을 클릭한 후, [빨간색] 블록을 클릭해요.

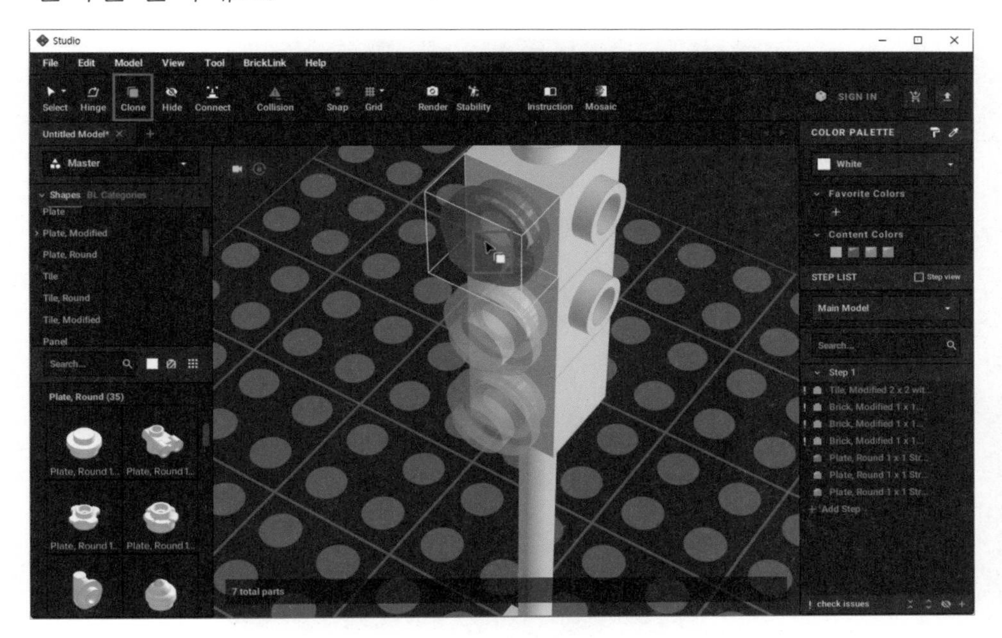

Tip

복제 아이콘을 클릭하기 전에 블록이 선택되어 있으면 선택된 블록이 복제돼요.

03 빨간색 블록이 복제되면 키보드의 [◀] 방향키를 눌러 블록을 회전한 후, 화면과 같은 위치에 연결해요.

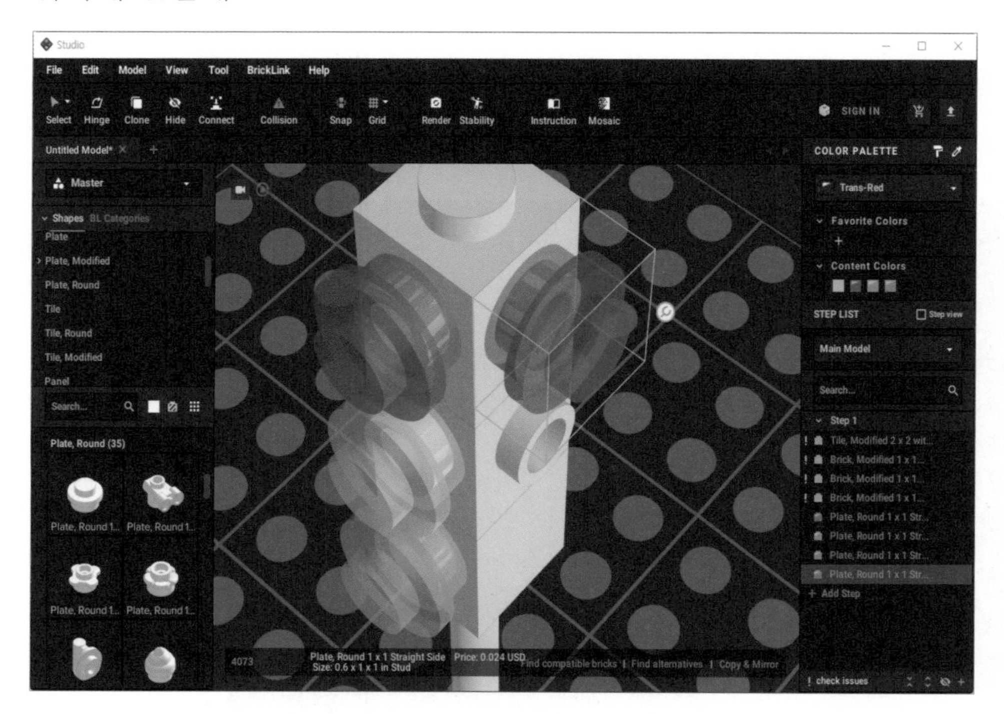

04 같은 방법으로 빌딩 도구에서 [복제]( ) 아이콘을 클릭한 후, [초록색] 블록을 클릭하여 복제한 다음 키보드의 [◀] 방향키를 눌러 블록을 회전한 후, 화면과 같은 위치에 연결하여 신호등을 완성해요.

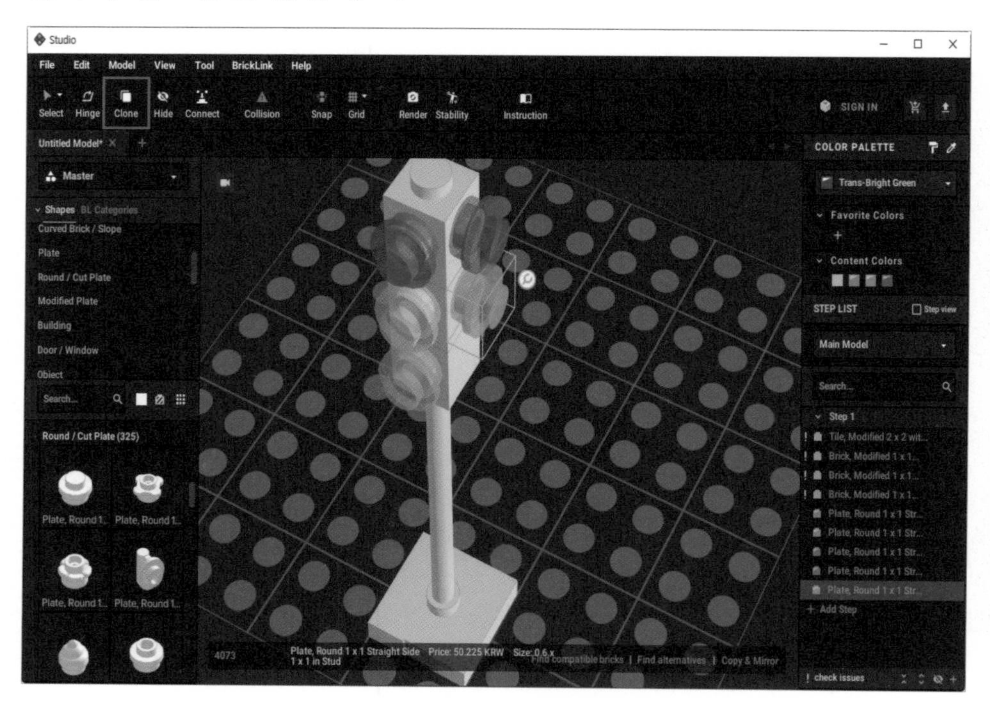

만들어봄

① 신호기를 복제하여 안전한 신호등을 만들어요.

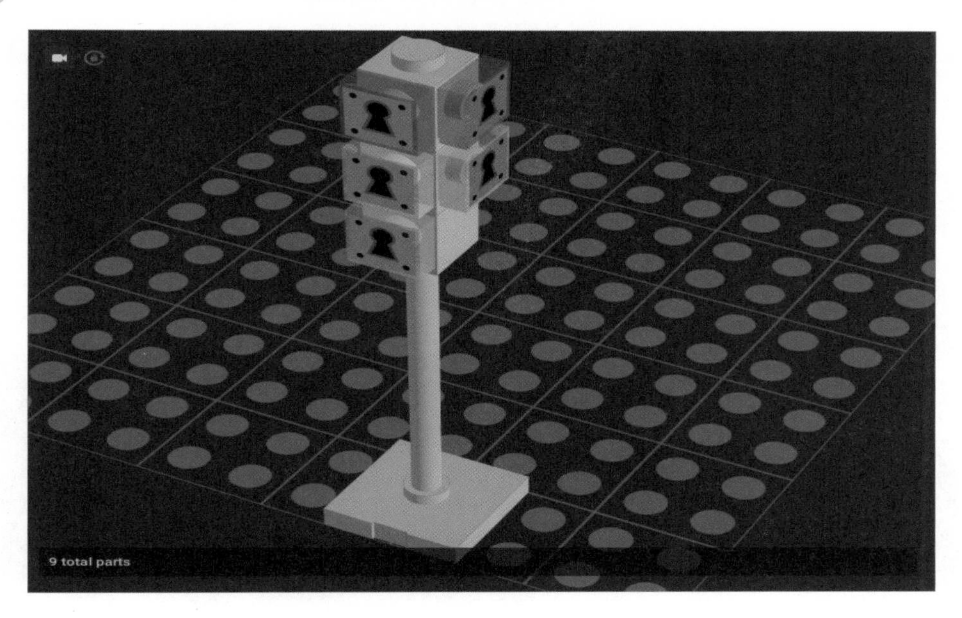

② 신호기를 복제하여 수상한 신호등을 만들어요.

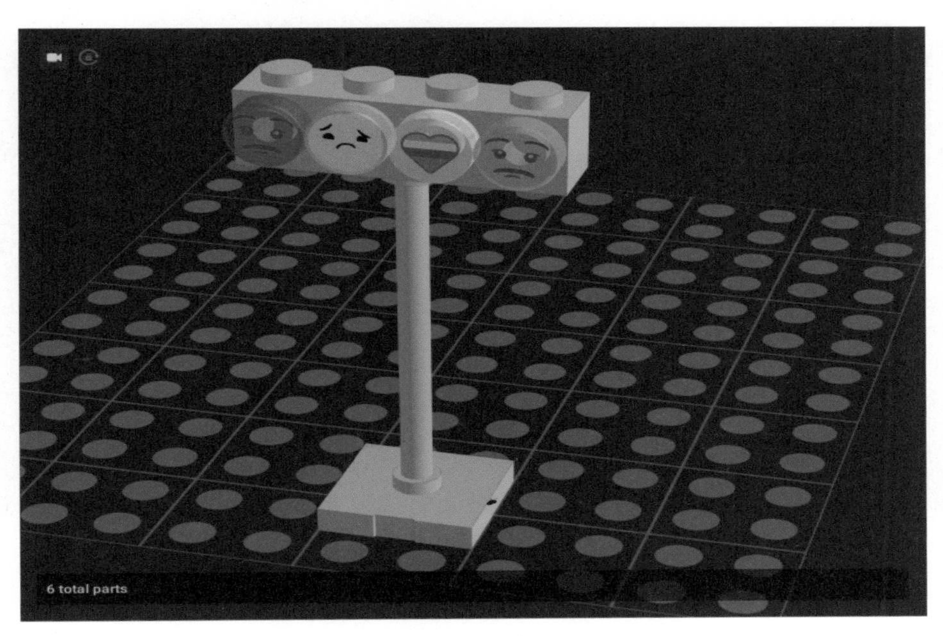

09 누가 먹었나? 아이스크림

반짝반짝 빛나는 블록을 연결하여 달콤한 수박 아이스크림을 만들고, 숨기기 도구를 이용해 숨겨요.

학습 목표

- 숨기기 도구를 이용해 블록을 숨기는 방법에 대해 알아봅니다.
- 숨긴 블록을 다시 나타나게 하는 방법에 대해 알아봅니다.

미리 보기

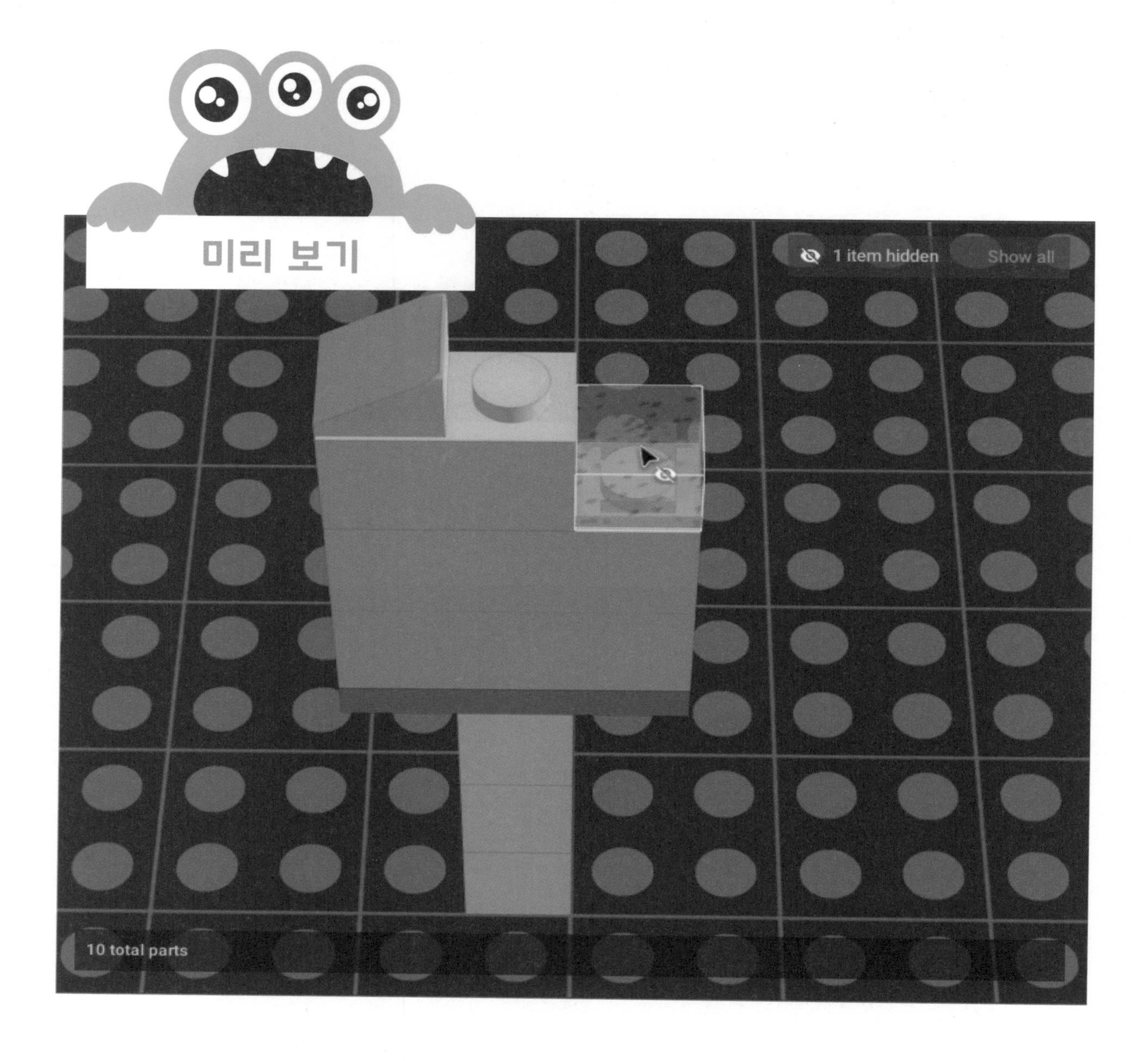

01 수박 아이스크림을 만들어요.

01 아이스크림 막대를 만들기 위해 빌딩 팔레트의 [Brick]에서 그림과 같은 블록을 선택하여 3개를 연결한 다음 컬러 팔레트에서 색을 칠해요.

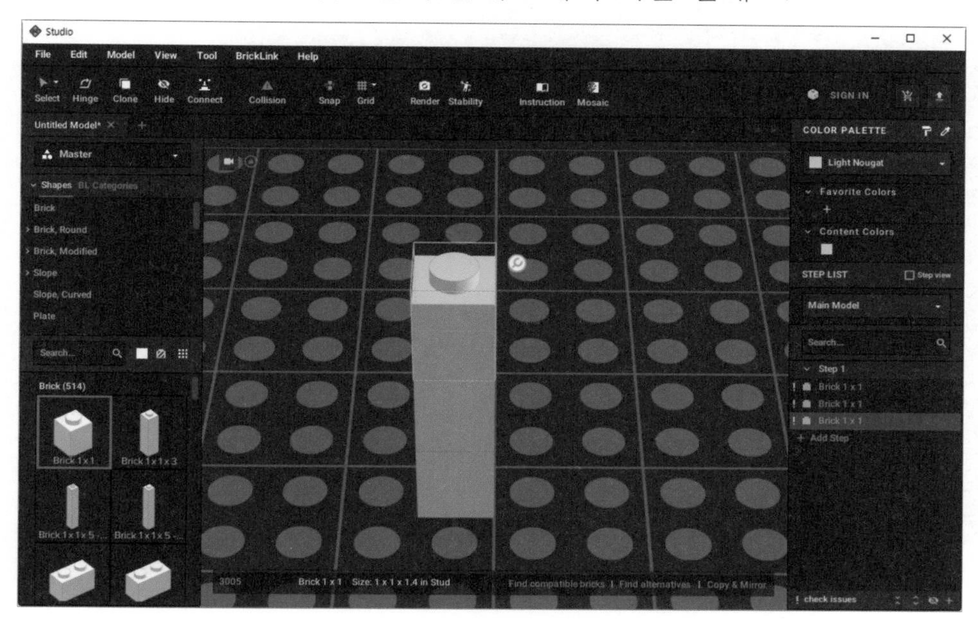

02 다시 빌딩 팔레트의 [Plate]에서 그림과 같은 블록을 선택하여 화면과 같은 위치에 연결한 다음 컬러 팔레트에서 색을 칠해요.

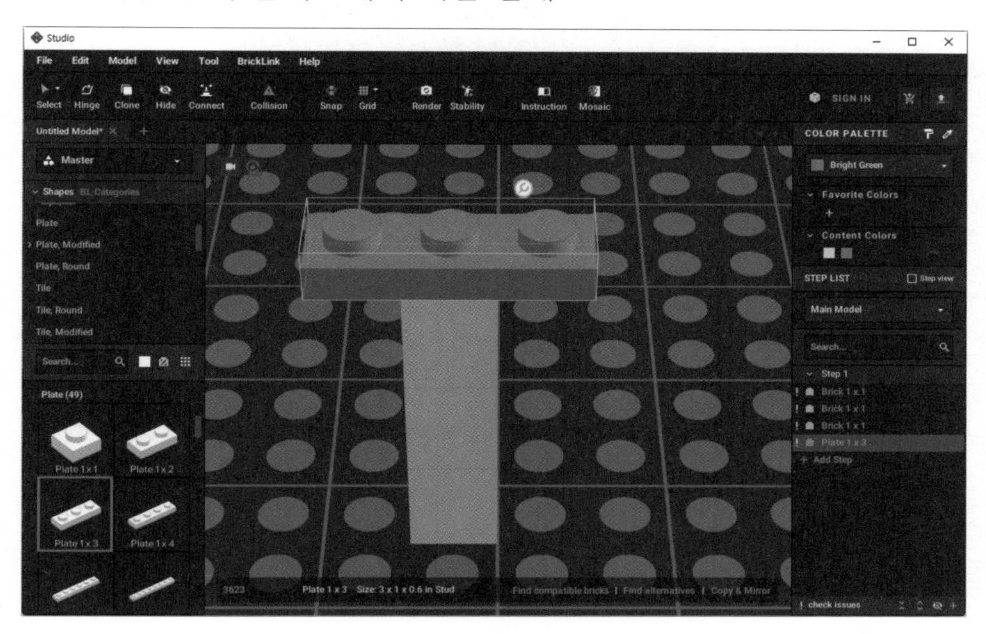

03 다시 빌딩 팔레트의 [Brick]에서 그림과 같은 블록 선택하여 화면과 같은 위치에 2개를 연결한 다음 컬러 팔레트에서 색을 칠해요.

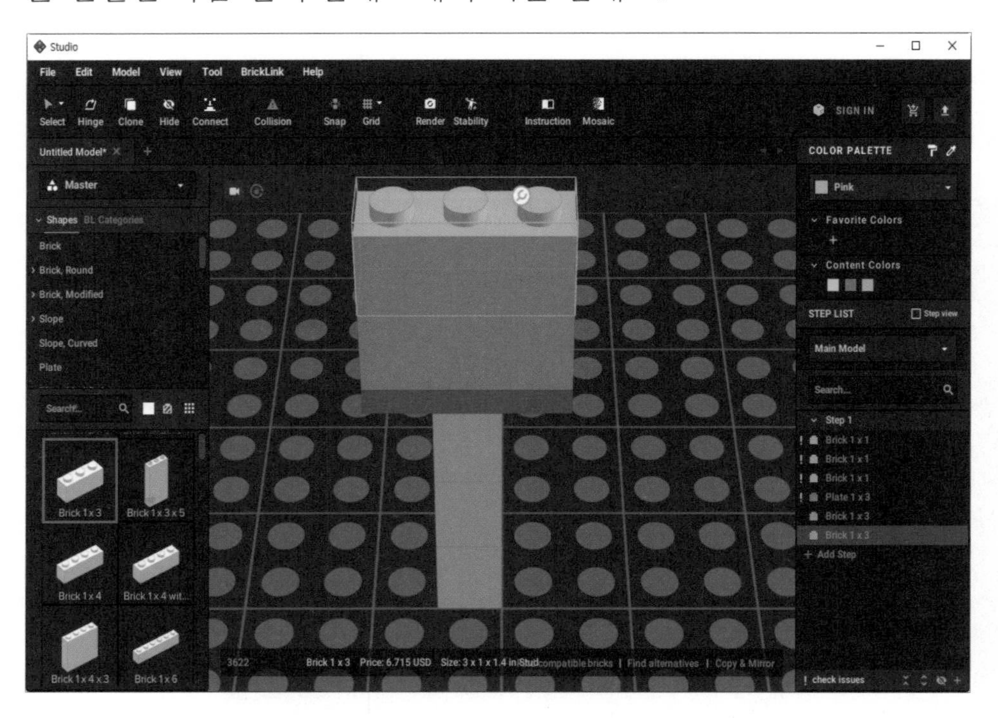

04 이어서 그림과 같은 블록을 선택하여 화면과 같은 위치에 연결한 다음 컬러 팔레트에서 색을 칠해요.

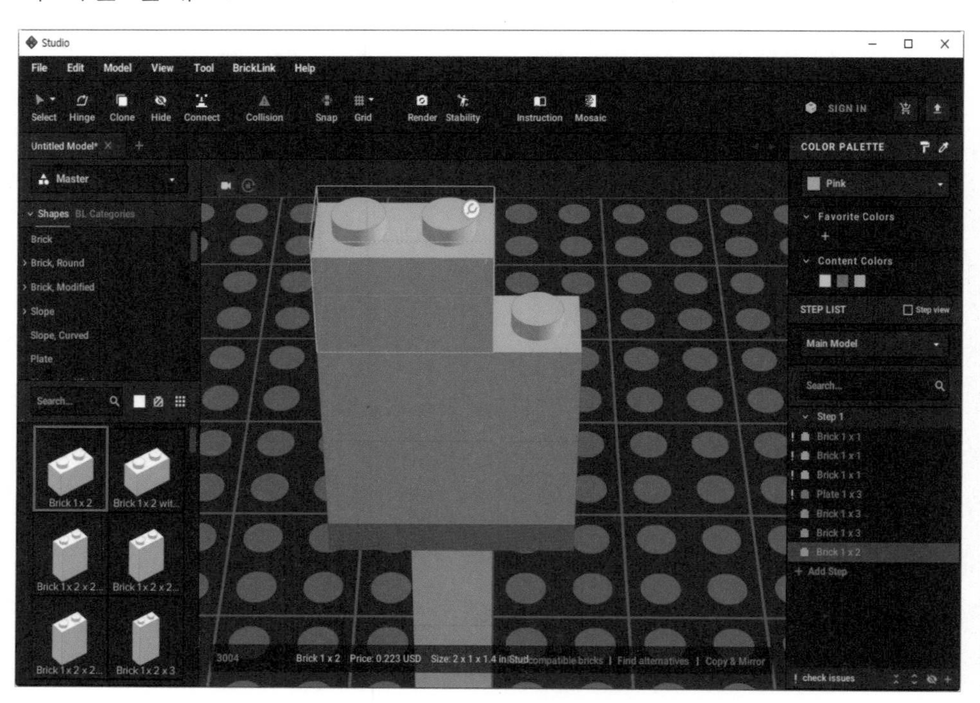

05 다시 빌딩 팔레트의 [Slope]에서 그림과 같은 블록을 선택하여 키보드의 [▶] 방향키를 눌러 회전한 후, 화면과 같은 위치에 연결한 다음 컬러 팔레트에서 색을 칠해요.

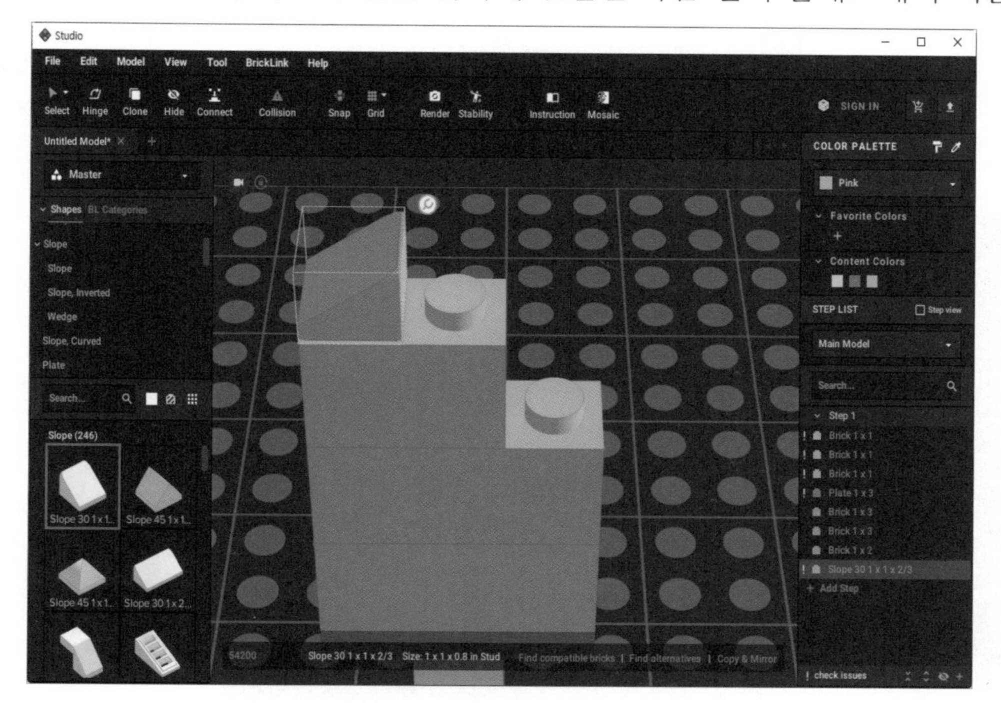

06 이어서 그림과 같은 블록을 선택하여 화면과 같은 위치에 2개를 연결한 후, 반짝이는 색을 칠하기 위해 컬러 팔레트에서 [보라]-[Glitter Trans-Dark Pink] 색을 칠해요.

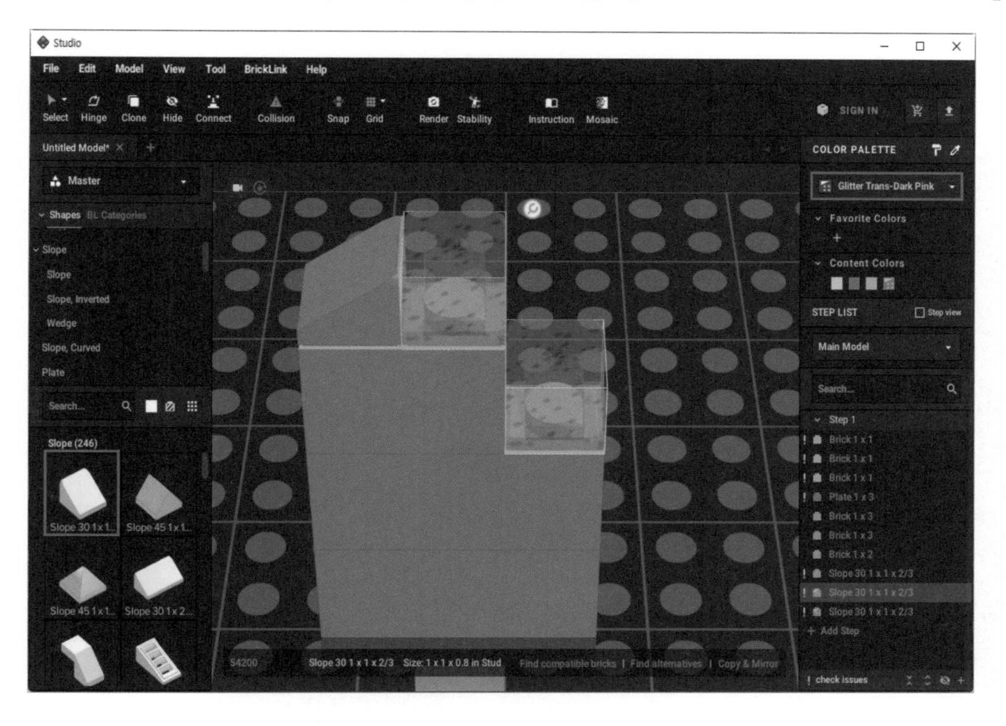

02 숨기기 도구로 블록을 숨겨요.

01 블록을 숨기기 위해 빌딩 도구에서 [숨기기]( ) 아이콘을 클릭한 후, 그림과 같이 [반짝이는 핑크] 색 블록을 클릭해요.

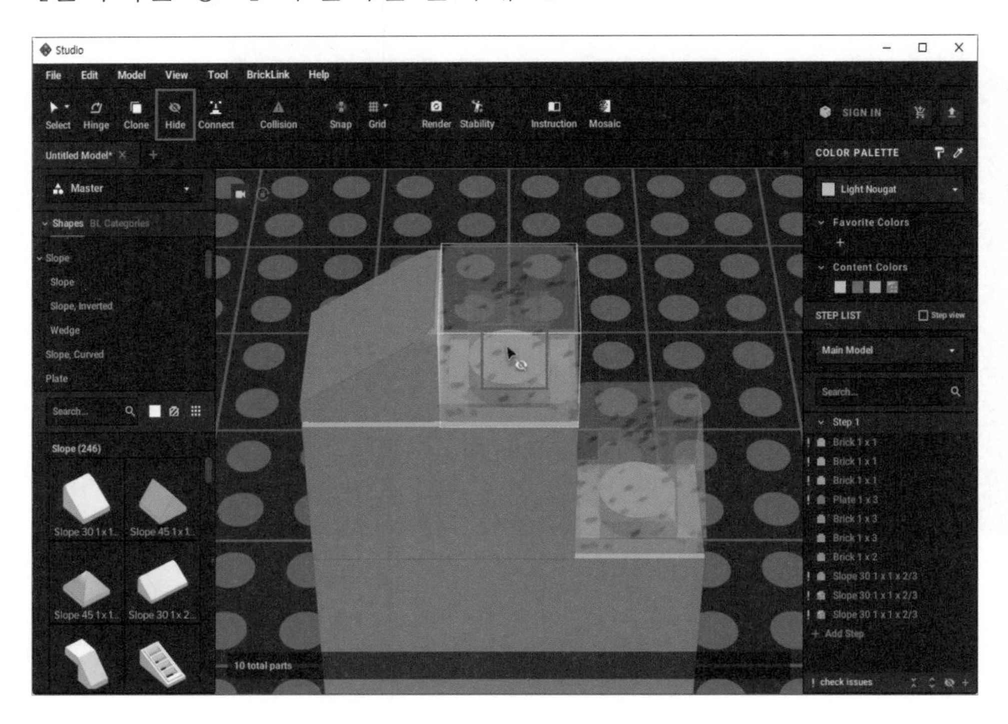

02 그림과 같이 블록이 사라지면 남은 [반짝 투명-다크 핑크] 색 블록도 클릭해요.

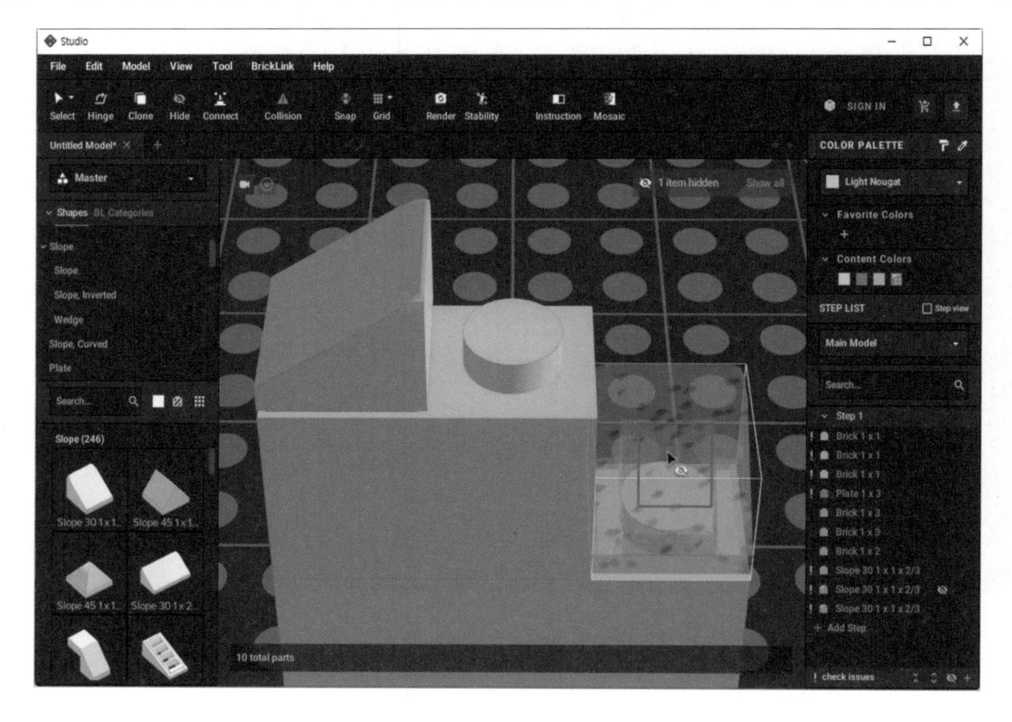

03 그림과 같이 [반짝 투명-다크 핑크] 색 블록이 모두 사라지면 다시 뷰포트 오른쪽 상단에 나타난 [Show all]을 클릭해요.

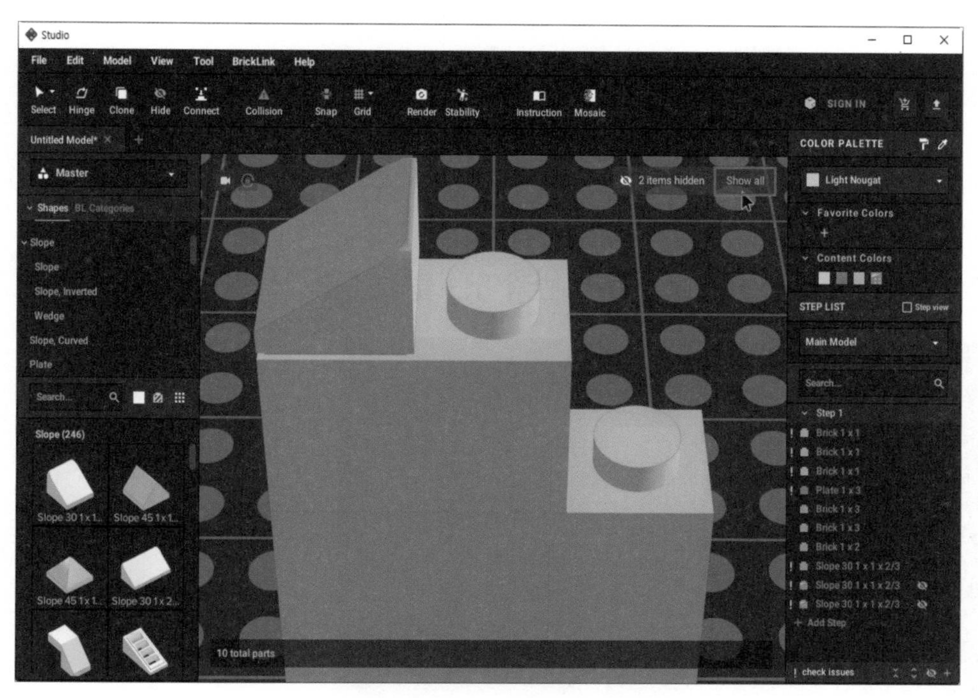

04 그림과 같이 사라졌던 [반짝 투명-다크 핑크] 색 블록이 다시 같은 위치에 나타나요.

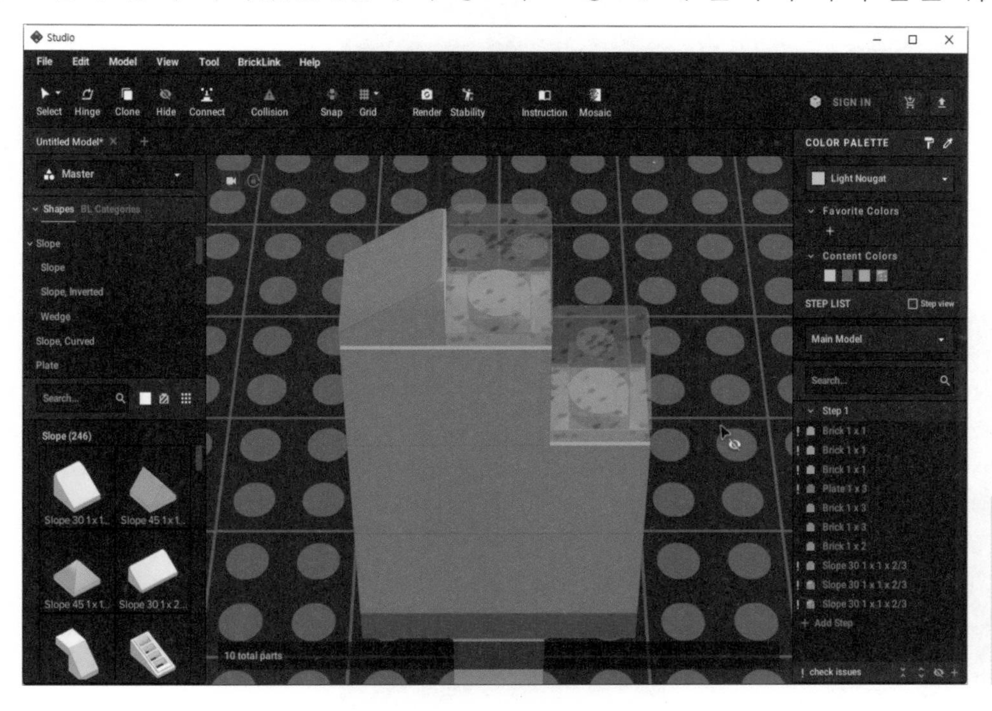

Tip

블록 숨기기가 끝나면 다시 [선택]( ) 도구로 변경해요.

만들어 봄

① 포도 아이스크림을 만들고 숨기기 도구로 반짝이는 블록을 숨겨요.

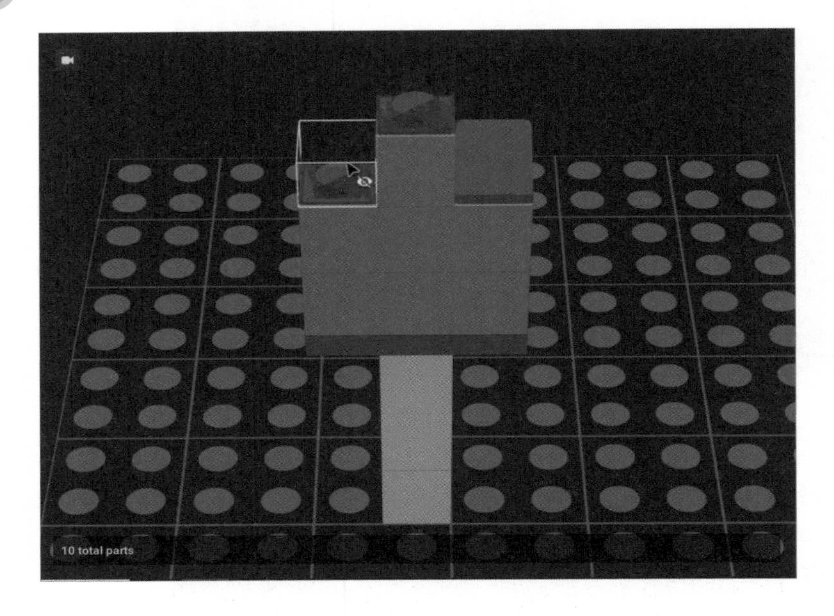

② 메론 아이스크림을 만들고 숨기기 도구로 반짝이는 블록을 숨겨요.

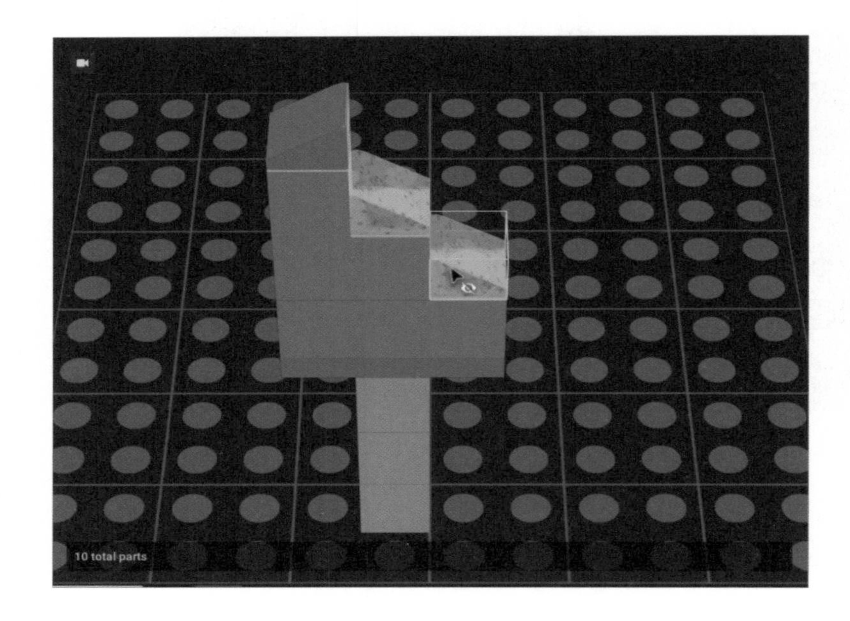

사랑에 빠진 미니 피규어

바다에 사는 사랑스러운 빨강 머리 공주에게 아름다운 왕관을 씌우기 위해 충돌 도구를 이용해요.

학습 목표

- 다양한 모양의 블록을 연결해 미니 피겨를 만들어 봅니다.
- 충돌 도구를 이용해 블록을 연결하는 방법에 대해 알아봅니다.

미리 보기

01 사랑에 빠진 미니 피규어를 만들어요.

01 인어를 만들기 위해 빌딩 팔레트의 [Minifigure, body]-[Mini Doll, Body Part]에서 그림과 같은 블록을 선택하여 연결한 다음 컬러 팔레트에서 색을 칠해요.

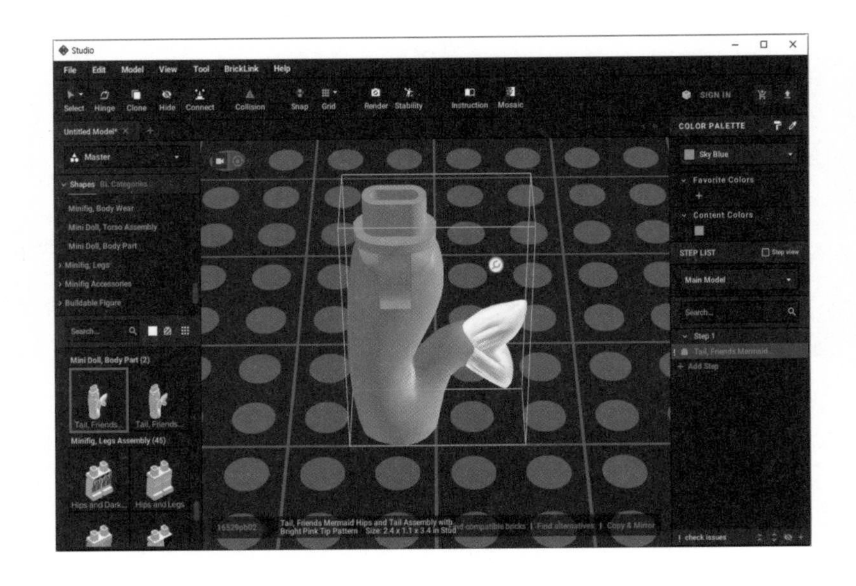

02 이어서 상반신을 만들기 위해 [Mini Doll, Torso Assembly]에서 그림과 같은 블록을 선택하여 연결한 다음 컬러 팔레트에서 색을 칠해요.

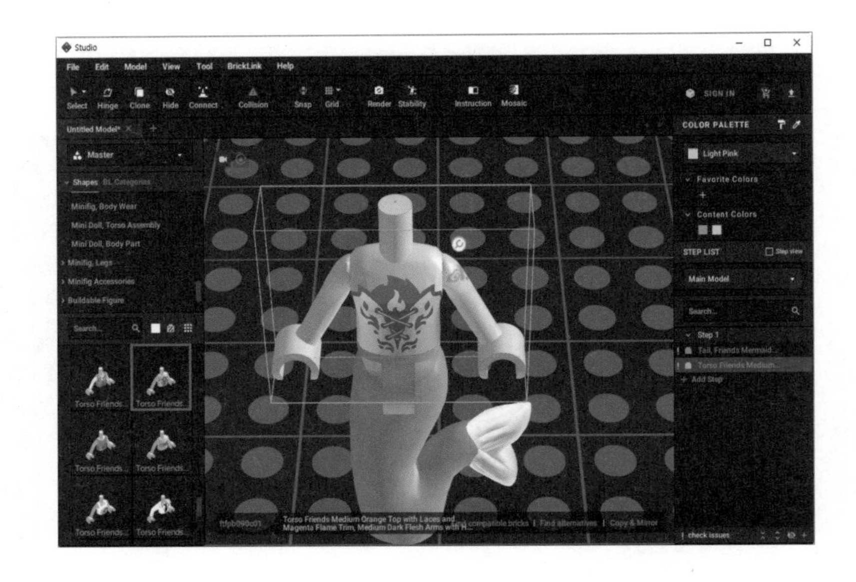

03 머리를 연결하기 위해 빌딩 [Minifigure,Head]-[Mini Doll, Head]에서 그림과 같은 블록을 선택하여 연결한 다음 컬러 팔레트에서 색을 칠해요.

04 이어서 갈래머리를 연결하기 위해 [Minifigure, Hair]에서 그림과 같은 블록을 선택하여 화면과 같은 위치에 연결한 다음 컬러 팔레트에서 색을 칠해요.

05 이어서 왕관을 연결하기 위해 [Minifigure, Headgear Accessory]에서 그림과 같은 블록을 선택하여 화면과 같은 위치에 연결해요.

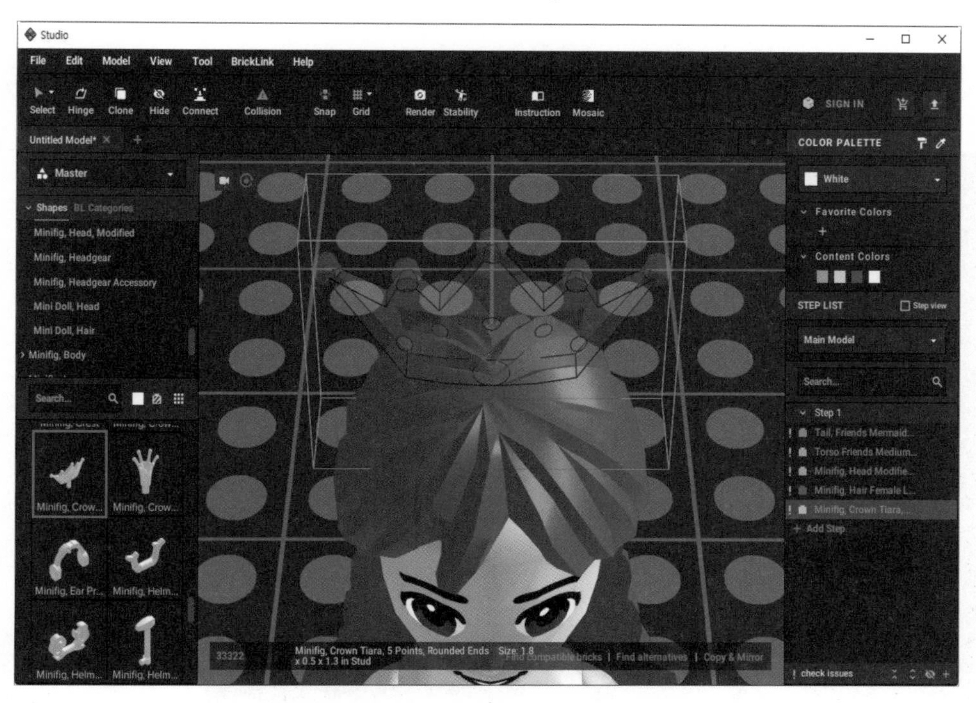

02 충돌 도구를 꺼요.

01 연결한 왕관 블록이 머리 블록과 충돌하여 그림과 같이 나타나면 충돌을 끄기 위해 빌딩 도구에서 [충돌](▲) 아이콘을 클릭해요.

02 그림과 같이 왕관이 나타나면 컬러 팔레트에서 [노랑]-[Metallic Gold] 색을 칠해요.

Tip

연결된 블록이 충돌한 것을 알 수 있도록 충돌(▲) 도구를 다시 켜요.

① 충돌 기능을 끄고 하얀 피부를 가진 공주를 만들어요.

② 충돌 기능을 끄고 얼음나라 공주를 만들어요.

11 따르릉 밸런스 자전거

밸런스 자전거를 만들기 위해 호환 기능을 이용해 자전거 부품을 찾아 연결하고, 그라운드를 숨겨 자전거가 달리는 모습을 연출해요.

학습 목표

- 호환 가능한 블록을 찾는 방법에 대해 알아봅니다.
- 그라운드를 숨기는 방법에 대해 알아봅니다.

01 호환 가능한 블록을 찾아요.

01 자전거를 만들기 위해 빌딩 팔레트의 [Vehicle-Land]-[Riding Cycle]에서 그림과 같은 블록을 선택하여 키보드의 ▶ 방향키를 눌러 회전한 후, 화면과 같은 위치에 연결한 다음 컬러 팔레트에서 색을 칠해요.

02 자전거 프레임 사이즈에 호환되는 바퀴를 쉽게 검색하기 위해 화면 하단에 위치한 [Find compatible bricks]를 클릭한 후, 빌딩 팔레트에서 그림과 같은 블록을 선택하여 연결해요.

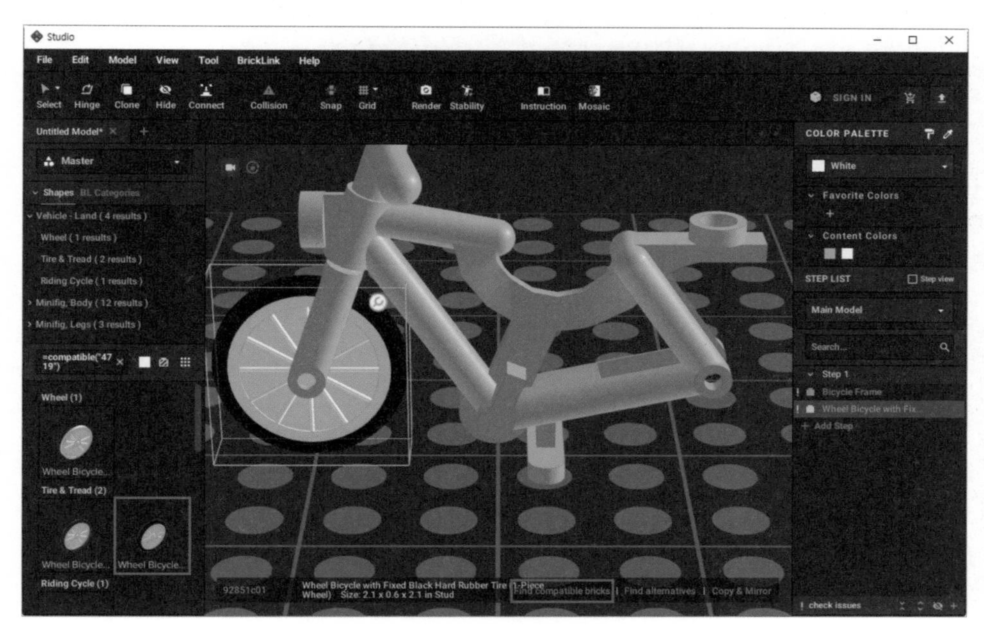

03 위와 같은 방법으로 자전거 뒷바퀴도 연결한 후, 자전거 부속품을 찾기 위해 빌딩 팔레트에서 블록 검색창 [닫기](✕) 단추를 클릭해요.

04 자전거 라이트를 연결하기 위해 빌딩 팔레트의 [Plate, Round]에서 그림과 같은 블록을 선택하여 키보드의 ▼ 방향키를 누르고 다시 ▶ 방향키를 눌러 회전한 후, 화면과 같은 위치에 연결한 다음 컬러 팔레트에서 [검/흰]-[Luminous White] 색을 칠해요.

05 자전거 안장을 연결하기 위해 빌딩 팔레트의 [Minifigure Accessories]-[Minifigure, Utensil]에서 그림과 같은 블록을 선택하여 키보드의 ▶ 방향키를 눌러 회전한 후, 화면과 같은 위치에 연결한 다음 컬러 팔레트에서 색을 칠해요.

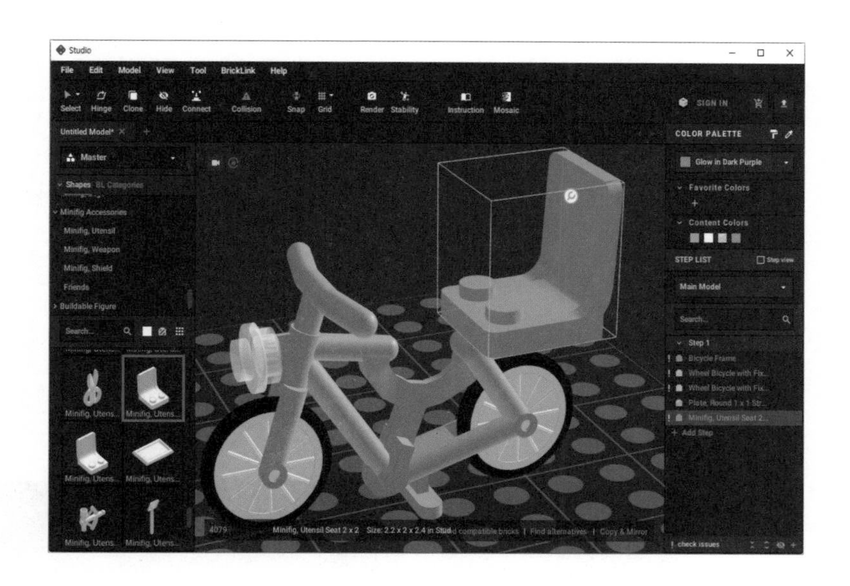

06 자전거가 완성되면, 그라운드를 숨기기 위해 메뉴의 [View]-[Hide Ground]를 클릭해요.

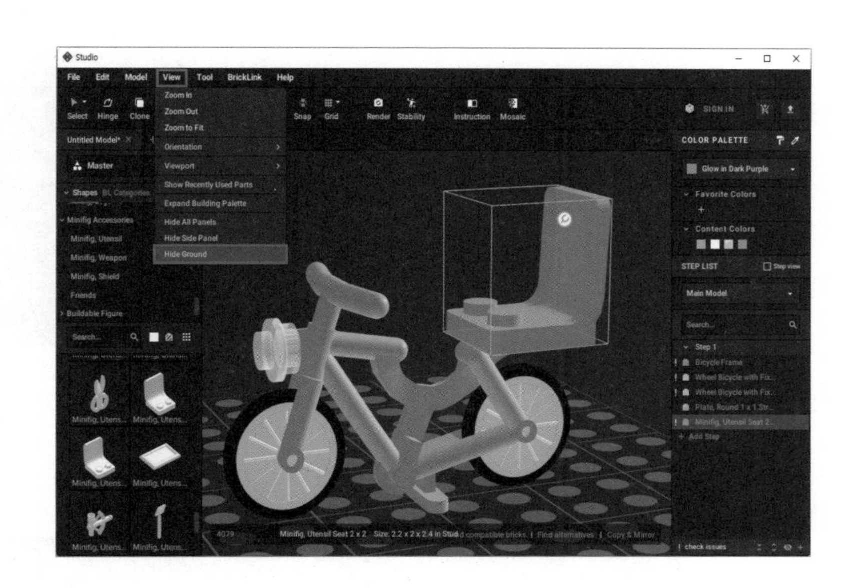

07 그라운드가 사라지면 [마우스 오른쪽 버튼]을 누르고 드래그하여 밸런스 자전거를 자유롭게 회전해요.

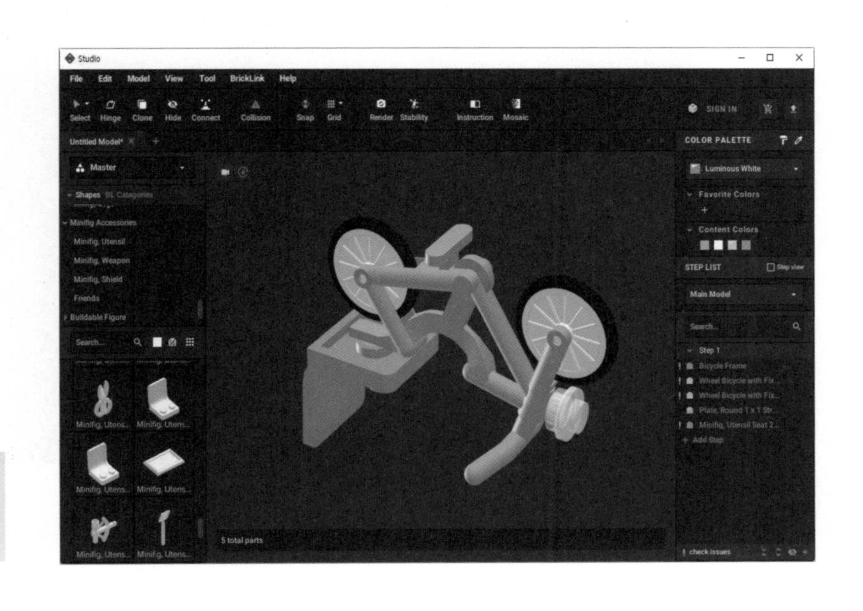

Tip

그라운드를 보이게 하려면 [View]-[Show Ground]를 클릭해요.

① 블록을 연결하여 멋진 스쿠터를 만들어요.

② [뷰] 메뉴에서 그라운드를 숨겨요.

12 뱅글뱅글 돌려라

놀이터에서 가장 인기 있는 회전 놀이 기구를 만들기 위해 회전판, 받침대, 회전축, 손잡이 블록을 찾아 연결해요.

학습 목표

- **회전 놀이기구를 만드는 방법에 대해 알아봅니다.**
- **다양한 블록을 찾아 연결하는 방법에 대해 알아봅니다.**

미리 보기

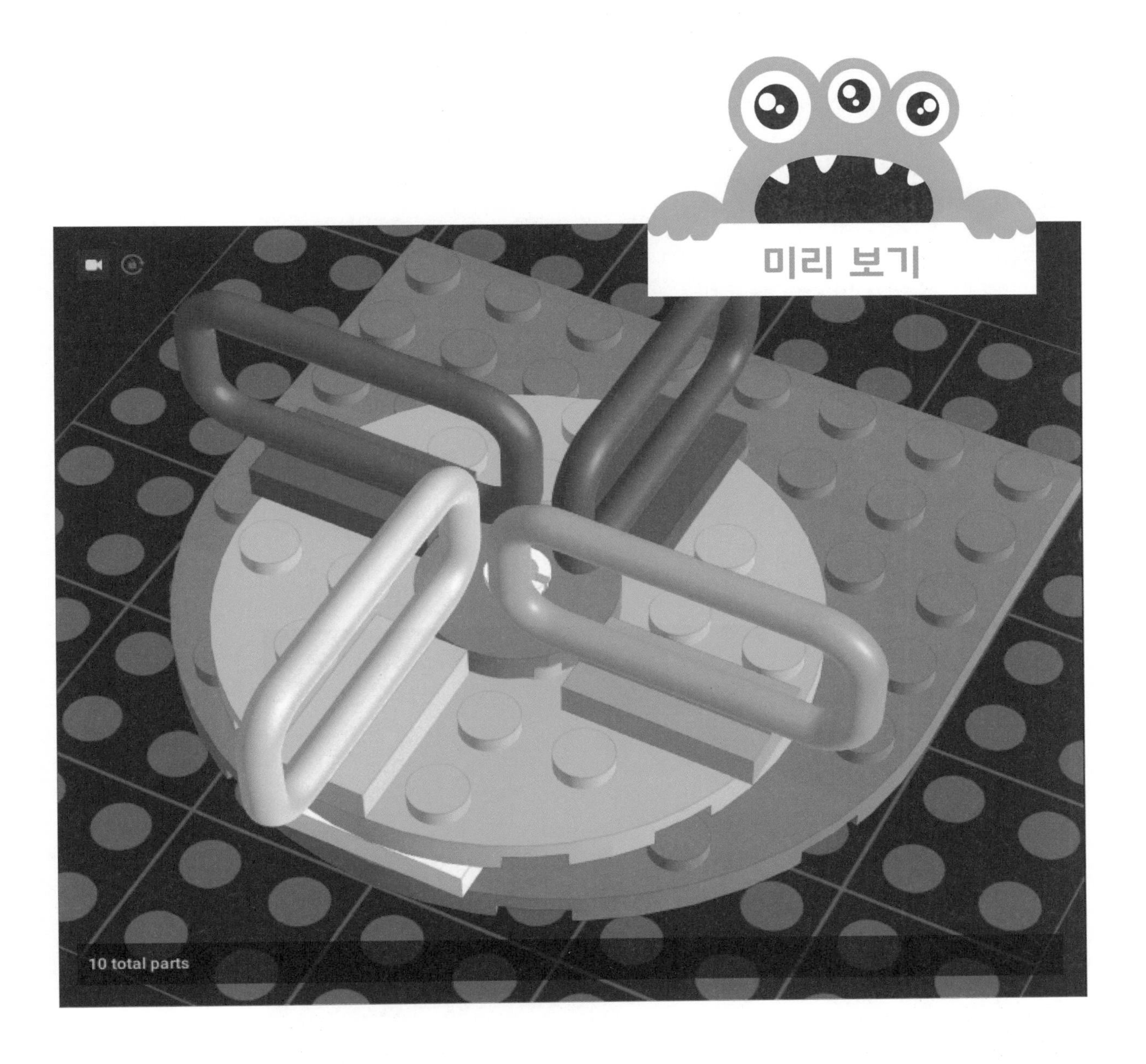

01 회전 놀이기구를 만들어요.

01 회전 놀이기구를 만들기 위해 빌딩 팔레트의 [Plate, Round]에서 그림과 같은 블록을 선택하여 연결한 다음 컬러 팔레트에서 색을 칠해요.

02 받침대를 만들기 위해 빌딩 팔레트의 [Tile]에서 그림과 같은 블록을 선택하여 화면과 같은 위치에 2개를 연결한 후, 다시 빌딩 팔레트의 [Tile, Modified]에서 그림과 같은 블록을 선택하여 연결해요.

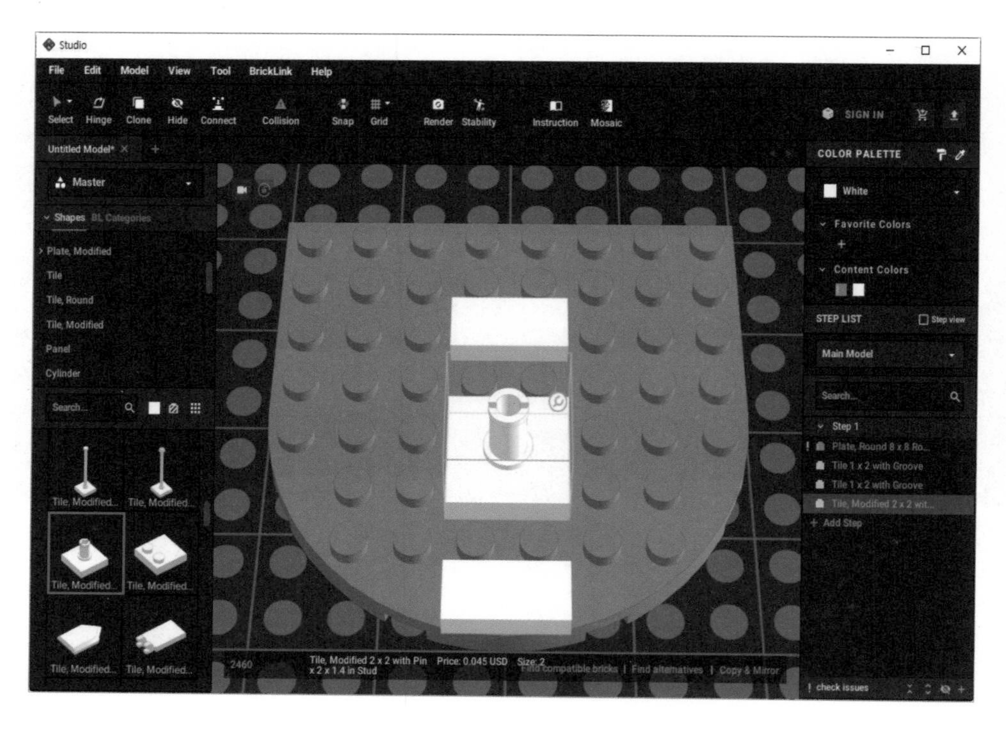

03 회전판을 만들기 위해 빌딩 팔레트의 [Plate, Round]에서 그림과 같은 블록을 선택하여 화면과 같은 위치에 연결한 다음 컬러 팔레트에서 색을 칠해요.

04 이어서 빌딩 팔레트의 [Tile, Round]에서 그림과 같은 블록을 선택하여 화면과 같은 위치에 연결한 다음 컬러 팔레트에서 색을 칠해요.

02 회전 놀이기구 손잡이를 만들어요.

01 손잡이를 만들기 위해 빌딩 팔레트의 [Bar]에서 그림과 같은 블록을 선택하여 화면과 같은 위치에 2개를 연결한 다음 컬러 팔레트에서 색을 칠해요.

02 다시 같은 블록을 선택하여 키보드의 [▶] 방향키를 눌러 회전한 후, 화면과 같은 위치에 2개를 연결한 다음 컬러 팔레트에서 색을 칠해요.

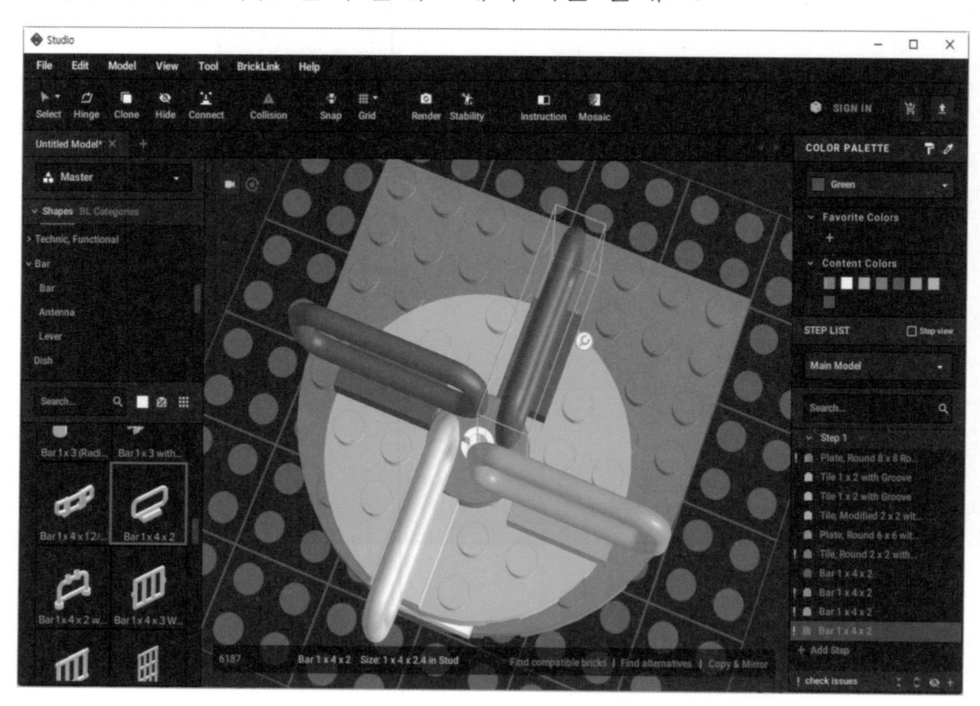

① 블록을 회전하여 노란색 미끄럼틀을 만들어요.

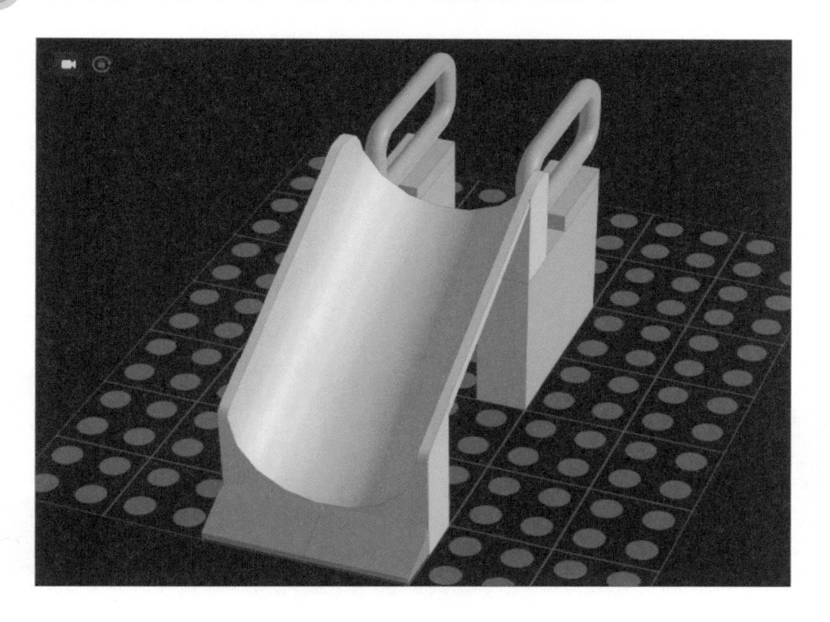

② 블록을 회전하여 스케이드보드 경기장을 만들어요.

신나는 클라이밍

실내 체육관에서 즐길 수 있는 클라이밍 운동을 하기 위해 경사판 블록을 만들고, 홀드 블록을 연결해요.

학습 목표

- 경사판 블록을 회전하여 연결하는 방법에 대해 알아봅니다.
- 클라이밍 홀드 블록을 연결하는 방법에 대해 알아봅니다.

미리 보기

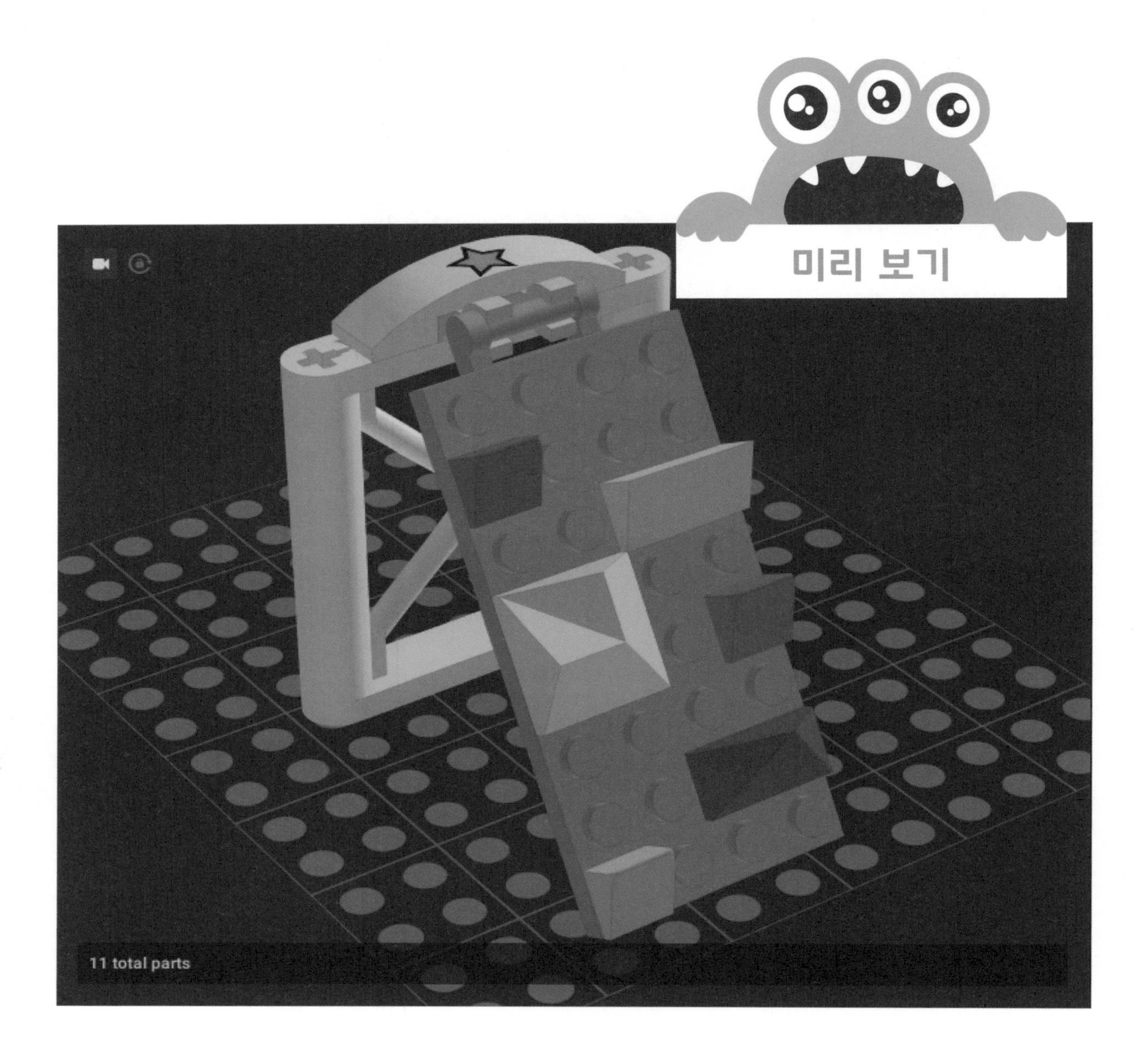

01 경사판을 만들어요.

01 클라이밍 경사판을 만들기 위해 빌딩 팔레트의 [Building]-[Support]에서 그림과 같은 블록을 선택하여 연결한 다음 컬러 팔레트에서 색을 칠해요.

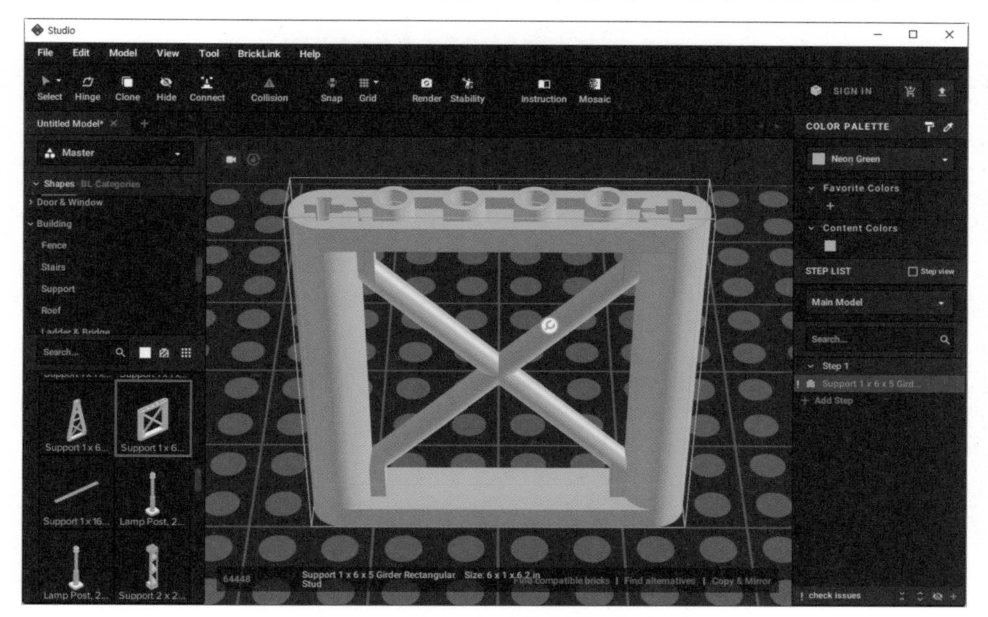

02 경사판을 연결하기 위해 빌딩 팔레트의 [Plate, Modified]에서 [Plate, Modified 1×2 With Clips Horizontal] 블록을 선택하여 연결한 다음 색을 칠해요.

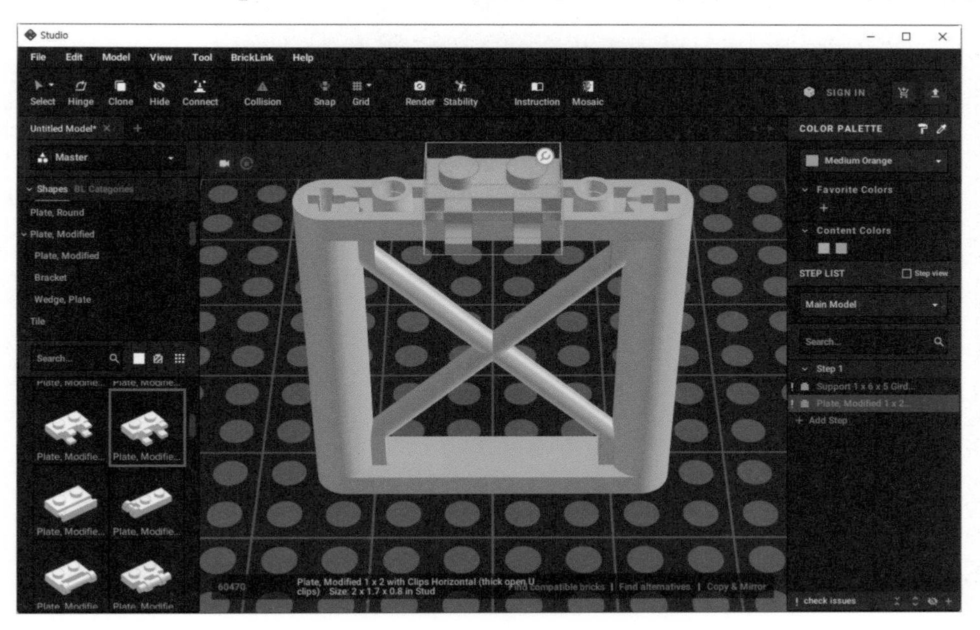

03 이어서 [Plate, Modified 1×2 with Bar Handle on Side] 블록을 선택하여 키보드의 [▶] 방향키를 2번 누른 후, 화면과 같은 위치에 연결한 다음 색을 칠해요.

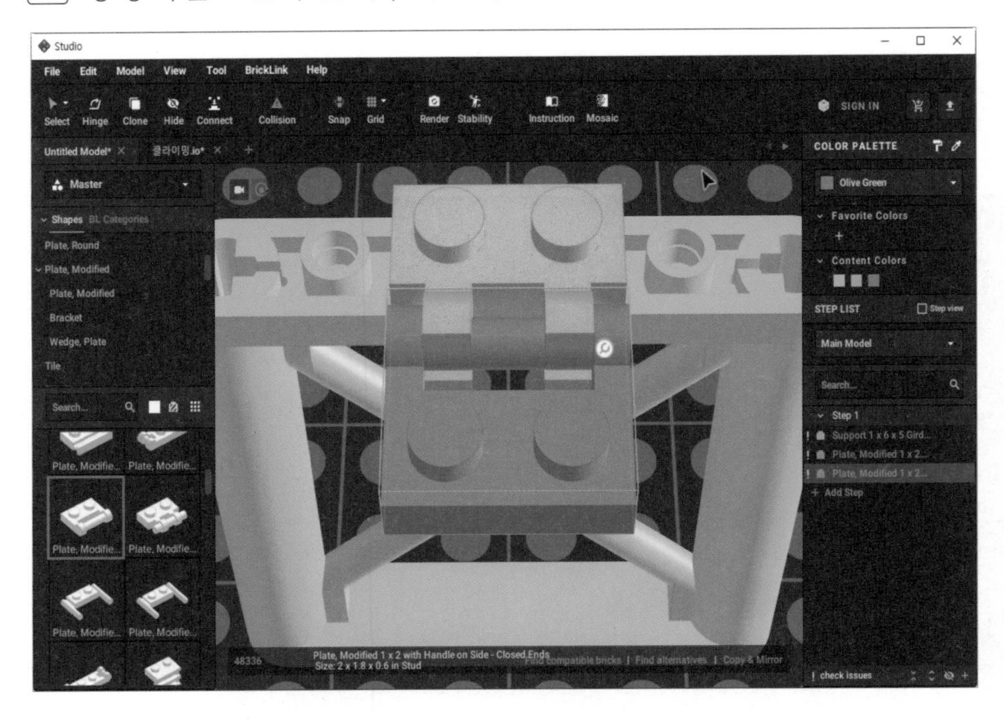

04 경사를 만들기 위해 빌딩 도구에서 [힌지]( ) 아이콘을 클릭한 후, 파란색 화살표를 더블 클릭하여 그림과 같이 나타난 [입력 상자]에 '300'을 입력해요.

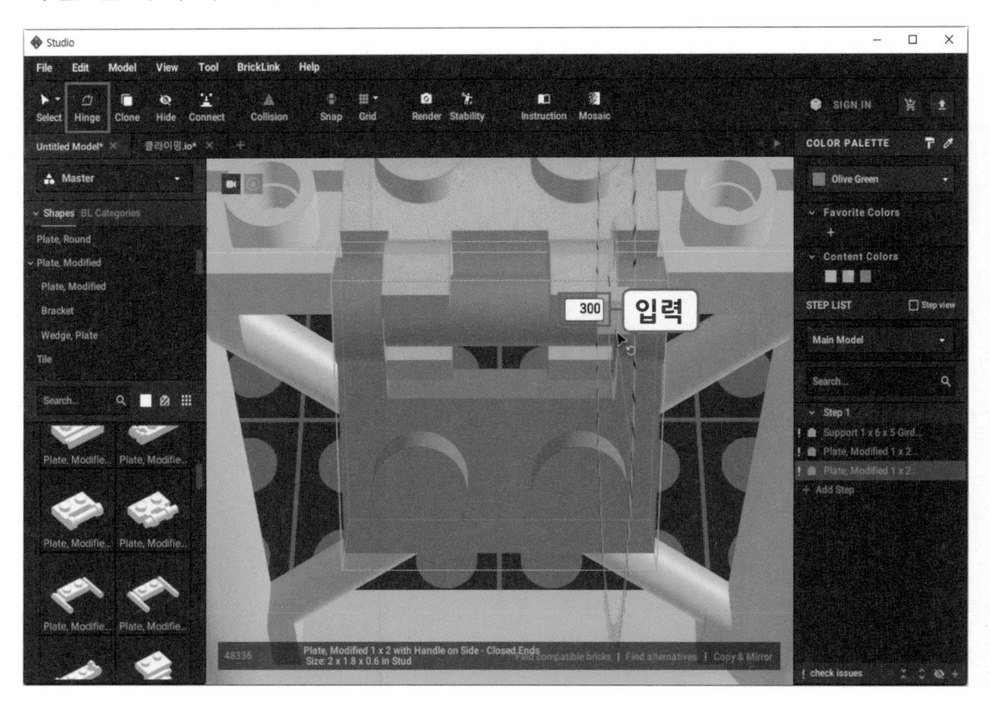

05 경사판을 연결하기 위해 빌딩 팔레트의 [Plate]에서 그림과 같은 [4×8] 블록을 선택하여 키보드의 ▶ 방향키를 누르고, 다시 ▼ 방향키를 눌러 회전해요.

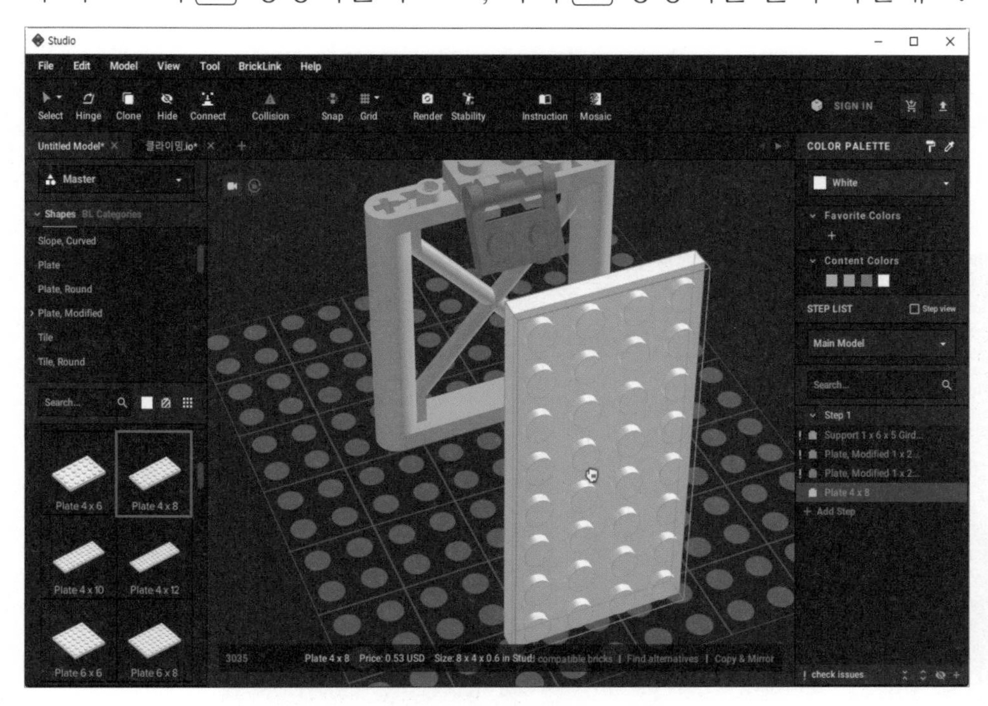

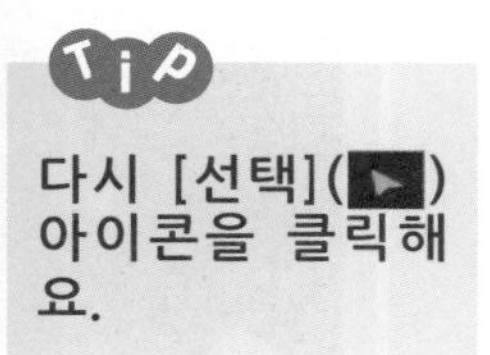
Tip
다시 [선택]( ) 아이콘을 클릭해요.

06 회전한 경사판을 화면과 같은 위치에 연결한 다음 컬러 팔레트에서 색을 칠해요.

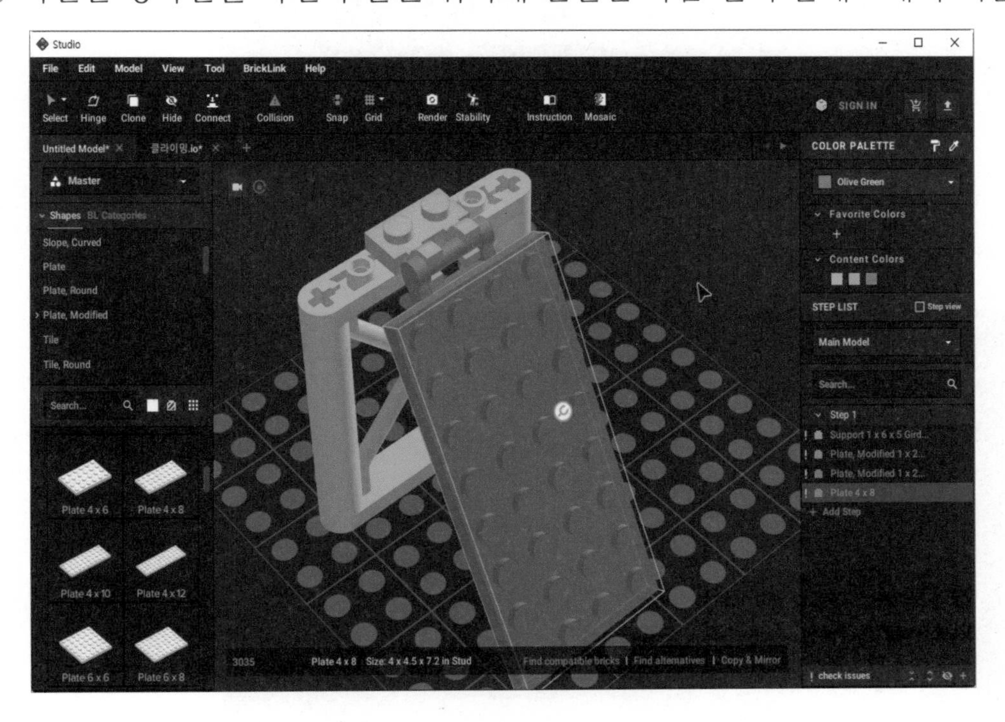

02 클라이밍 홀드를 연결해요.

01 클라이밍 홀드를 연결하기 위해 빌딩 팔레트의 [Slope]에서 그림과 같은 블록을 선택하여 키보드의 ▼ 방향키를 눌러 회전한 후, 화면과 같은 위치에 3개를 연결한 다음 색을 칠해요.

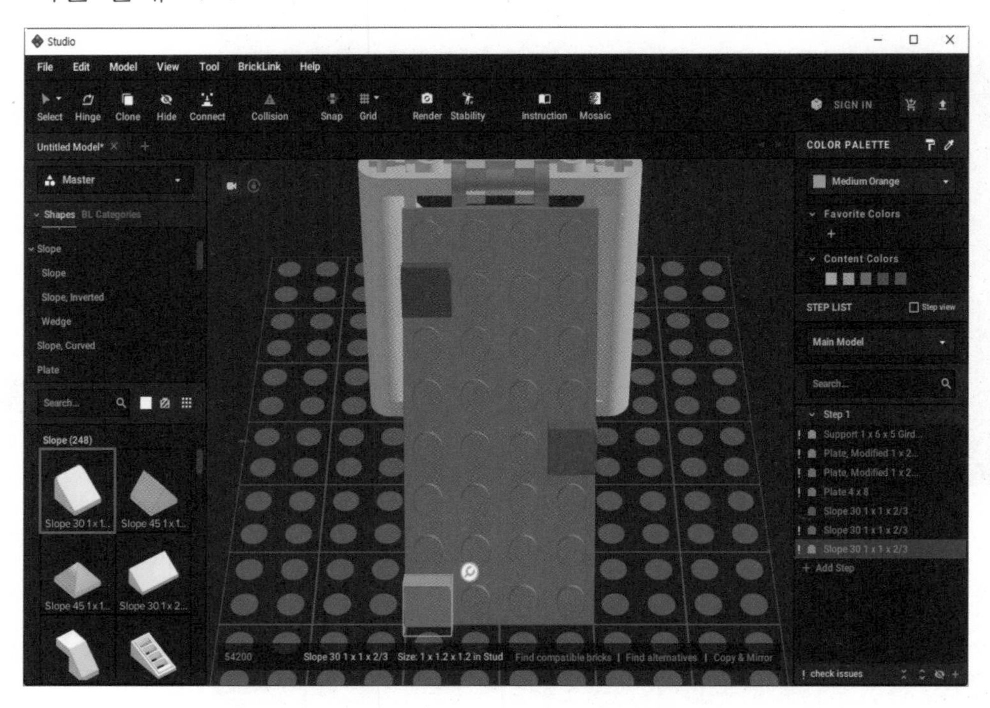

02 그림과 같은 블록을 선택하여 키보드의 ▼ 방향키를 눌러 회전한 후, 화면과 같은 위치에 연결한 다음 색을 칠해요.

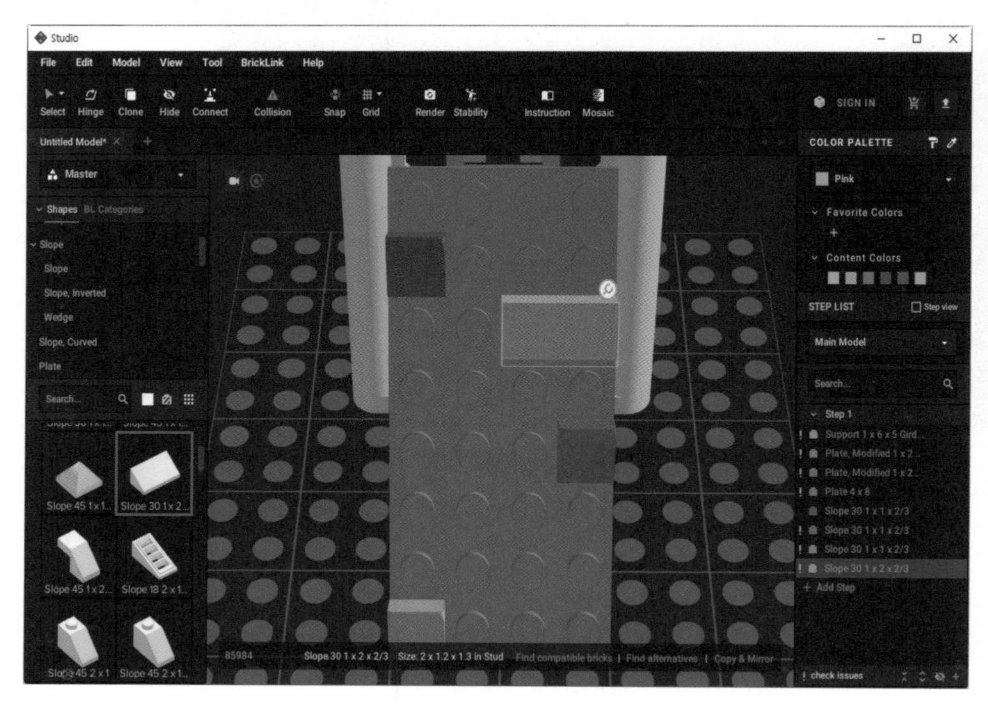

03 그림과 같은 블록을 선택하여 키보드의 [▼] 방향키를 눌러 회전한 후, 화면과 같은 위치에 연결한 다음 색을 칠해요.

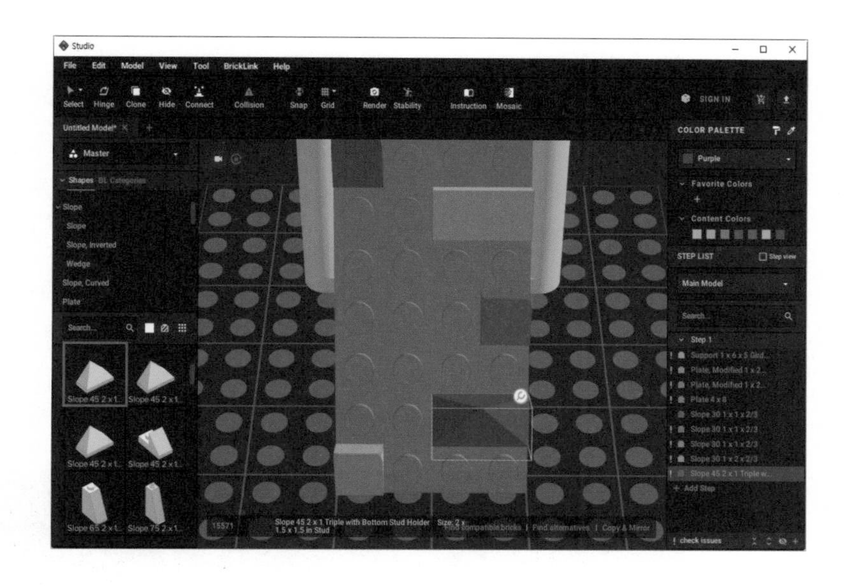

04 이어서 그림과 같은 블록을 선택하여 키보드의 [▼] 방향키를 눌러 회전한 후, 화면과 같은 위치에 연결한 다음 색을 칠해요.

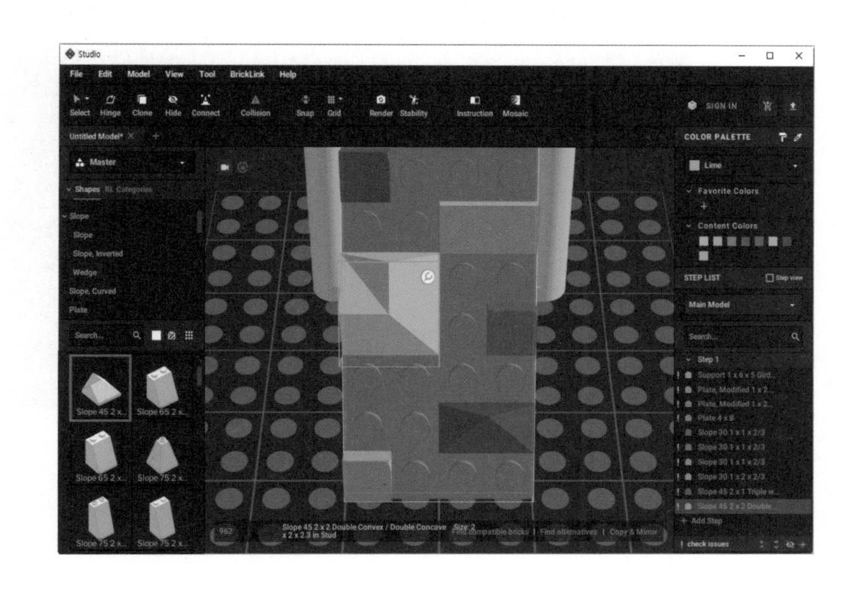

05 마지막으로 빌딩 팔레트의 [Slope, Curved]에서 그림과 같은 블록을 선택하여 키보드의 [▶] 방향키를 눌러 회전한 후, 화면과 같은 위치에 연결한 다음 색을 칠해요.

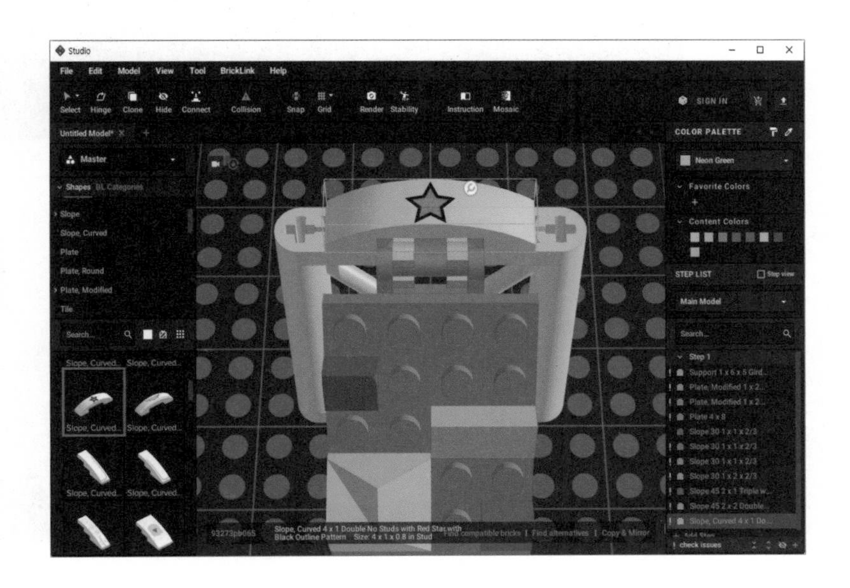

만들어봄

① 원숭이가 좋아하는 바나나 사다리를 만들어요.

② 빨간 벽돌 피자가게를 만들어요.

14 요트 레이스

푸른 바다에서 즐기는 요트를 만들기 위해 연결된 블록을 전체 선택하고, 요트를 회전해요.

학습 목표

- **다양한 블록을 이용해 요트를 만드는 방법에 대해 알아봅니다.**
- **블록을 전체 선택하고 회전하는 방법에 대해 알아봅니다.**

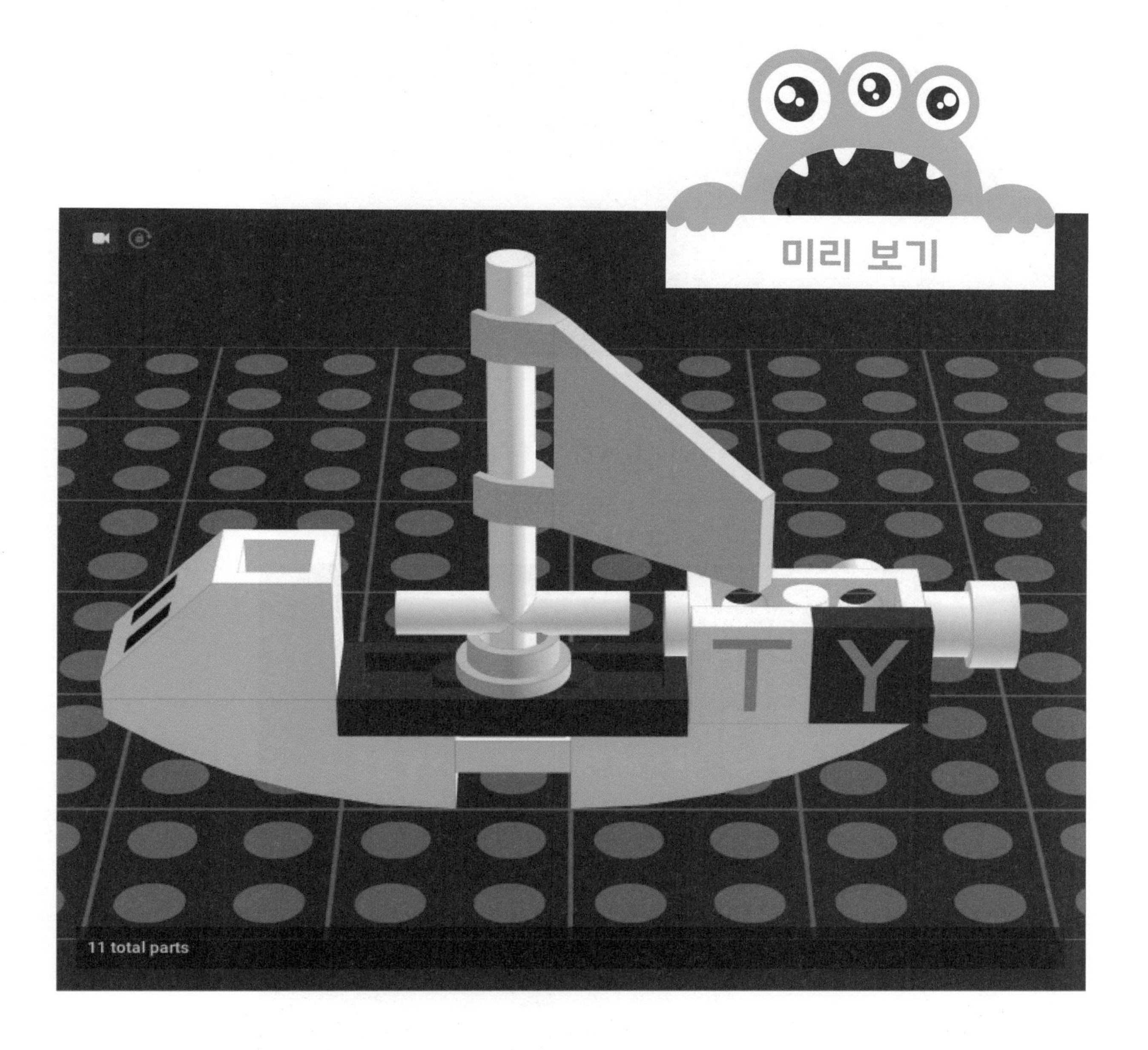

01 요트를 만들어요.

01 요트를 만들기 위해 빌딩 팔레트의 [Plate]에서 그림과 같은 블록을 선택하여 연결한 후, 컬러 팔레트에서 색을 칠해요.

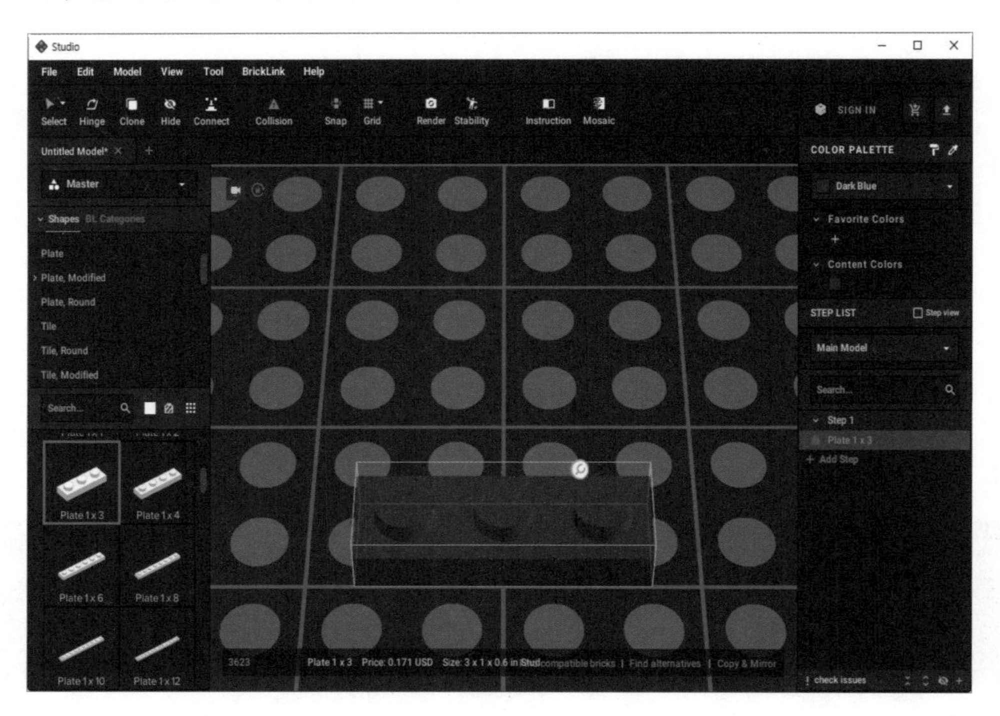

02 다시 빌딩 팔레트의 [Slope, Curved]에서 그림과 같은 [3×1] 블록을 선택하여 키보드의 [▶] 방향키를 눌러 회전한 후, 화면과 같은 위치에 연결해요.

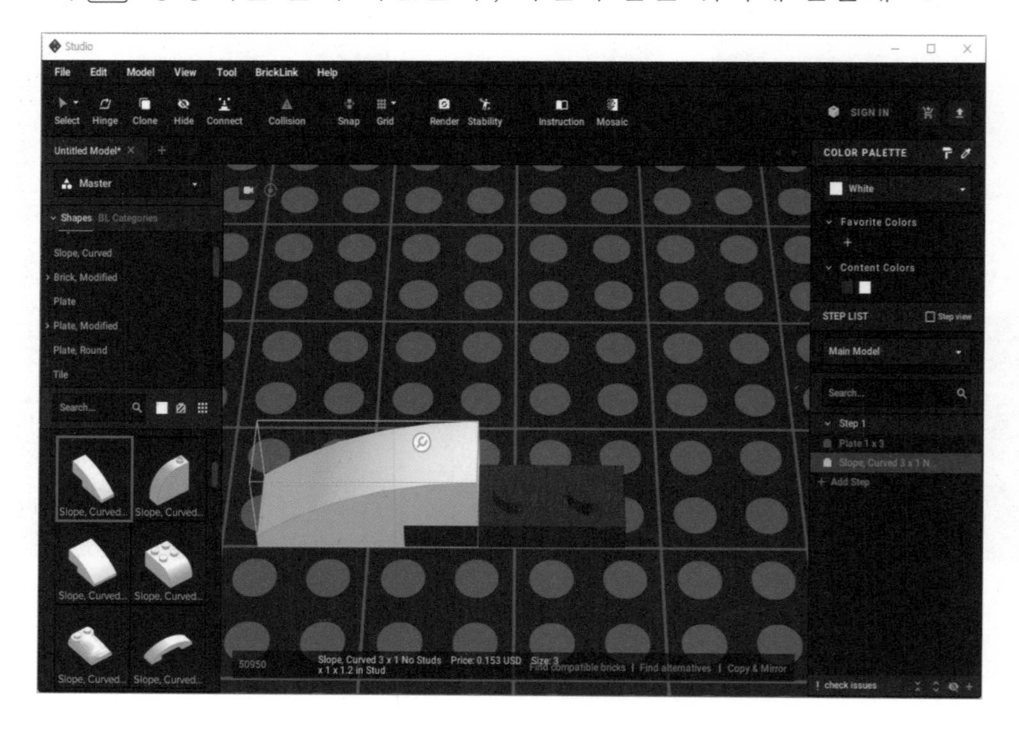

03 다시 같은 블록을 선택하여 키보드의 [◀] 방향키를 눌러 회전한 후, 화면과 같은 위치에 연결해요.

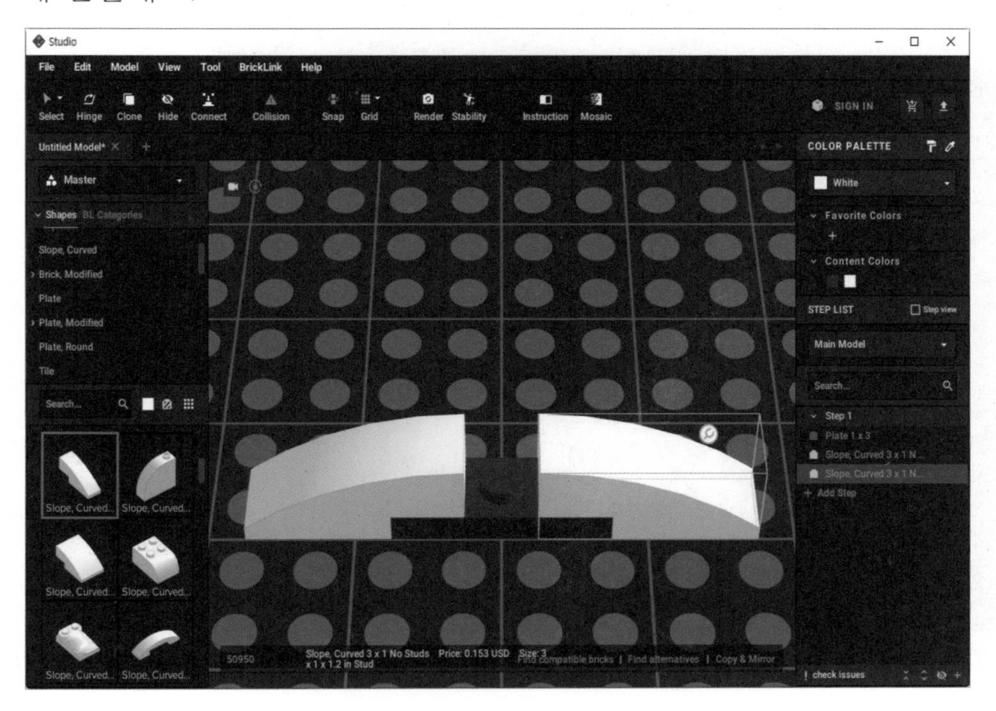

04 다시 빌딩 팔레트의 [Tile]에서 그림과 같은 블록을 선택하여 화면과 같은 위치에 연결해요.

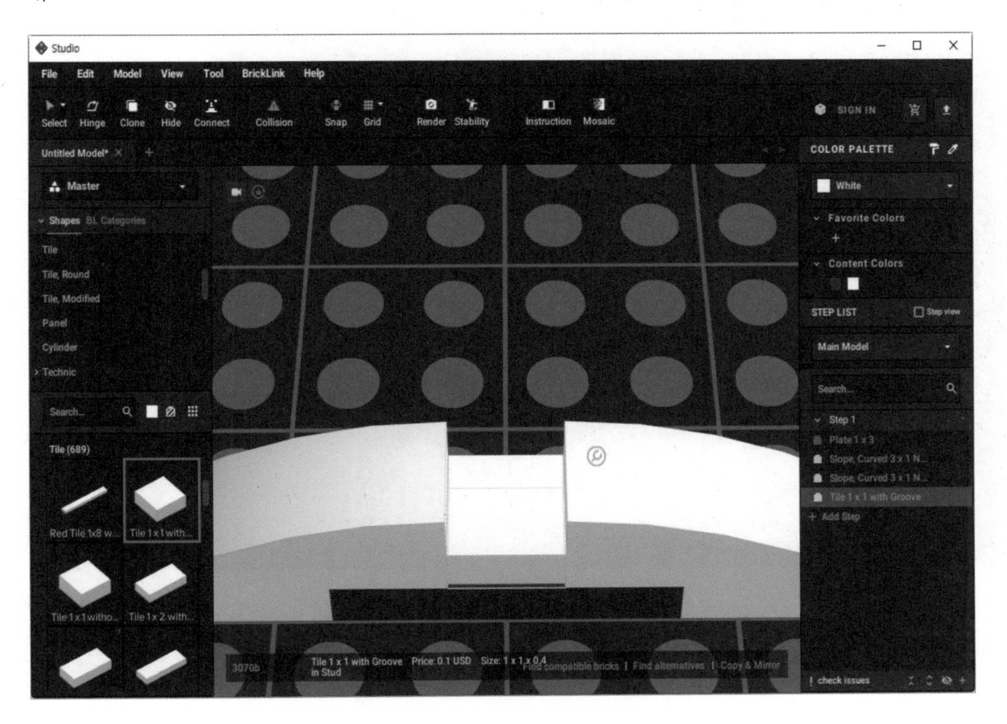

05 연결된 블록을 전체 선택하기 위해 키보드의 Ctrl + A 키를 눌러요.

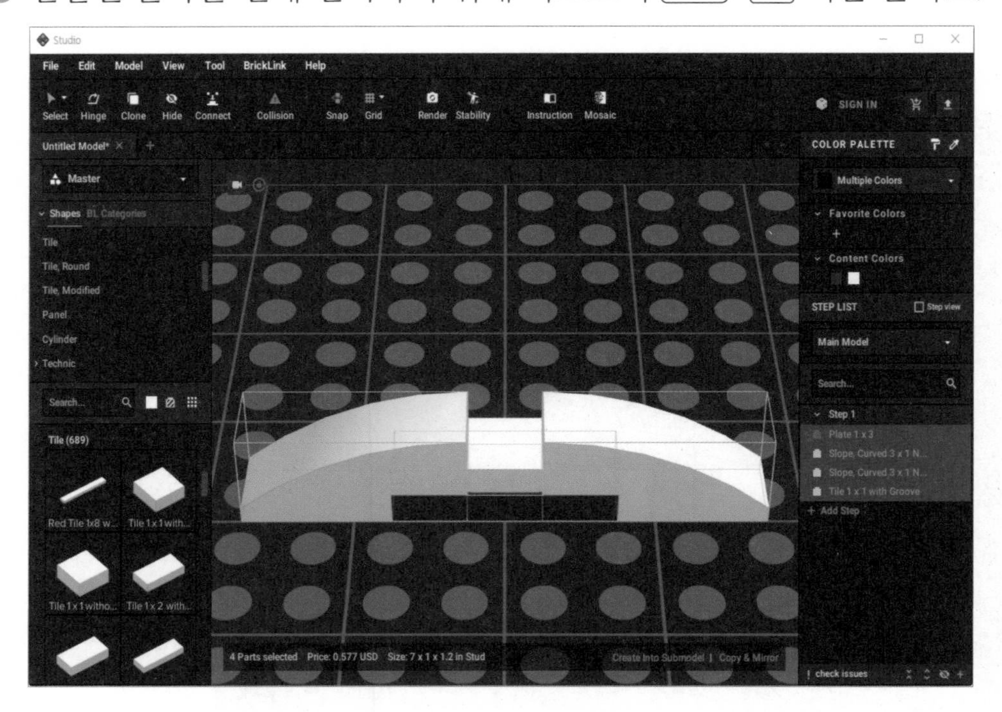

06 블록이 전체 선택되면 블록을 회전하기 위해 키보드의 ▼ 방향키를 2번 눌러요.

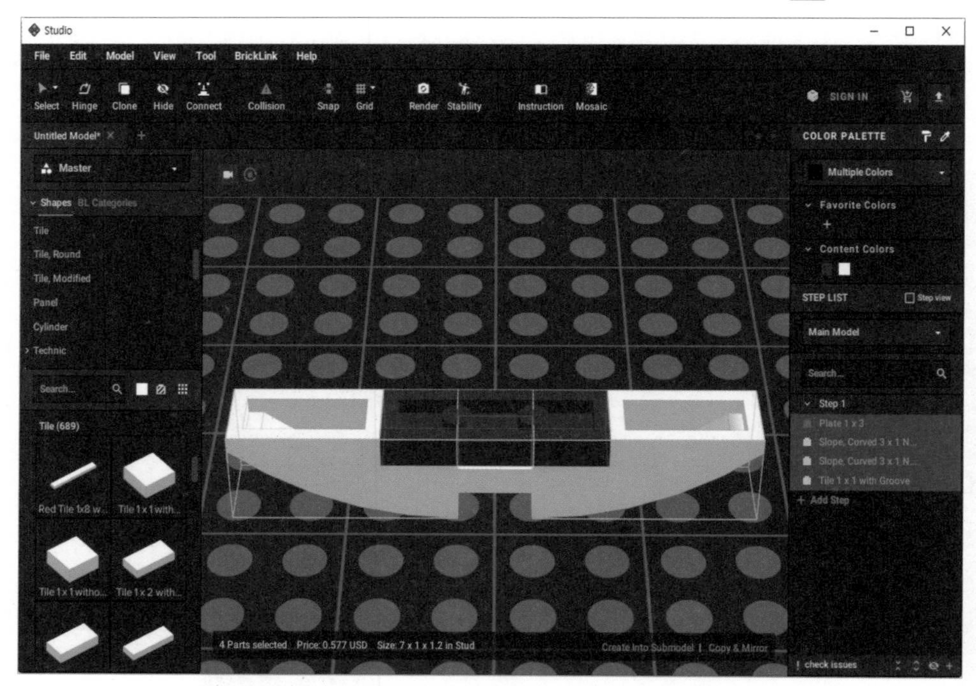

02 요트를 꾸며요.

01 요트를 꾸미기 위해 빌딩 팔레트의 [Slope]-[Slope, Inverted]에서 그림과 같은 블록을 선택하여 키보드의 ▶ 방향키를 누르고 다시 ▼ 방향키를 2번 눌러 회전한 후, 화면과 같은 위치에 연결해요.

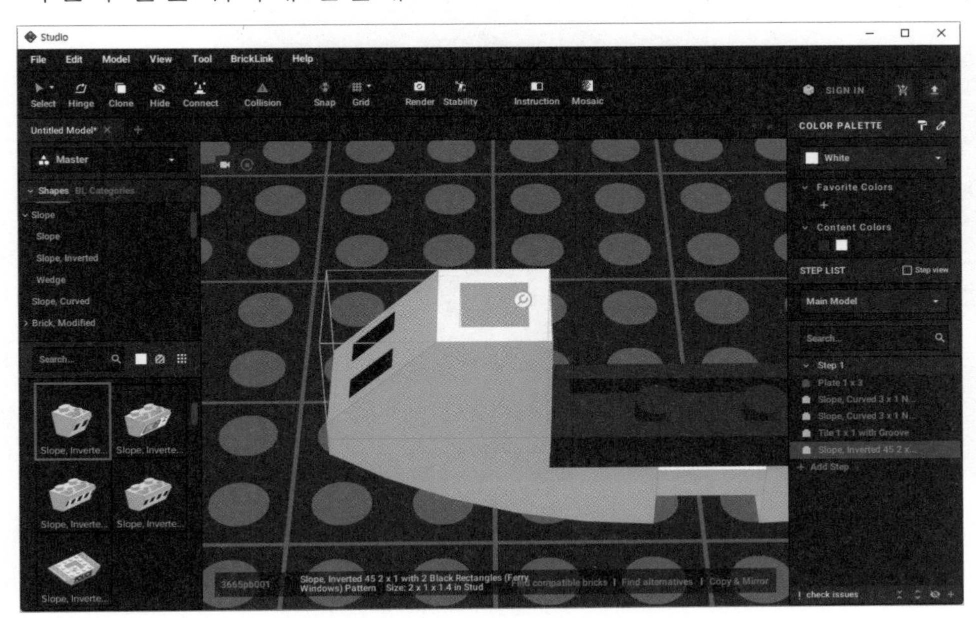

02 다시 빌딩 팔레트의 [Brick, Modified]에서 그림과 같은 블록을 선택하여 키보드의 ◀ 방향키를 누르고 다시 ▼ 방향키를 2번 눌러 회전한 후, 화면과 같은 위치에 연결해요.

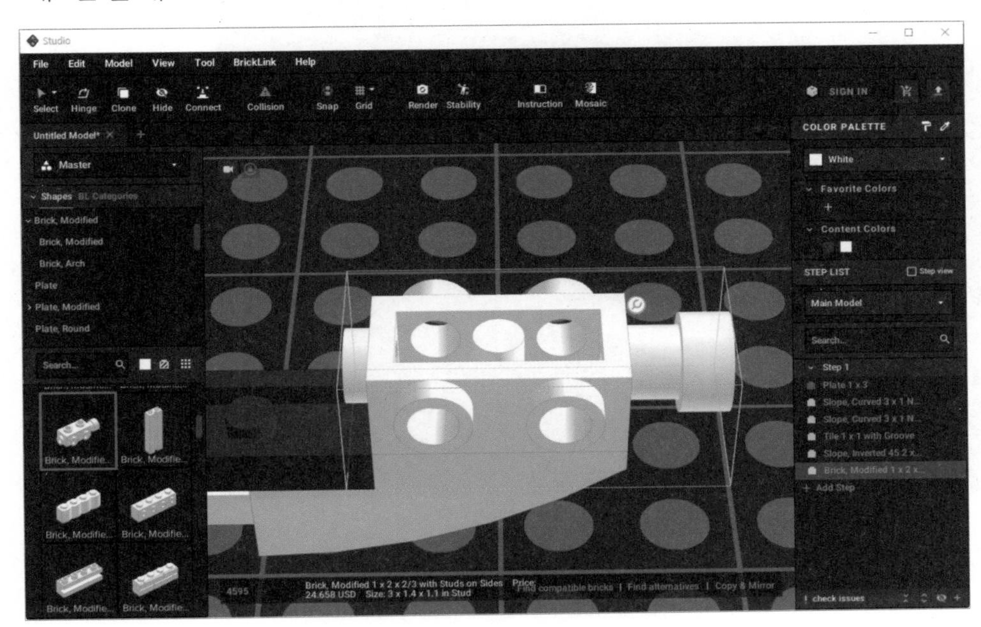

03 다시 빌딩 팔레트의 [Tile]에서 그림과 같은 블록을 선택하여 키보드의 ▼ 방향키를 눌러 회전한 후, 화면과 같은 위치에 연결해요.

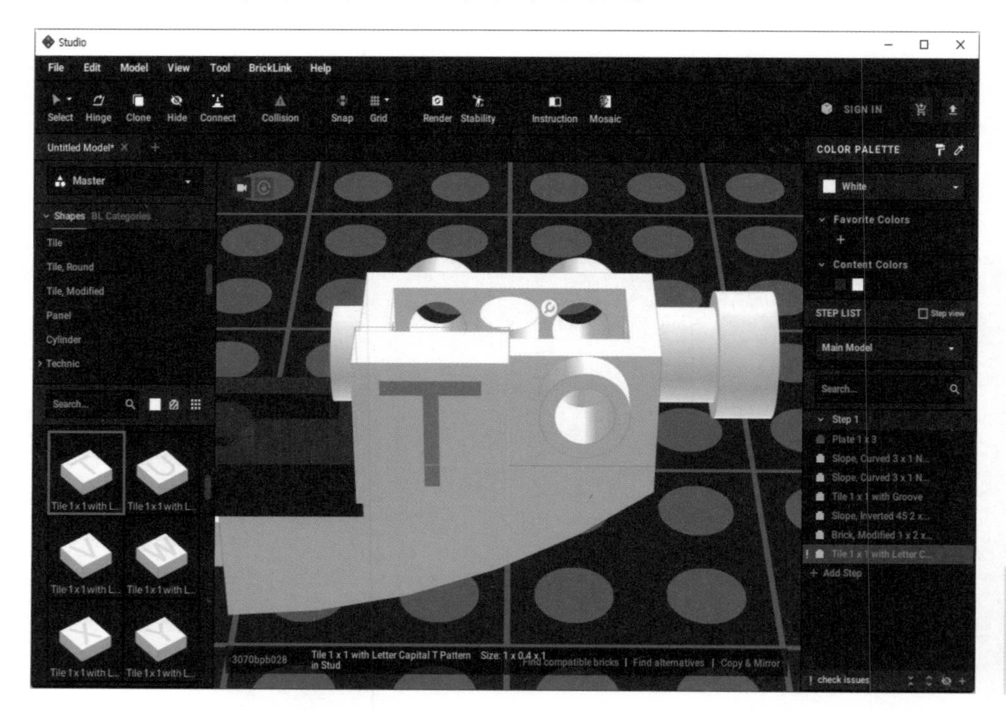

Tip

특별한 이니셜로 타일을 꾸며요.

04 다시 그림과 같은 블록을 선택하여 키보드의 ▼ 방향키를 눌러 회전한 후, 화면과 같은 위치에 연결한 다음 색을 칠해요.

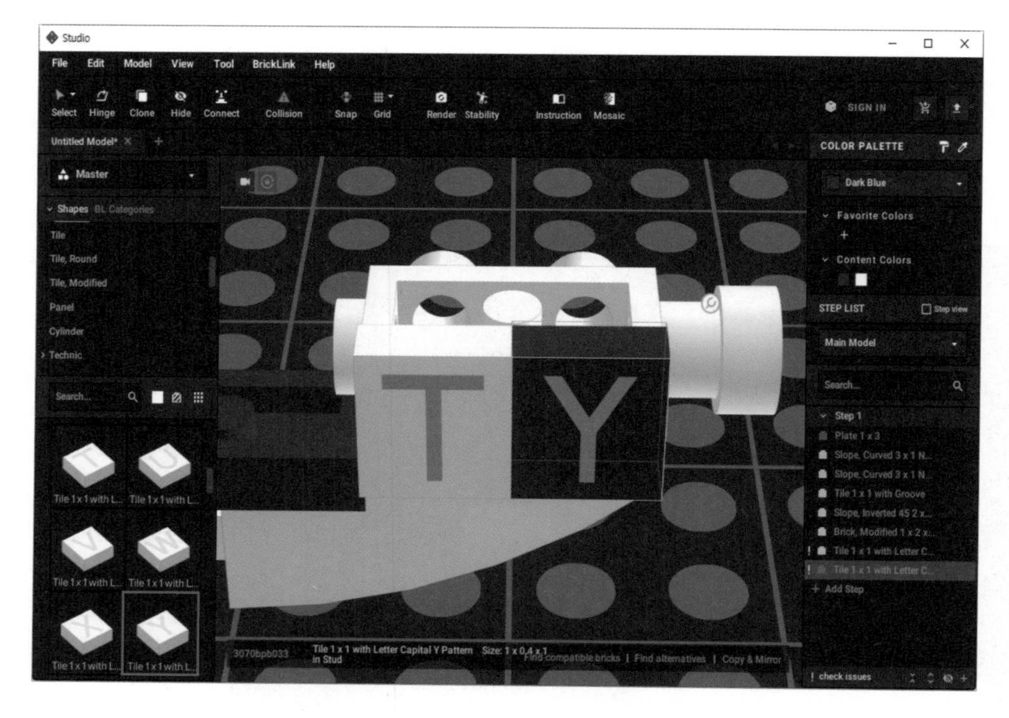

03 돛을 달아요.

01 돛대를 만들기 위해 빌딩 팔레트의 [Plate, Round]에서 그림과 같은 블록을 선택하여 키보드의 [▼] 방향키를 2번 눌러 회전한 후, 화면과 같은 위치에 연결한 다음 색을 칠해요.

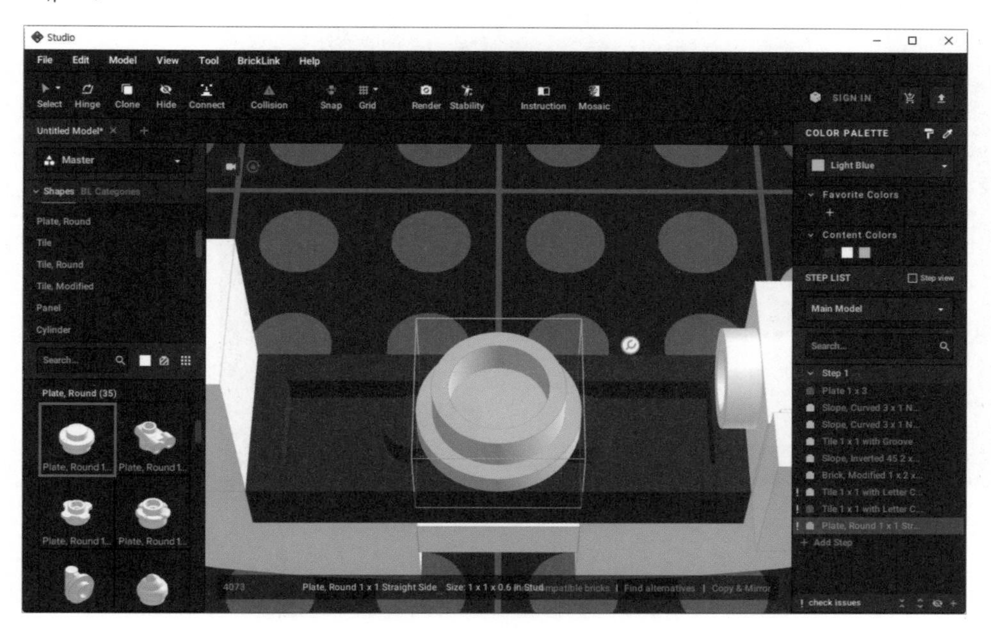

02 이어서 빌딩 팔레트의 [Bar]에서 그림과 같은 블록을 선택하여 화면과 같은 위치에 연결해요.

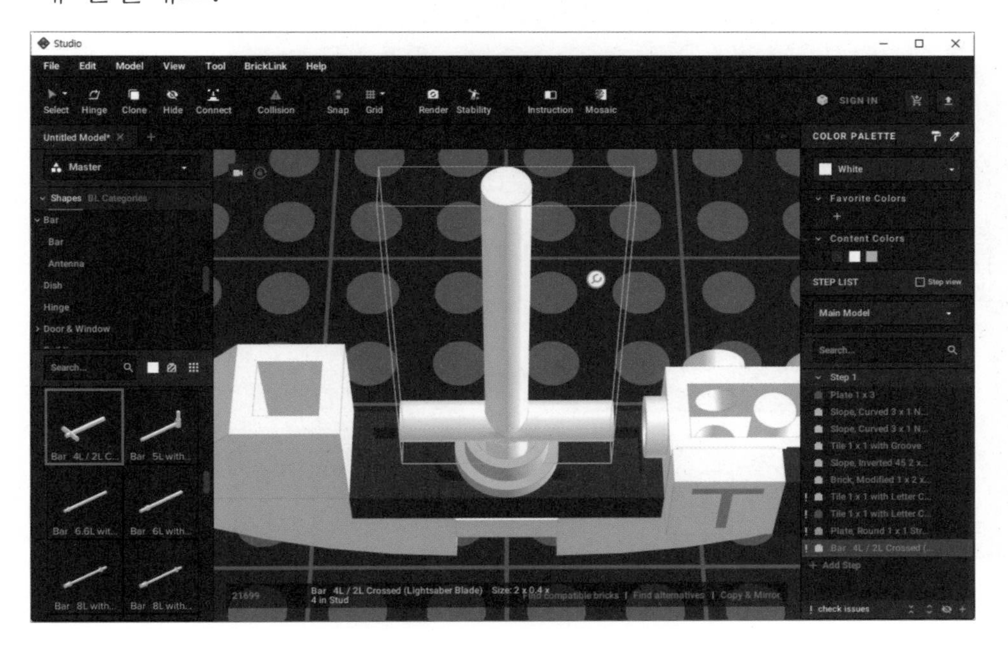

03 돛을 달기 위해 빌딩 팔레트의 [Object]-[Flag]에서 그림과 같은 블록을 선택하여 키보드의 ▶ 방향키를 눌러 회전한 후, 화면과 같은 위치에 연결한 다음 색을 칠해요.

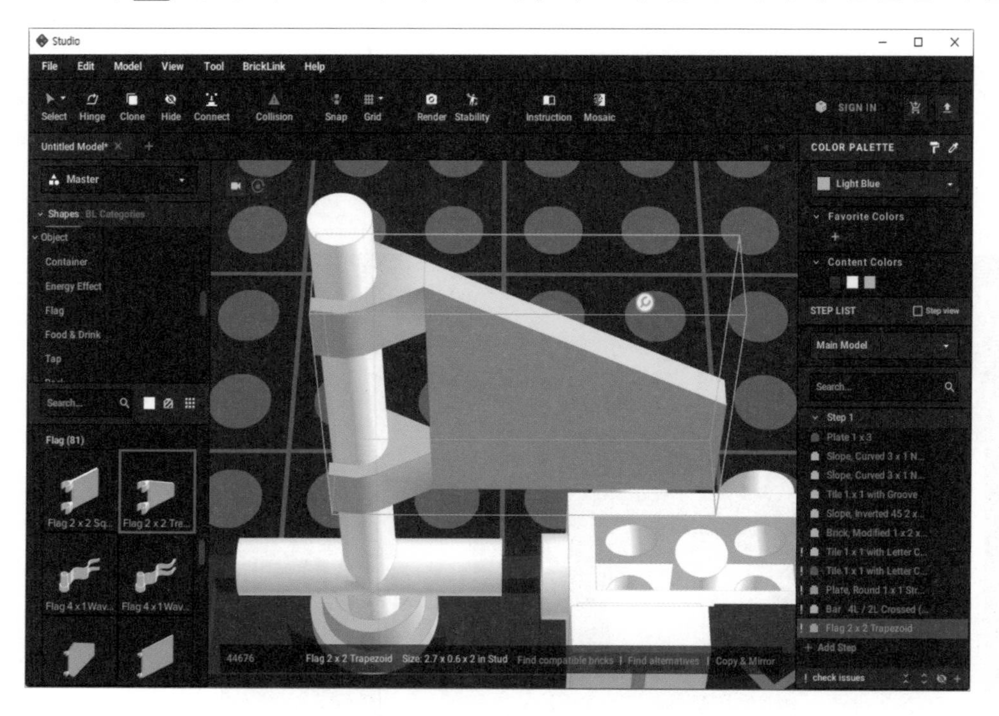

04 마지막으로 펄럭이는 돛을 만들기 위해 빌딩 도구에서 [힌지]( ) 아이콘을 클릭하여 그림과 같이 회전해요.

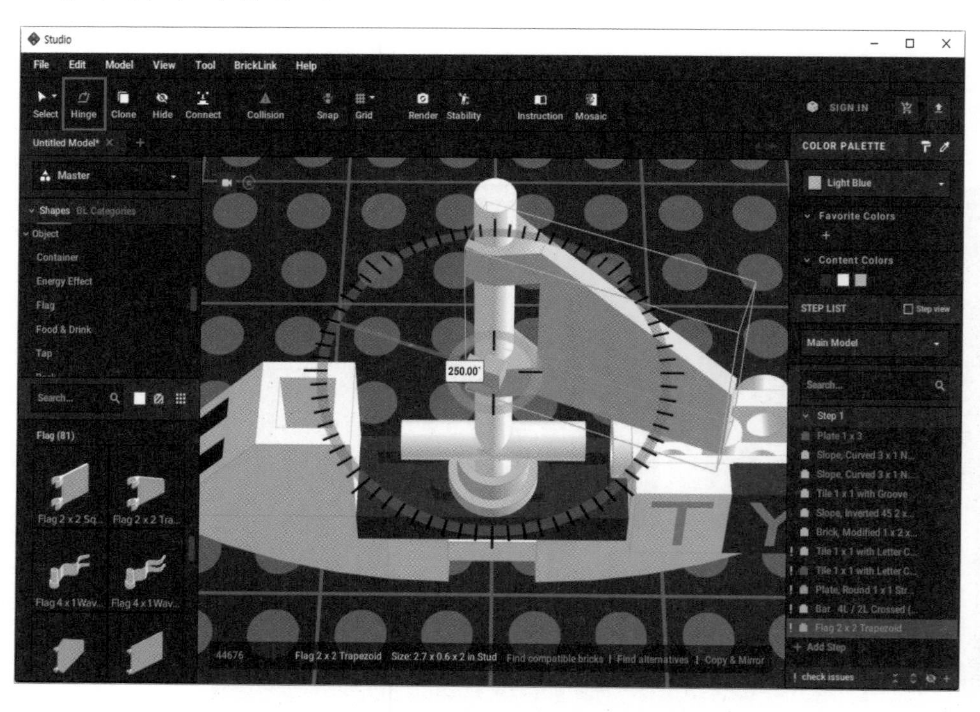

만들어봄

① 블록을 회전하여 해적선을 만들어요.

② 블록을 회전하여 마구간을 만들어요.

15 미스터 디제이

뮤직 페스티벌에서 디제잉할 멋진 디제이 기계에 스피커와, 턴테이블을 만들어 연결해요.

학습 목표

- 블록을 연결하여 스피커를 만드는 방법에 대해 알아봅니다.
- 블록을 연결하여 턴테이블을 만드는 방법에 대해 알아봅니다.

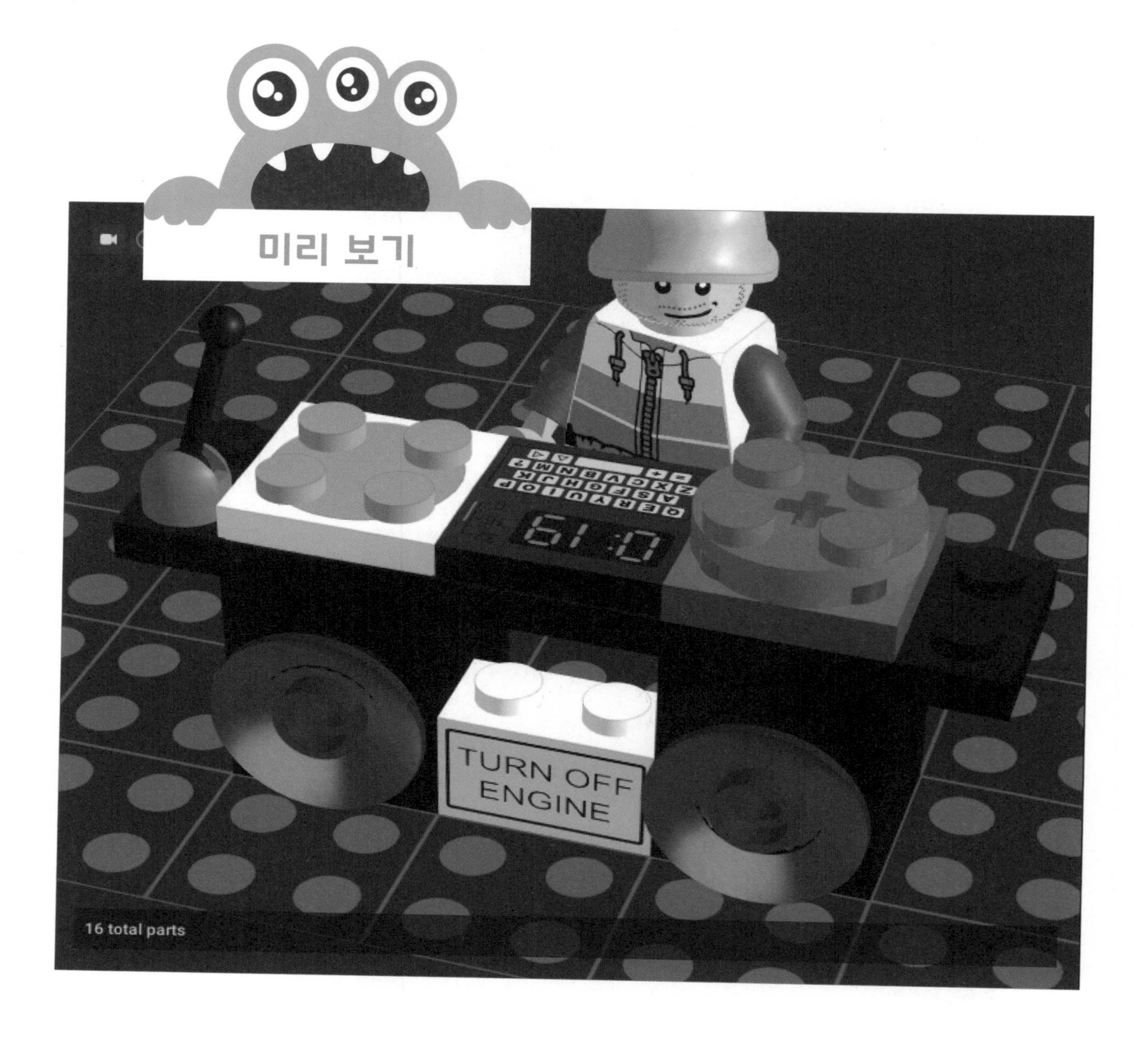

01 스피커를 만들어요.

01 스피커를 만들기 위해 빌딩 팔레트의 [Brick]에서 그림과 같은 블록을 선택하여 연결해요.

02 다시 빌딩 팔레트의 [Functional]-[Turntable]에서 그림과 같은 블록을 선택하여 화면과 같은 위치에 2개를 연결한 다음 컬러 팔레트에서 [검/흰]-[Metallic Black] 색을 칠해요.

03 다시 빌딩 팔레트의 [Dish]에서 그림과 같은 블록을 선택하여 키보드의 [▲] 방향키를 눌러 회전한 후, 화면과 같은 위치에 2개를 연결한 다음 컬러 팔레트에서 [검/흰]-[Metallic Silver] 색을 칠해요.

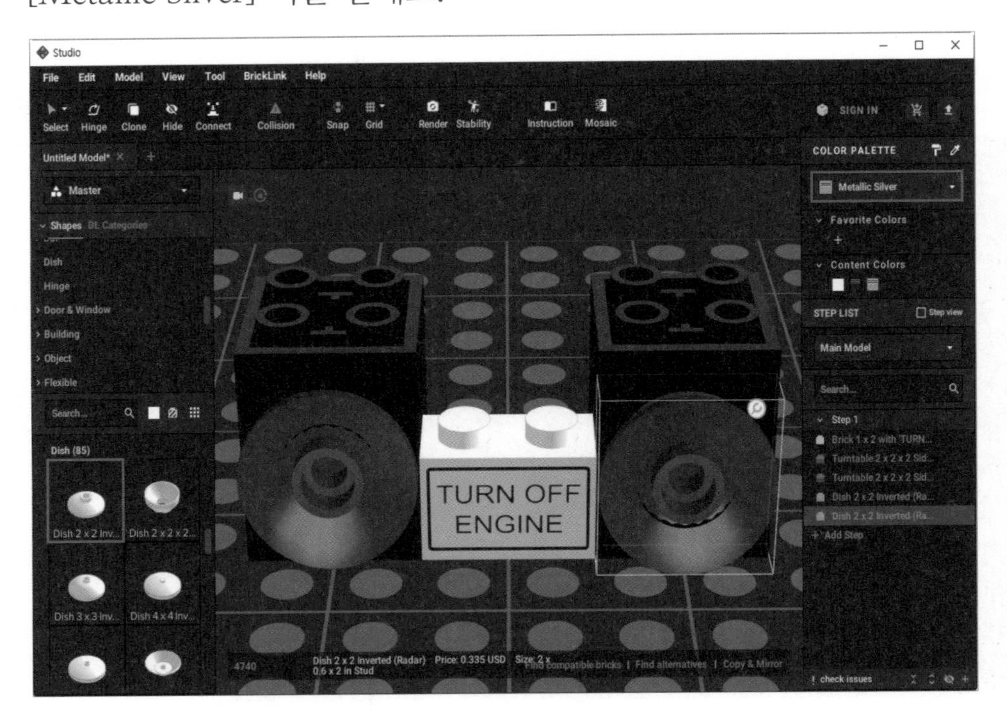

04 테이블을 만들기 위해 빌딩 팔레트의 [Plate]에서 그림과 같은 [2×8] 블록을 선택하여 화면과 같은 위치에 연결한 다음 [검/흰]-[Metallic Black] 색을 칠해요.

05 턴테이블을 연결하기 위해 빌딩 팔레트의 [Functional]-[Turntable]에서 그림과 같은 블록을 선택하여 화면과 같은 위치에 연결해요.

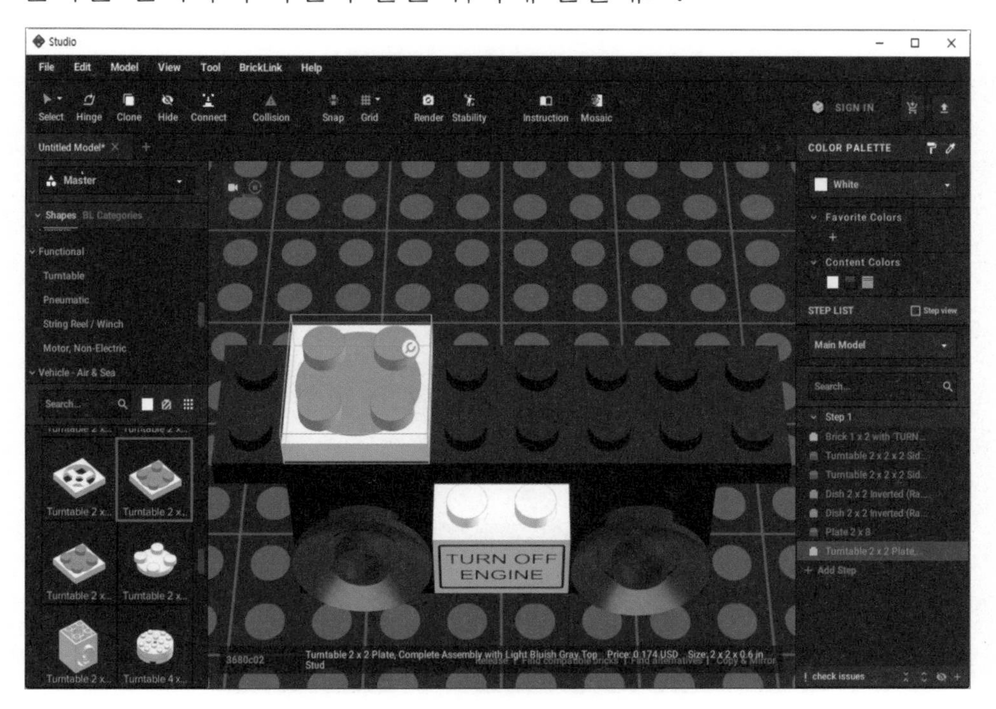

06 다시 빌딩 팔레트의 [Bar]-[Antenna]에서 그림과 같은 블록을 선택하여 화면과 같은 위치에 연결한 다음 색을 칠해요.

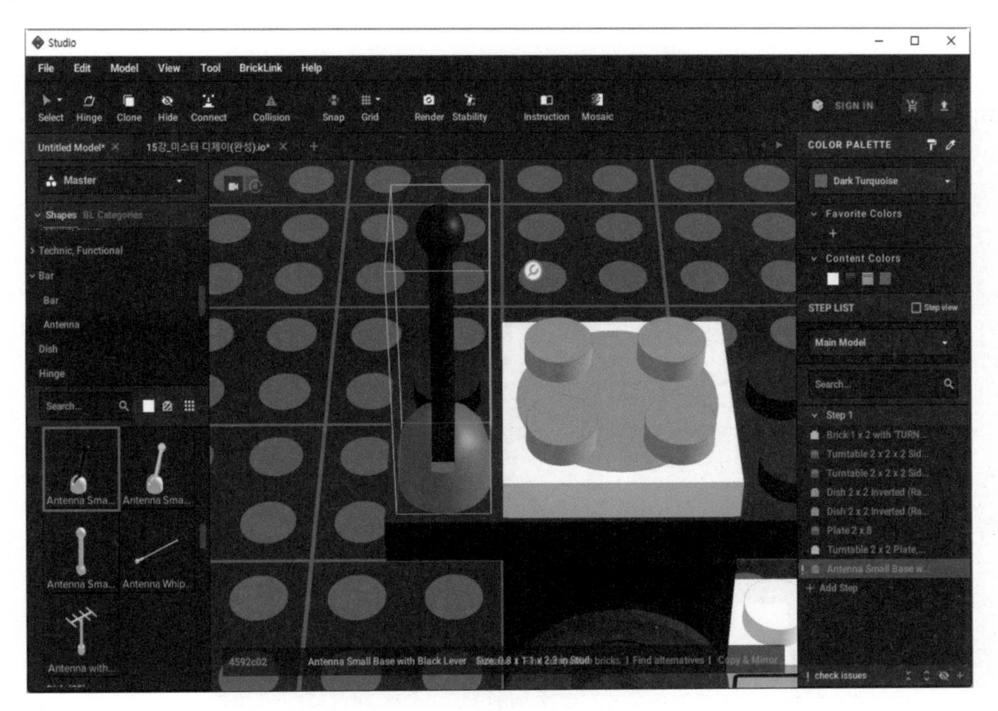

07 이어서 블록을 회전하기 위해 빌딩 도구에서 [힌지]( ) 아이콘을 클릭해 그림과 같은 위치로 회전해요.

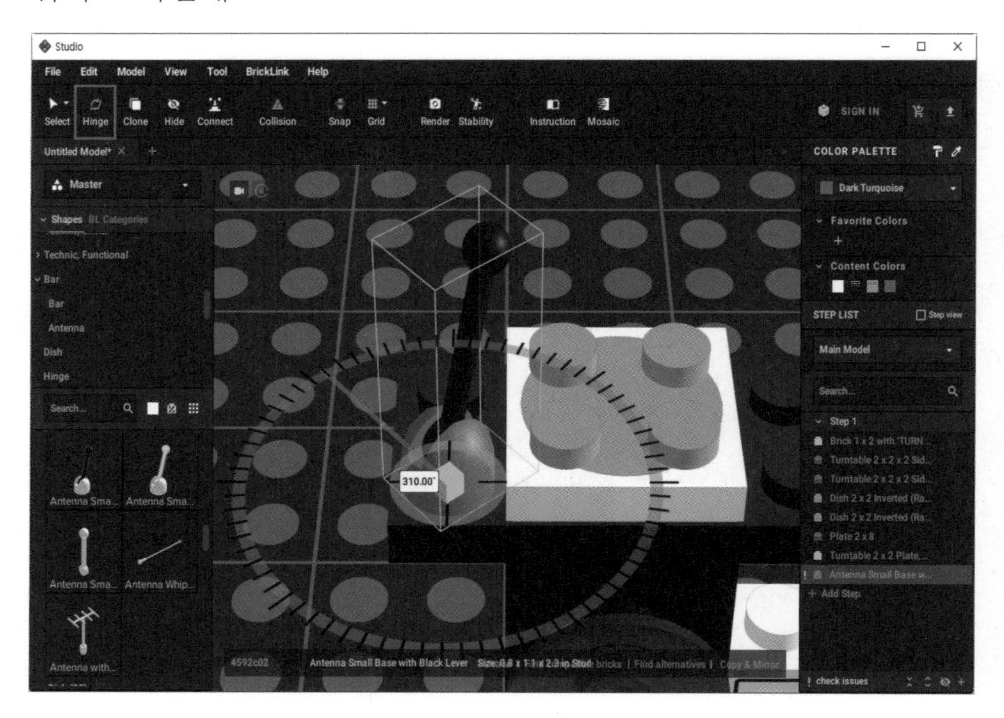

08 다시 빌딩 도구에서 [선택]( ) 아이콘을 클릭하고, 빌딩 팔레트의 [Tile]에서 그림과 같은 블록을 선택하여 키보드의 ▶ 방향키를 2번 눌러 회전한 후, 화면과 같은 위치에 연결한 다음 컬러 팔레트에서 [검/흰]-[Metallic Black] 색을 칠해요.

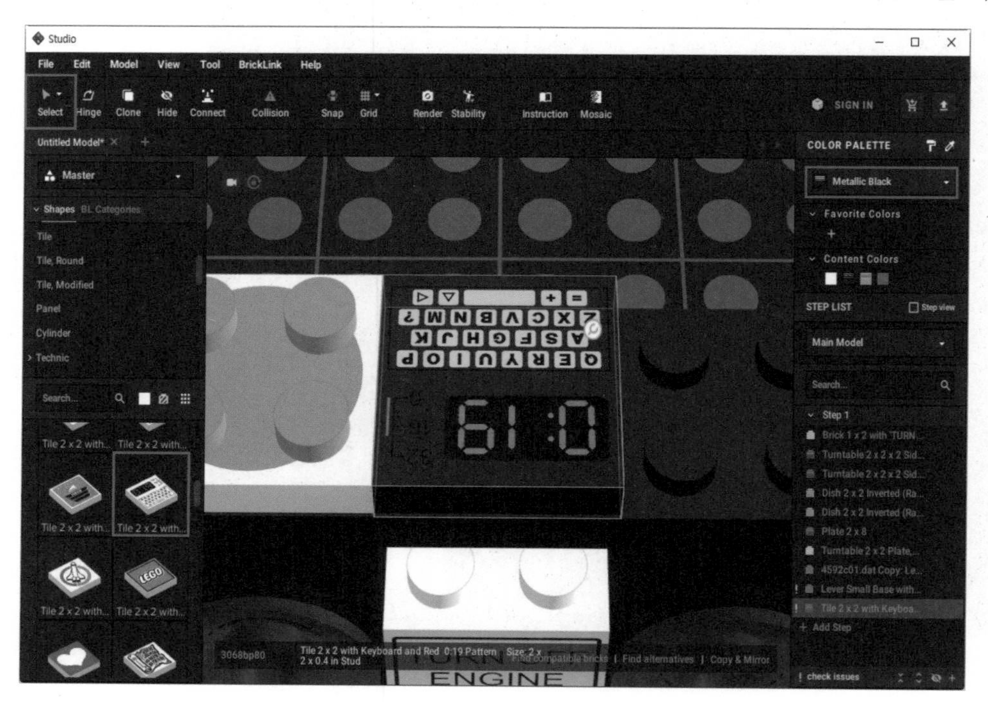

02 턴테이블을 만들어요.

01 음반을 돌리는 턴테이블을 만들기 위해 빌딩 팔레트의 [Plate]에서 그림과 같은 블록을 선택하여 화면과 같은 위치에 연결한 다음 컬러 팔레트에서 [검/흰]-[Metallic Silver] 색을 칠해요.

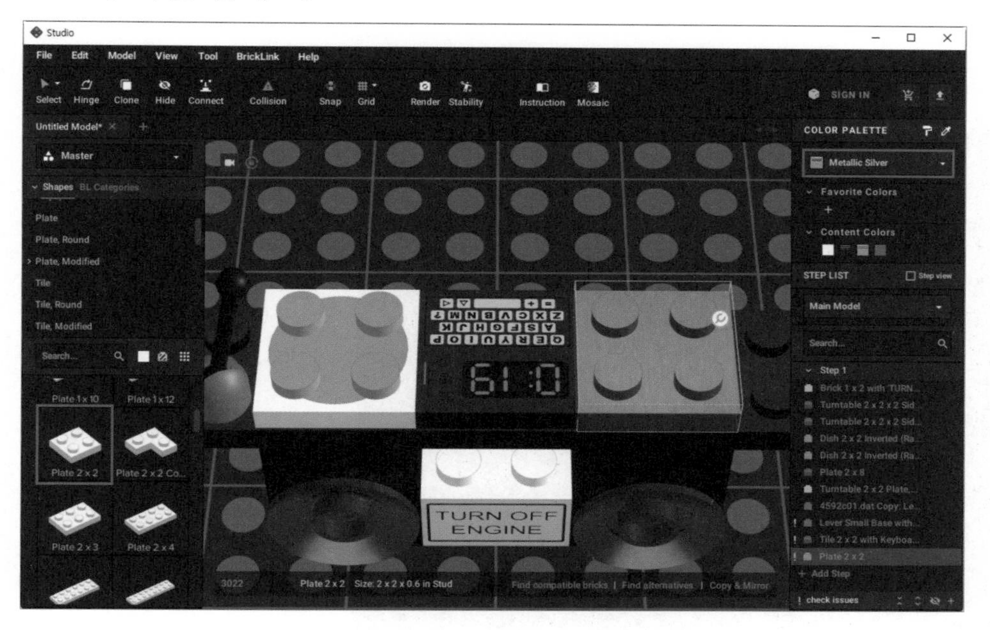

02 다시 빌딩 팔레트의 [Plate, Round]에서 그림과 같은 블록을 선택하여 화면과 같은 위치에 연결한 다음 색을 칠해요.

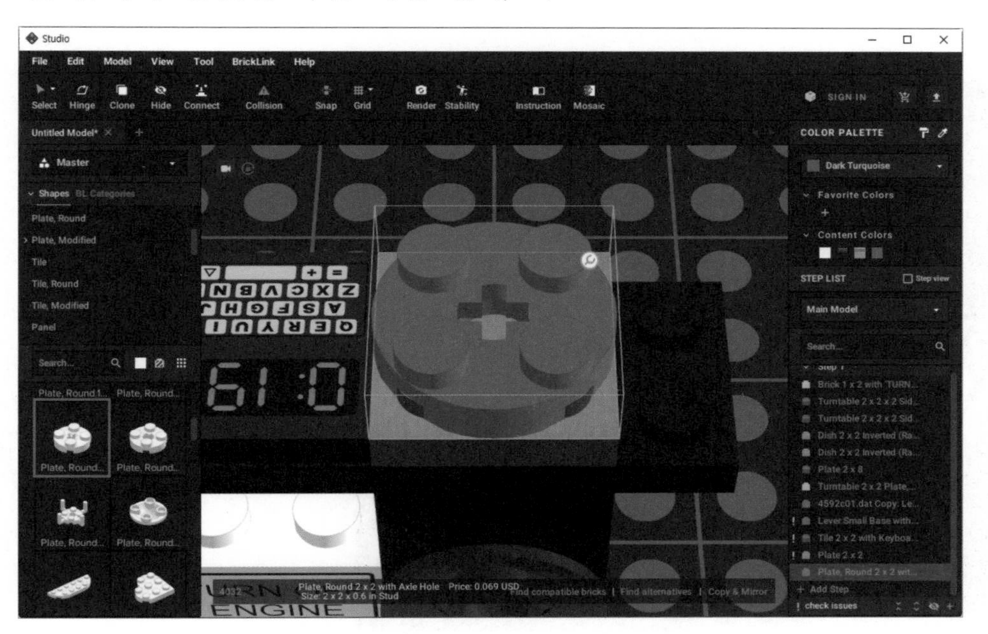

만들어봄

1. 블록을 연결하여 피아노를 만들어요.

2. 블록을 연결하여 디지털피아노를 만들어요.

사각사각 네모 나무

사각형 블록과 브래킷 블록을 연결하여 사각사각 네모 나무를 만들어요.

학습 목표

- 브래킷 블록을 연결하는 방법에 대해 알아봅니다.
- 브래킷 블록에 블록을 연결하는 방법을 알아봅니다.

01 사각사각 나무를 만들어요.

01 나무를 만들기 위해 빌딩 팔레트의 [Brick]에서 그림과 같은 [2×2] 블록을 선택하여 위로 쌓아 올려 6개를 연결한 후, 컬러 팔레트에서 색을 칠해요.

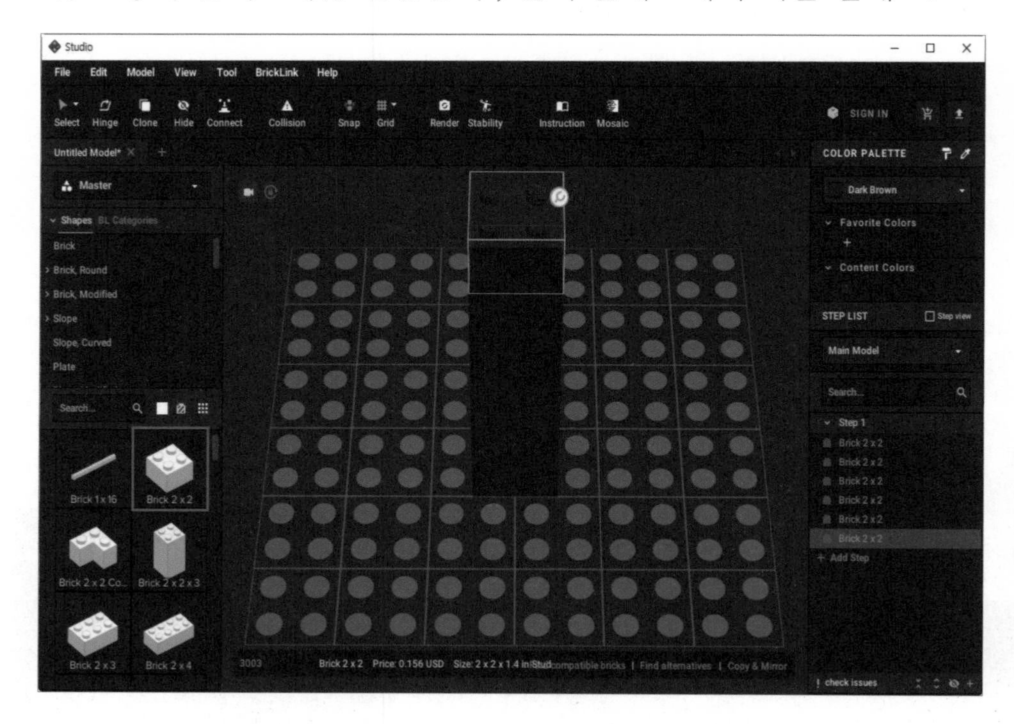

Tip

[Content Colors]
최근 사용한 색을 다시 선택하여 같은 색을 손쉽게 칠할 수 있어요.

02 사각 나뭇잎을 연결할 수 있는 브래킷 블록을 연결하기 위해 빌딩 팔레트의 [Plate, Modified]-[Bracket]에서 그림과 같은 블록을 선택하여 화면과 같은 위치에 연결해요.

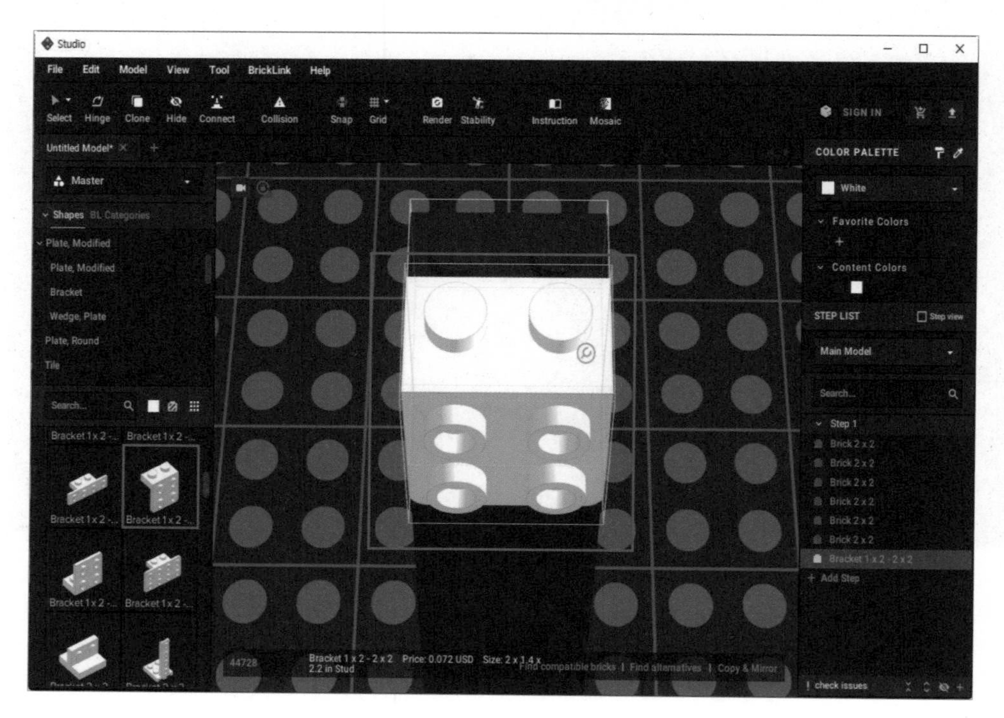

03 이어서 브래킷 블록을 뒤쪽에 연결하기 위해 키보드의 ▶ 방향키를 2번 눌러 회전한 후, 화면과 같은 위치에 연결해요.

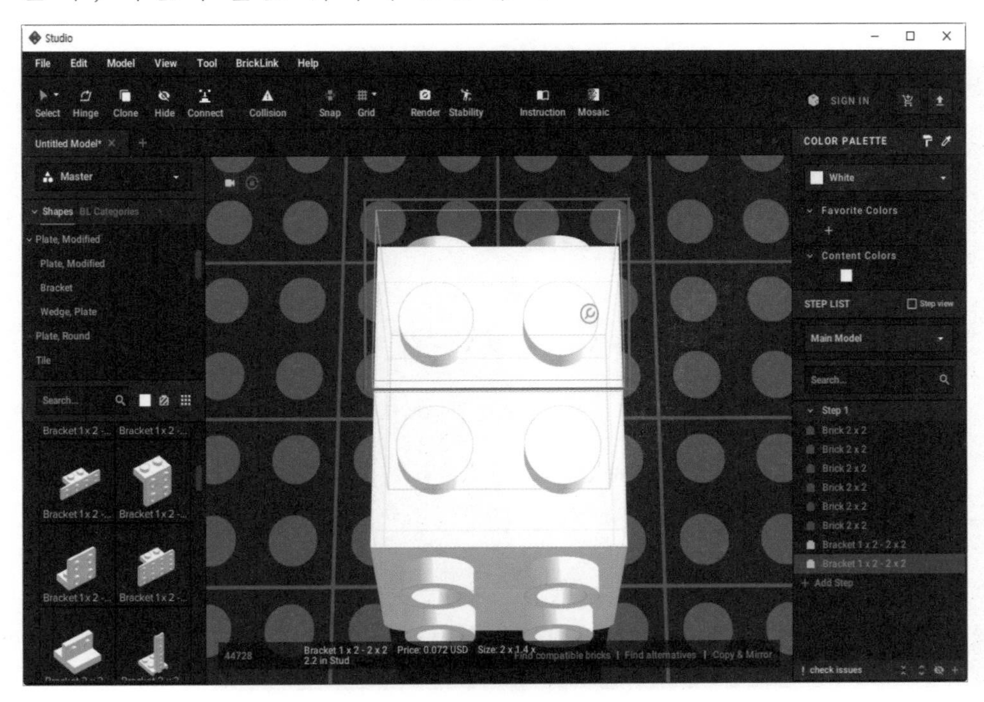

04 이어서 브래킷 블록을 오른쪽에 연결하기 위해 키보드의 ▶ 방향키를 눌러 회전한 후, 화면과 같은 위치에 연결해요.

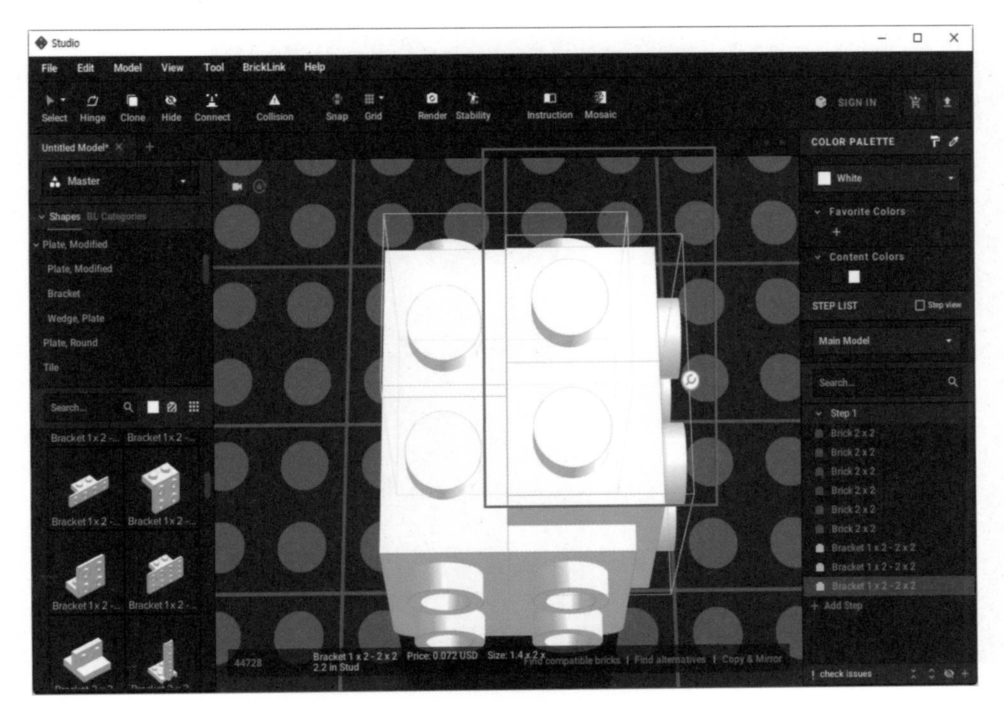

05 이어서 브래킷 블록을 왼쪽에 연결하기 위해 키보드의 [▶] 방향키를 2번 눌러 회전한 후, 화면과 같은 위치에 연결해요.

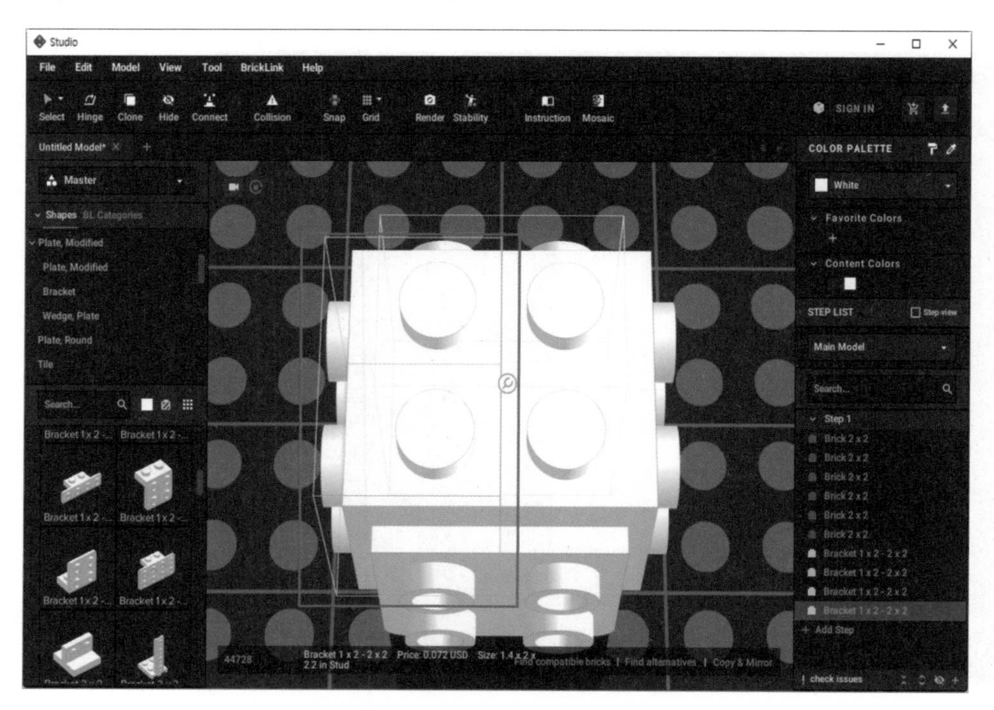

06 나뭇잎 블록을 연결하기 위해 빌딩 팔레트의 [Brick]에서 그림과 같은 [2×4] 블록을 선택하여 키보드의 [▶] 방향키를 누르고 다시 [▼] 방향키를 눌러 회전한 후, 화면과 같은 위치에 연결해요.

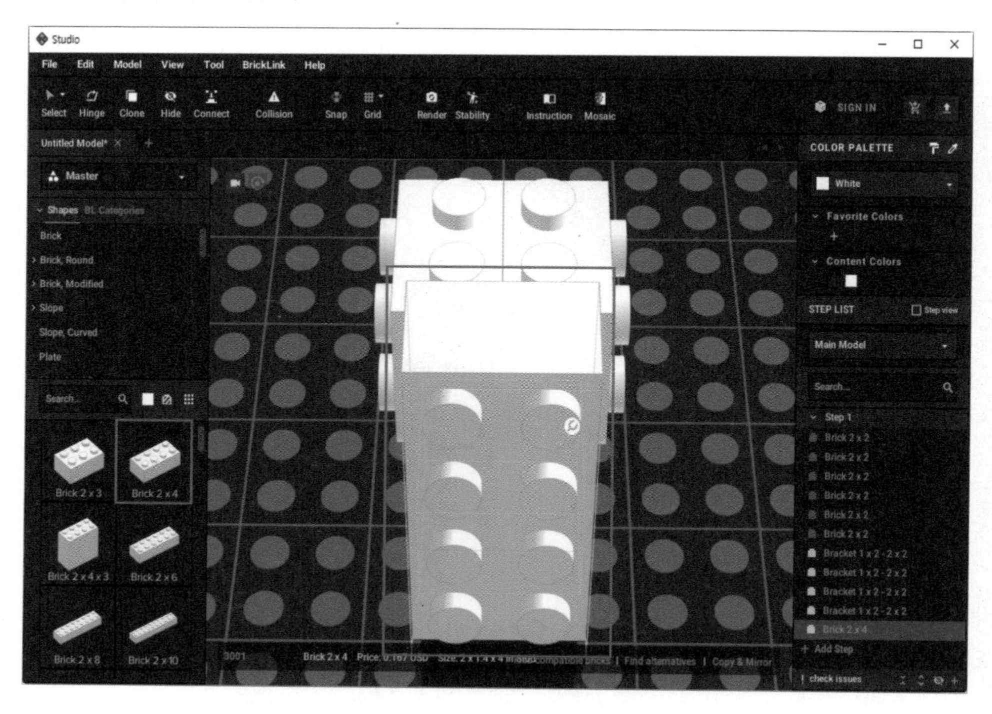

07 이어서 뒤쪽에 연결하기 위해 뷰포트를 오른쪽 방향으로 회전해요. 키보드의 ▶ 방향키를 2번 눌러 [2×4]블록을 회전한 후, 화면과 같은 위치에 연결한 다음 컬러 팔레트에서 [초록]-[Green] 색을 칠해요.

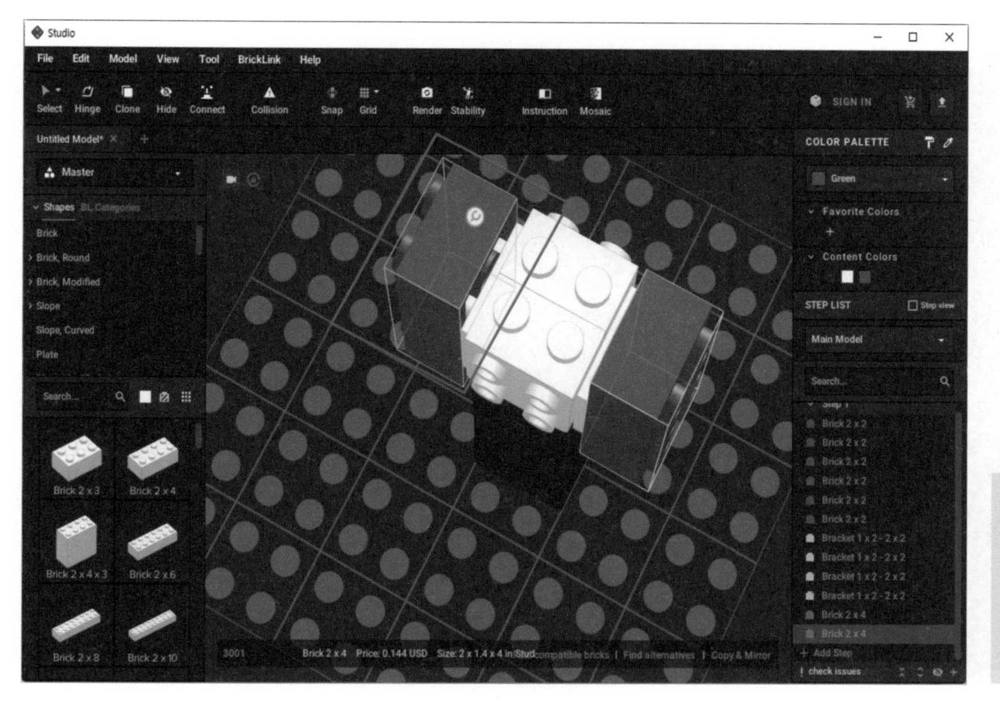

Tip

[마우스 오른쪽 버튼]을 누르고 원하는 방향으로 드래그하여 뷰포트를 회전해요.

08 다시 왼쪽에 연결하기 위해 그림과 같은 [2×4] 블록을 선택하여 키보드의 ▶ 방향키를 누르고 다시 ▼ 방향키를 눌러 회전한 후, 화면과 같은 위치에 연결해요.

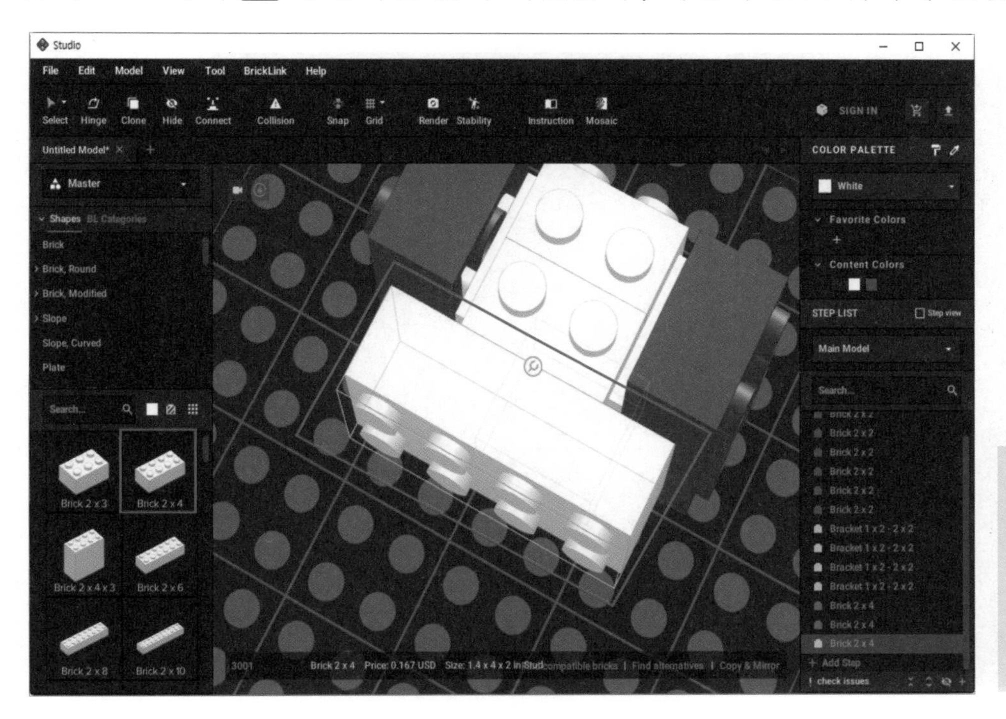

Tip

블록이 회전하려는 방향으로 회전이 안 될 때는 뷰포트를 조금 더 회전한 다음 블록 방향을 회전해요.

09 이어서 오른쪽에 연결하기 위해 오른쪽 방향으로 뷰포트를 회전해요. 키보드의 [▶] 방향키를 2번 눌러 [2×4] 블록을 회전한 후, 화면과 같은 위치에 연결한 다음 컬러 팔레트에서 [초록]-[Bright Green] 색을 칠해요.

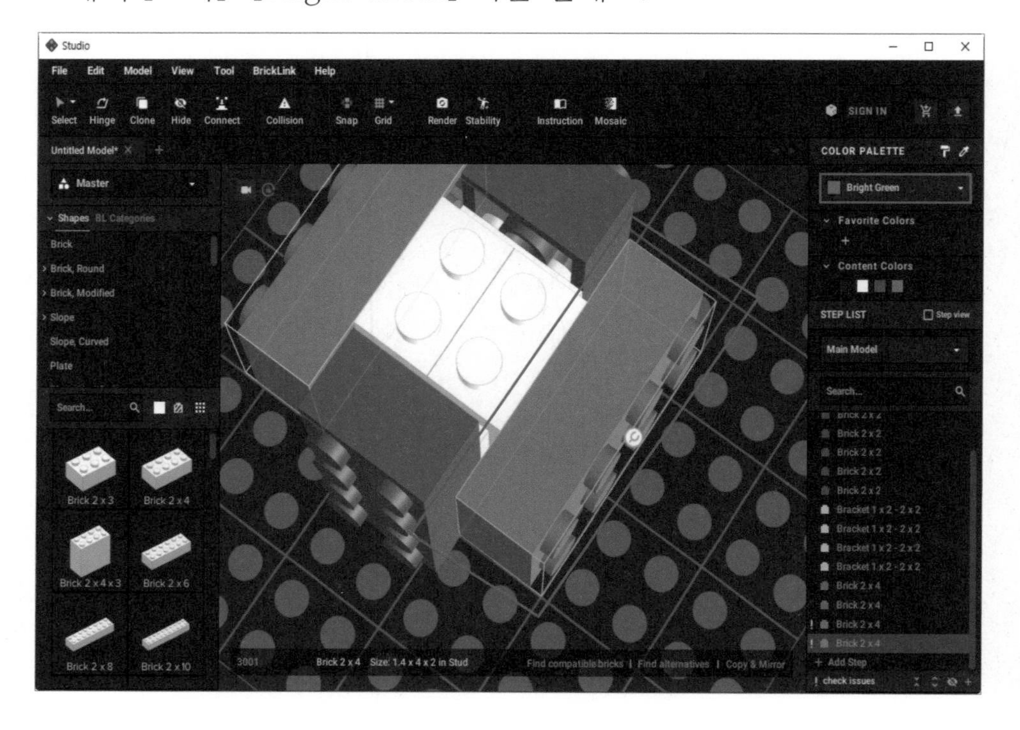

10 다시 위쪽에 연결하기 위해 그림과 같은 [2×4] 블록을 선택하여 화면과 같은 위치에 연결한 다음 [초록]-[Bright Green] 색을 칠해요.

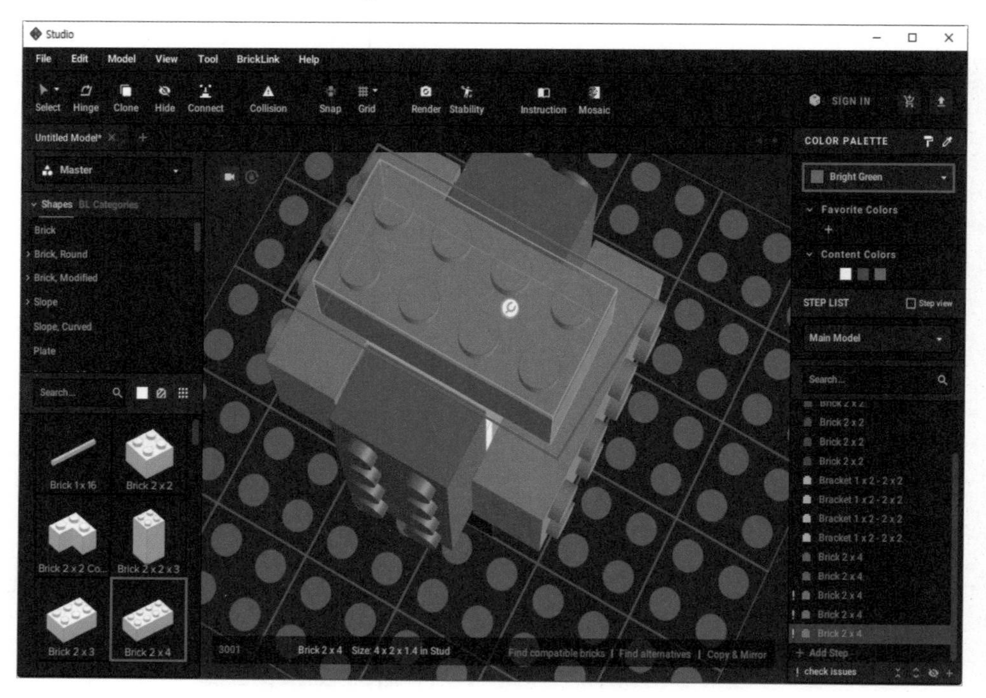

02 작은 나뭇잎을 연결해요.

01 작은 나뭇잎을 위쪽에 연결하기 위해 그림과 같은 [2×2] 블록을 선택하여 화면과 같은 위치에 연결한 다음 컬러 팔레트에서 [초록]-[Trans-Green] 색을 칠해요.

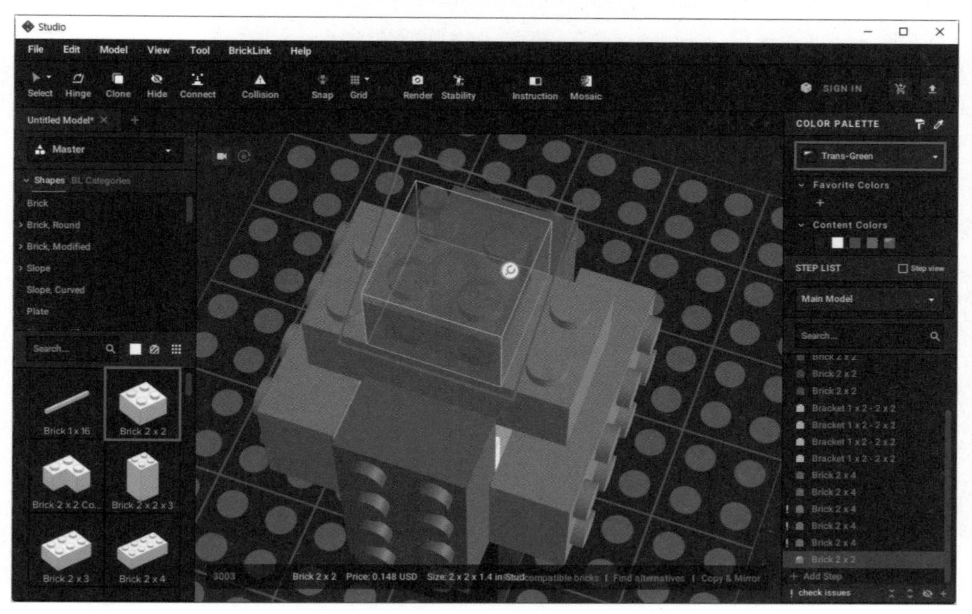

02 왼쪽에 연결하기 위해 그림과 같은 [2×2] 블록을 선택하여 키보드의 [▼] 방향키를 누르고, 다시 [▶] 방향키를 눌러 회전한 후, 화면과 같은 위치에 연결해요.

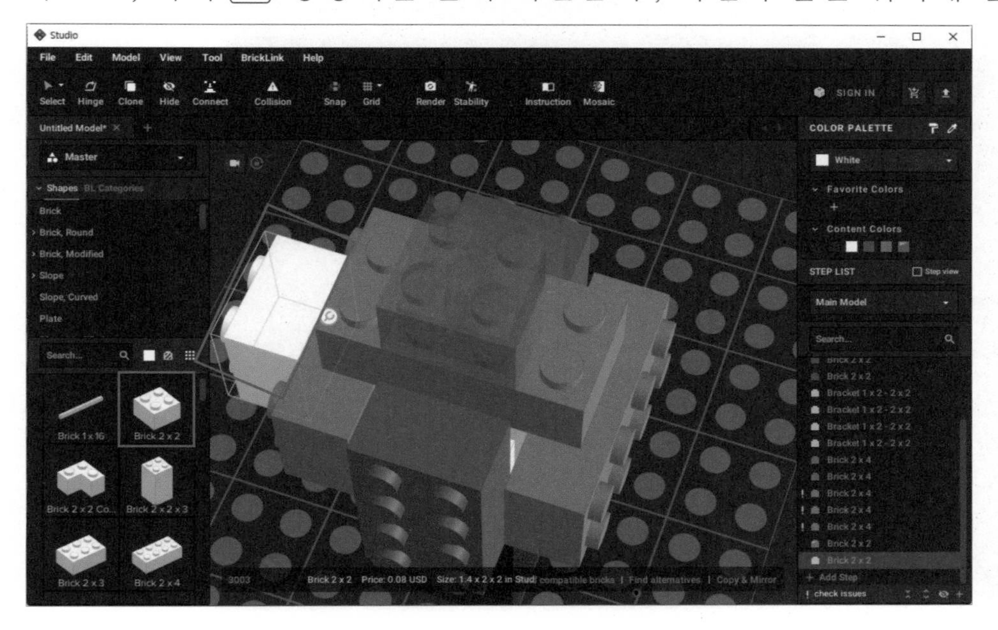

03 오른쪽에 연결하기 위해 키보드의 ▶ 방향키를 2번 눌러 회전한 후, 화면과 같은 위치에 연결한 다음 컬러 팔레트에서 [초록]-[Trans-Green] 색을 칠해요.

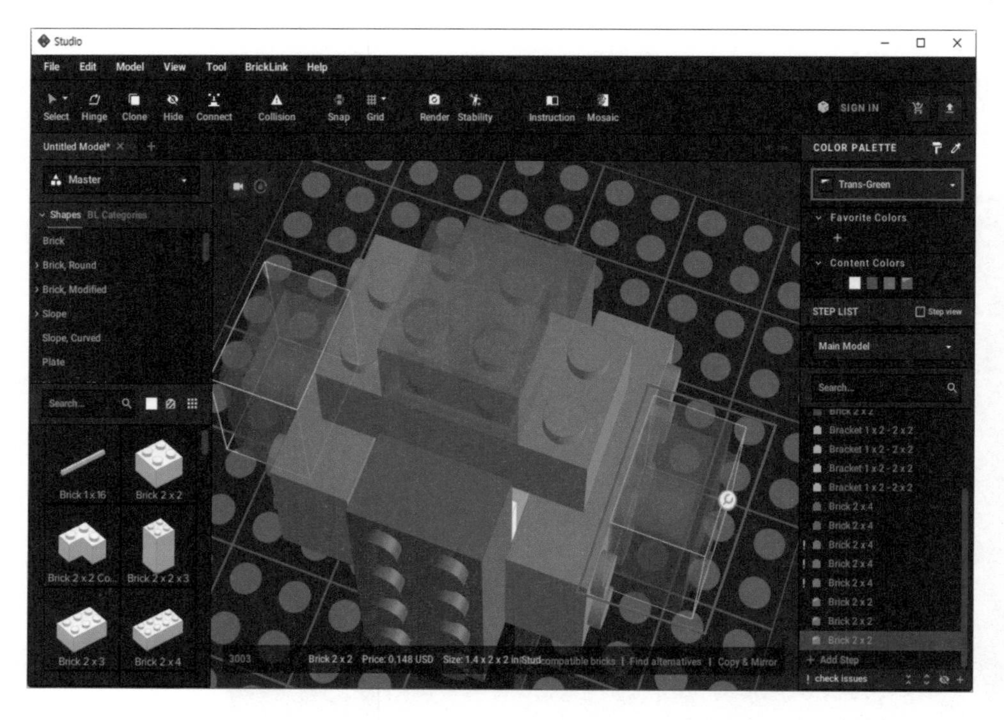

04 마지막으로 빌딩 팔레트의 [Object]-[Food & Drink]에서 그림과 같은 블록을 선택하여 화면과 같은 위치에 3개를 연결한 다음 색을 칠해요.

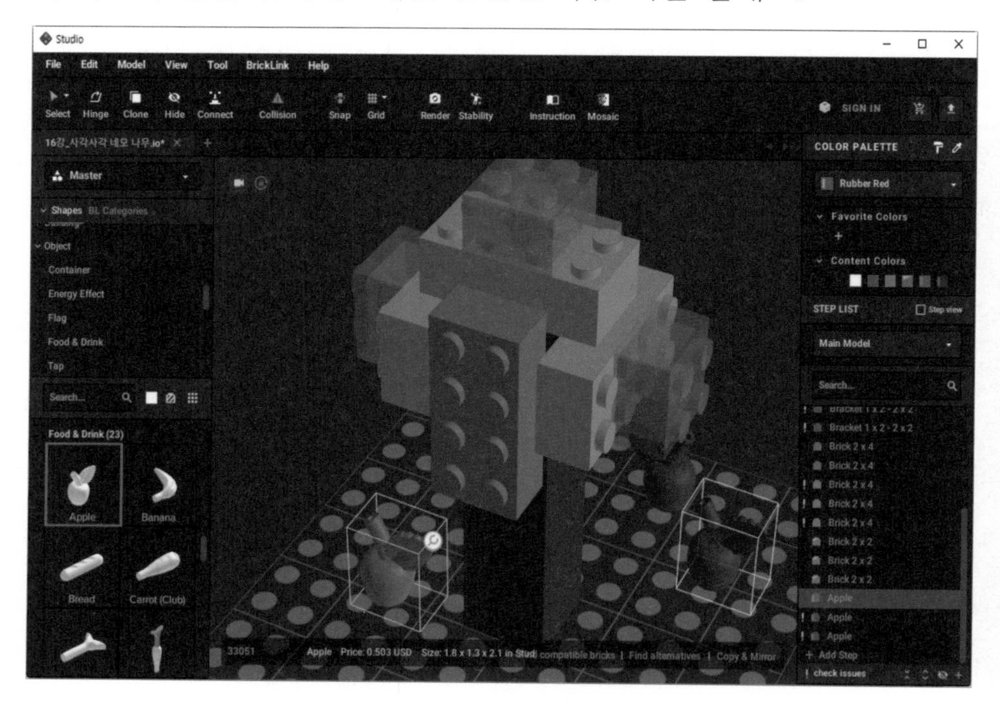

1 브래킷 블록을 연결하여 벚꽃 나무를 만들어요.

2 브래킷 블록을 연결하여 야자수를 만들어요.

17 돌고래 Show!

아쿠아리움을 만들고 아마존 강에 사는 핑크 돌고래를 연결하여 멋지게 점프하는 모습으로 연출해요.

학습 목표

- 블록을 연결하여 아쿠아리움을 만드는 방법에 대해 알아봅니다.
- 핑크 돌고래 블록을 연결하는 방법에 대해 알아봅니다.

미리 보기

01 아쿠아리움을 만들어요.

01 아쿠아리움을 만들기 위해 빌딩 팔레트의 [Plate, Round]에서 그림과 같은 [6×6] 블록을 선택하여 화면과 같은 위치에 연결한 다음 색을 칠해요.

02 이어서 그림과 같은 블록을 선택하여 화면과 같은 위치에 연결한 다음 색을 칠해요.

03 이어서 별 블록을 연결하기 위해 그림과 같은 블록을 선택하여 화면과 같은 위치에 연결한 다음 색을 칠해요.

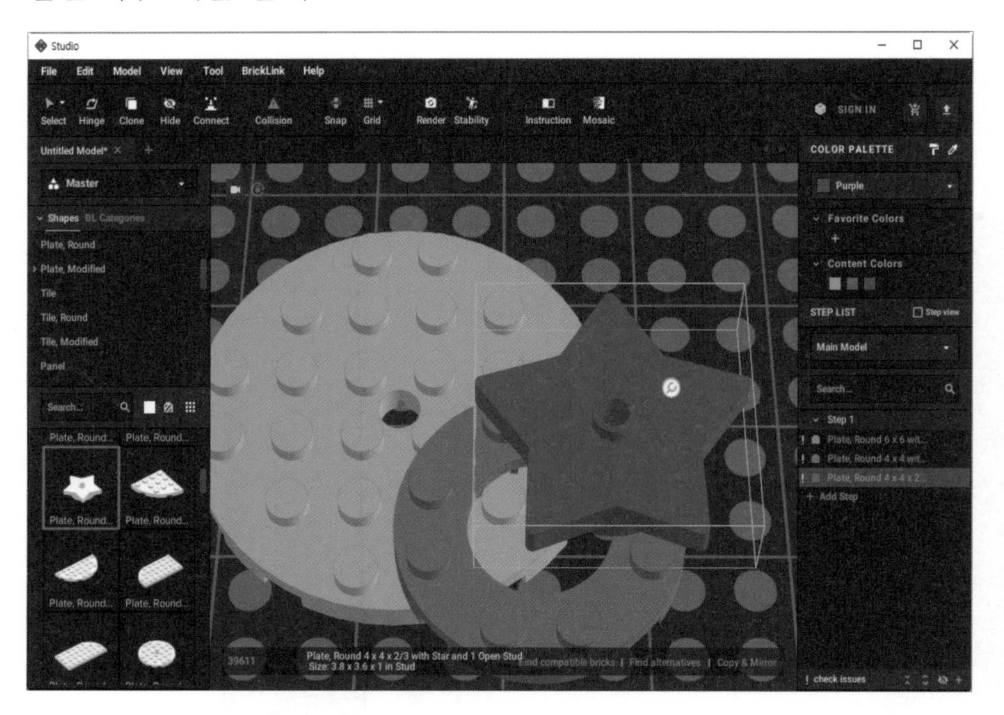

04 해초 블록을 연결하기 위해 빌딩 팔레트의 [Plant]에서 그림과 같은 블록을 선택하여 화면과 같은 위치에 연결한 다음 색을 칠해요.

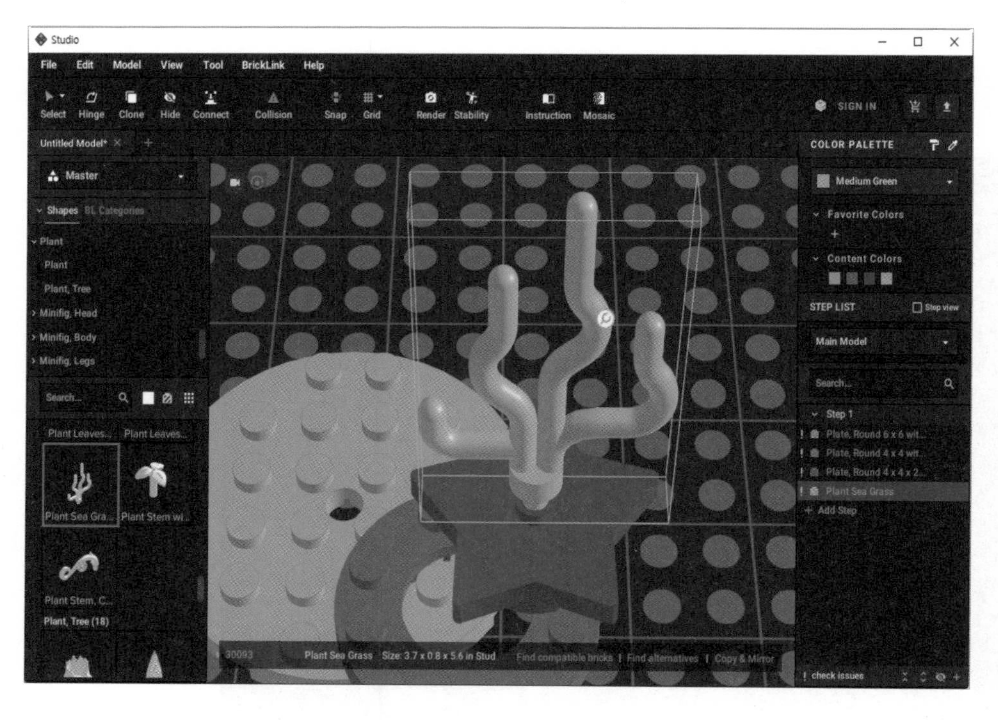

05 돌고래 관람 장소를 만들기 위해 빌딩 팔레트의 [Technic]-[Technic, Brick]에서 그림과 같은 블록을 선택하여 화면과 같은 위치에 연결해요.

06 다시 빌딩 팔레트의 [Panel]에서 그림과 같은 블록을 선택하여 키보드의 [▶] 방향키를 2번 눌러 방향을 회전한 후, 화면과 같은 위치에 연결한 다음 색을 칠해요.

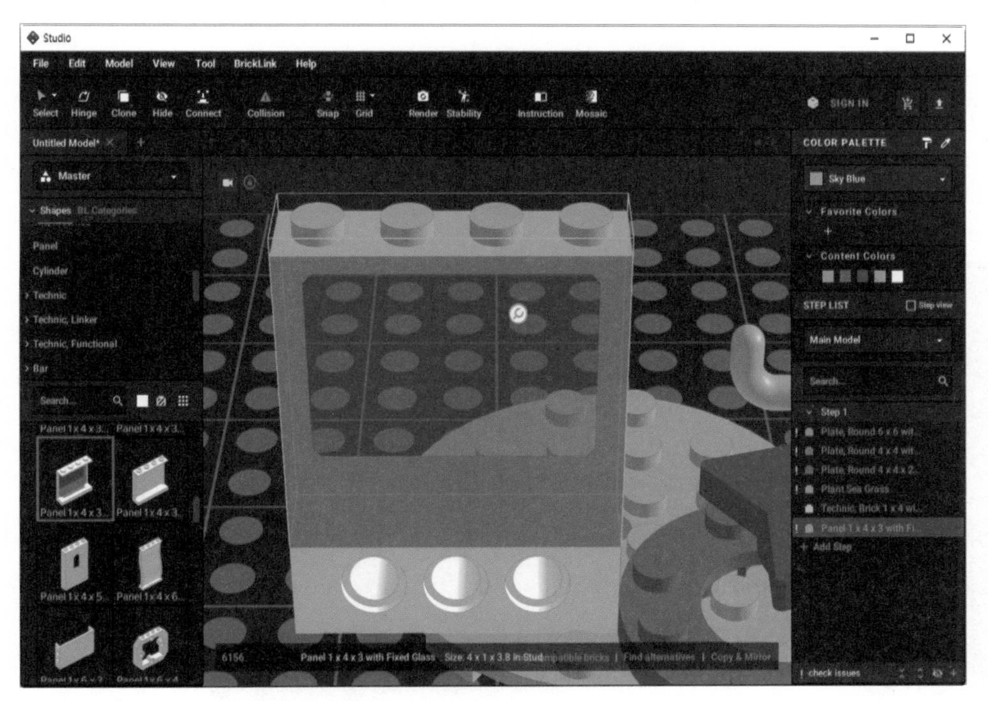

02 아쿠아리움을 장식해요.

01 아쿠아리움을 장식하기 위해 빌딩 팔레트의 [Hinge]에서 그림과 같은 [1 Finger on Side] 블록을 선택하여 화면과 같은 위치에 연결해요.

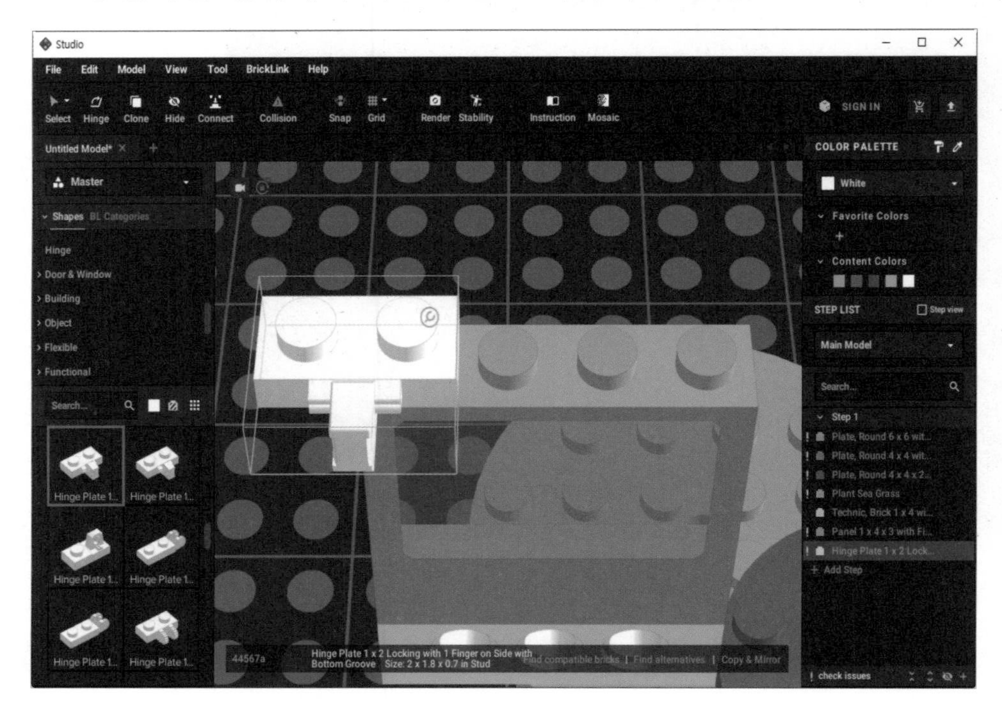

02 이어서 [2 Fingers on Side] 블록을 선택하여 키보드의 [▶] 방향키를 2번 눌러 회전한 다음 화면과 같은 위치에 연결한 후, 빌딩 도구에서 [힌지]( ) 아이콘을 클릭하여 그림과 같은 방향으로 회전해요.

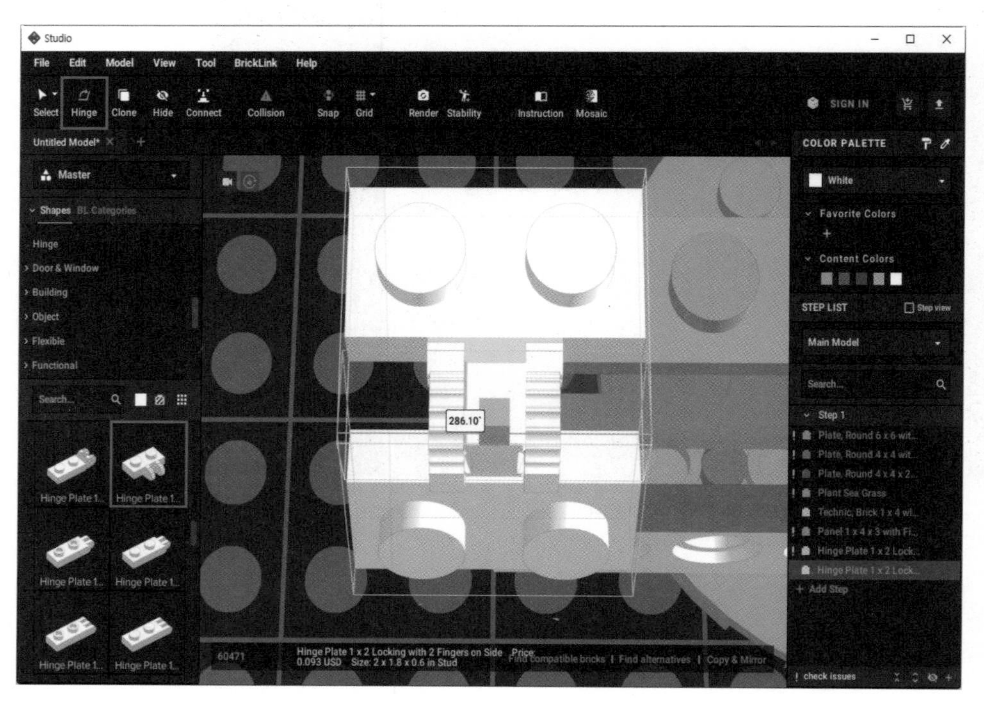

Tip
힌지 도구를 이용하여 회전이 끝나면, 다시 빌딩 도구에서 선택 도구를 클릭해요.

03 다시 빌딩 팔레트의 [Tile]에서 그림과 같은 블록을 선택하여 키보드의 [▼] 방향키를 눌러 회전한 후, 화면과 같은 위치에 연결해요.

04 지붕을 장식하기 위해 빌딩 팔레트의 [Slope]에서 그림과 같은 블록을 선택하여 화면과 같은 위치에 연결한 다음 색을 칠해요.

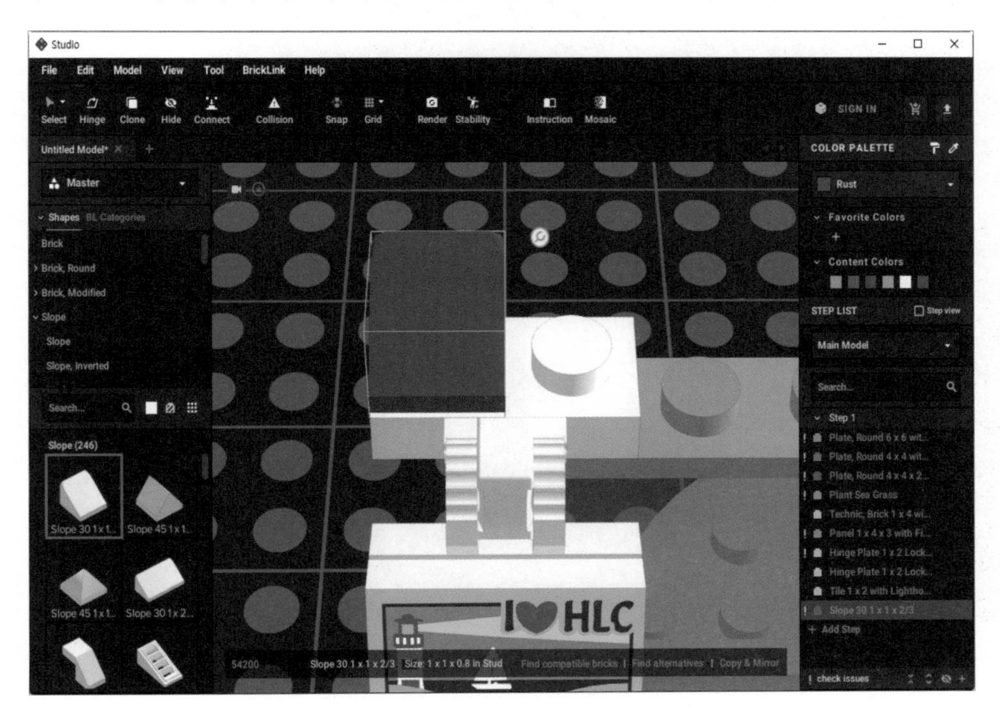

05 이어서 같은 블록을 선택하여 화면과 같은 위치에 연결해요.

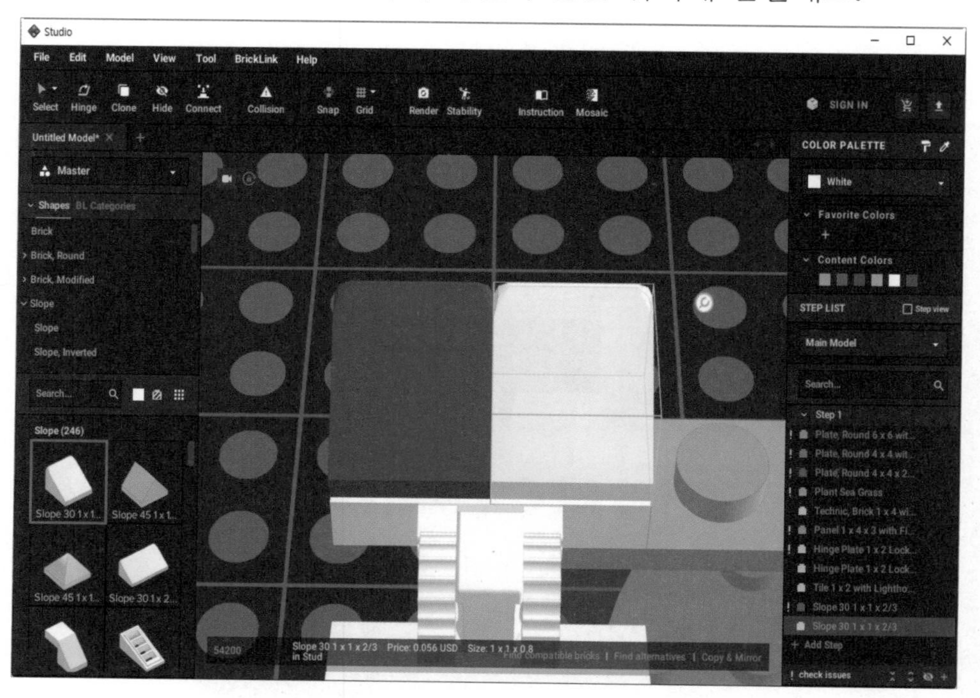

06 위와 같은 방법으로 그림과 같은 블록을 선택하여 키보드의 [▶] 방향키를 눌러 회전한 후, 화면과 같은 위치에 3개를 연결한 다음 색을 칠해요.

03 핑크 돌고래를 연결해요.

01 돌고래 블록을 연결하기 위해 빌딩 팔레트의 [Animal]-[Animal, Water]에서 그림과 같은 블록을 선택하여 키보드의 ▶ 방향키를 눌러 회전한 후, 화면과 같은 위치에 연결한 다음 색을 칠해요.

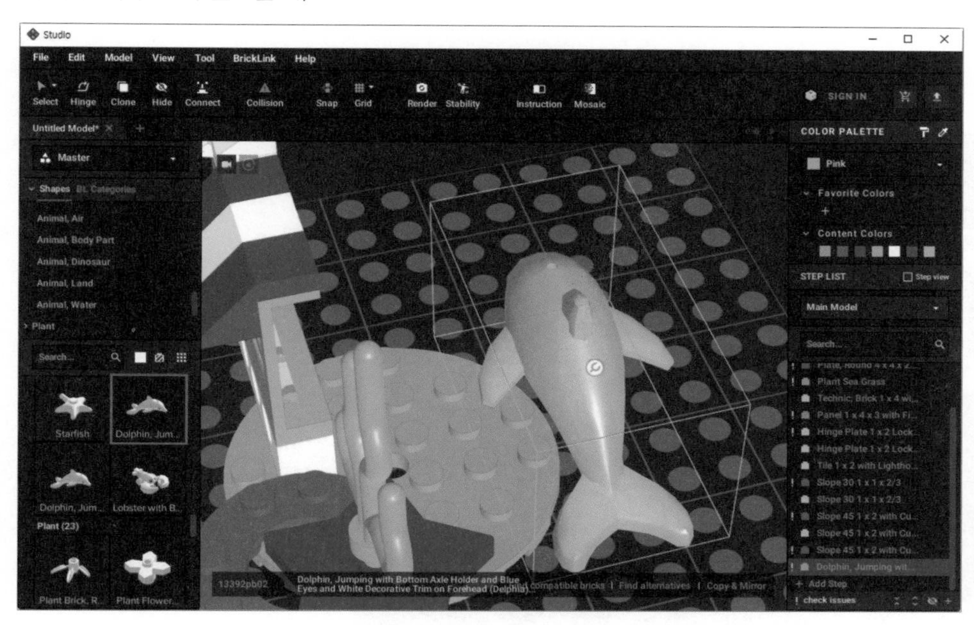

Tip
마우스 오른쪽 버튼을 누르고 뷰포트를 왼쪽 방향으로 드래그하여 회전해요.

02 마지막으로 빌딩 팔레트의 [Minifigure, Accessories]-[Minifigure, Utensil]에서 그림과 같은 블록을 선택하여 화면과 같은 위치에 연결한 다음 색을 칠해요.

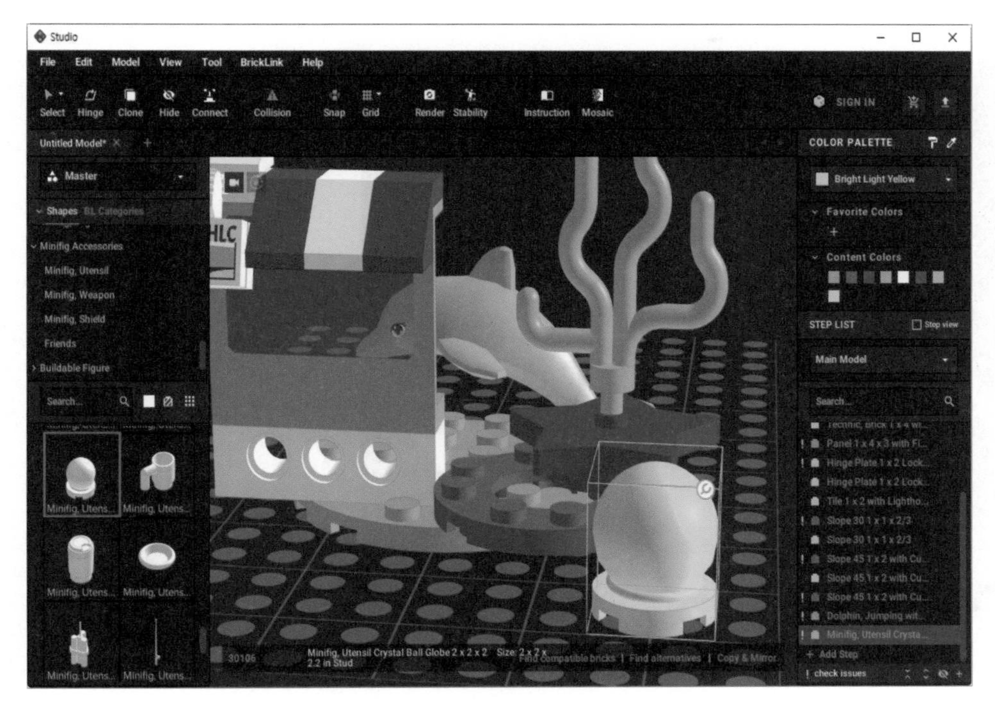

만들어 봄

① 블록을 연결하여 아름다운 해양마을을 만들어요.

② 블록을 연결하여 바다 낚시터를 만들어요.

숲속 수영장

숲속 수영장을 만들어 귀여운 동물과 함께 탈 수 있는 워터슬라이드를 연결해요.

학습 목표

- 블록을 연결하여 미끄럼틀을 만드는 방법에 대해 알아봅니다.
- 블록을 연결하여 숲속을 만드는 방법에 대해 알아봅니다.

미리 보기

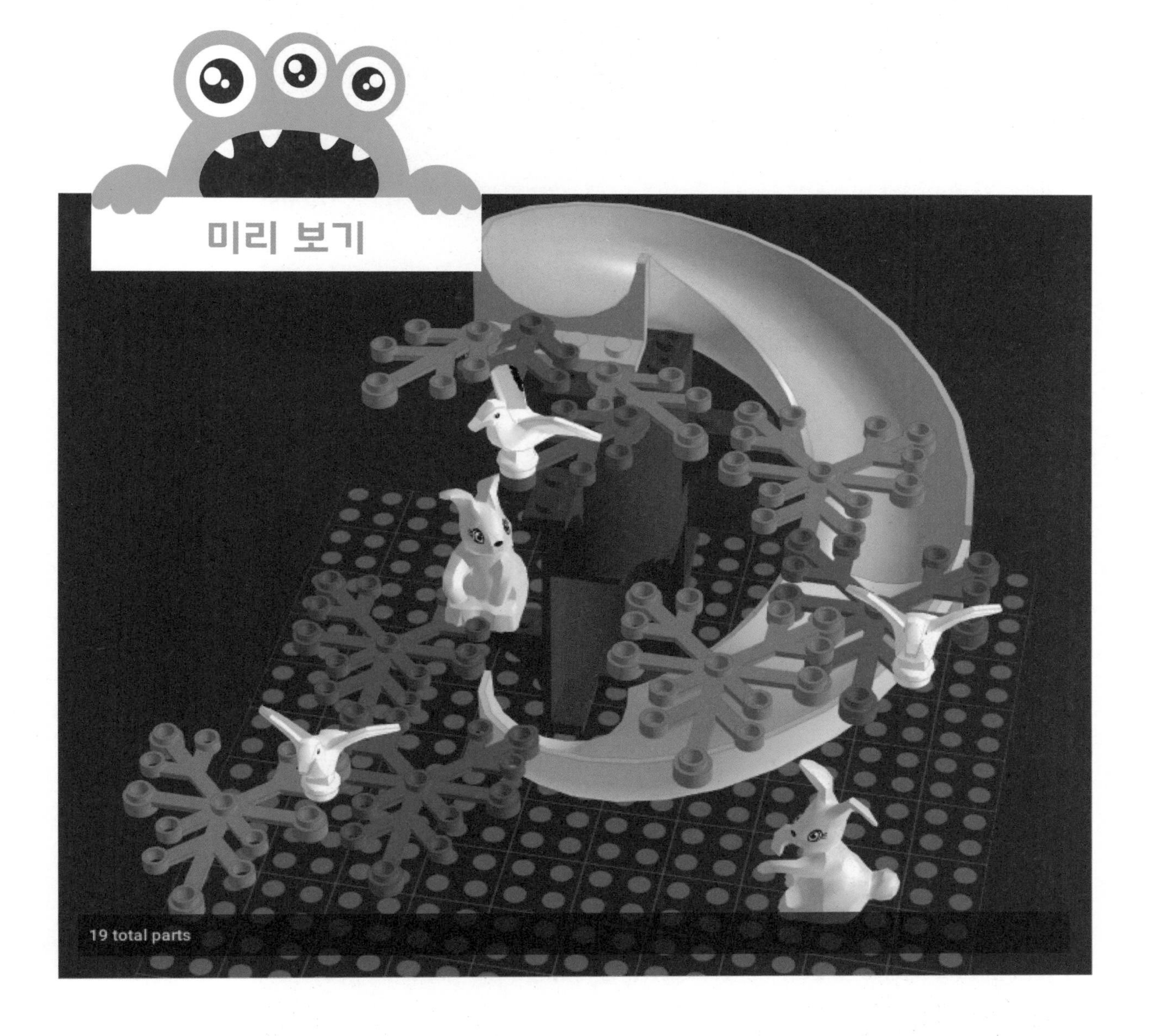

01 나무를 만들어요.

01 나무를 만들기 위해 빌딩 팔레트의 [Cylinder]에서 그림과 같은 블록을 선택하여 키보드의 ▶ 방향키를 2번 눌러 회전한 후, 화면과 같은 위치에 연결한 다음 색을 칠해요.

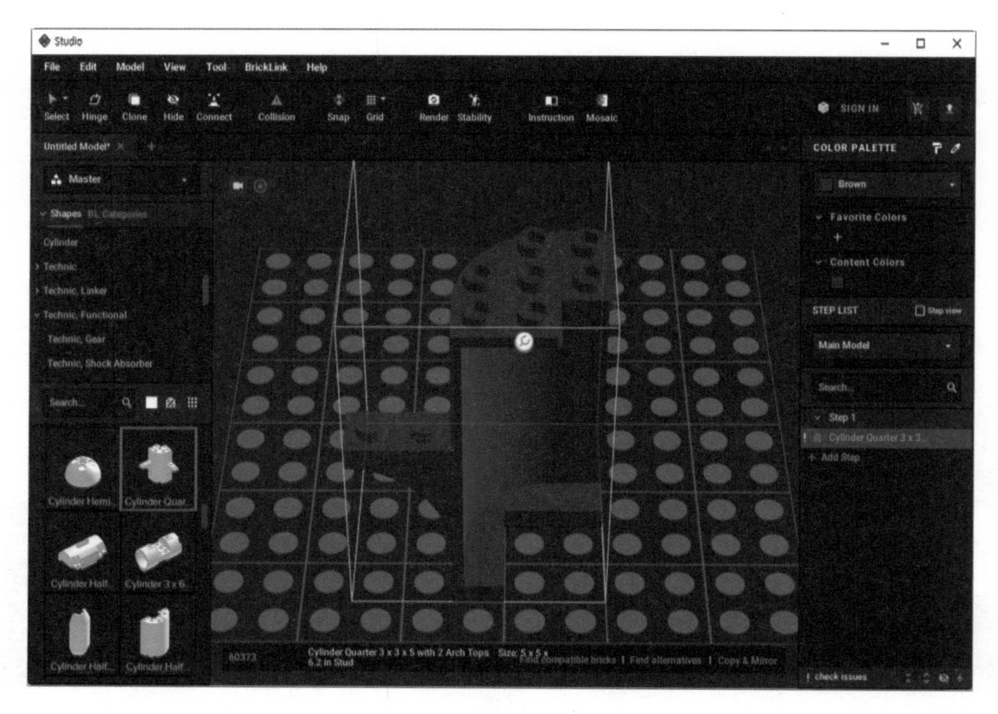

02 다시 위와 같은 블록을 선택하여 화면과 같은 위치에 연결한 다음 색을 칠해요.

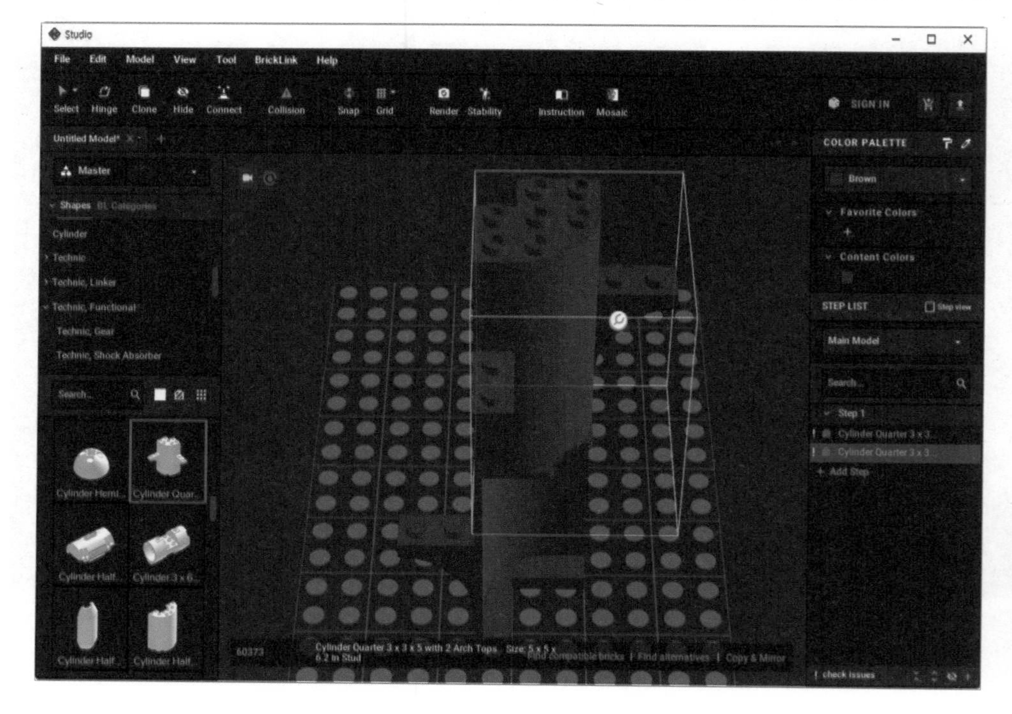

Tip

마우스 휠을 여러 번 아래로 움직여 뷰포트를 축소해요.

02 미끄럼틀을 만들어요.

01 미끄럼틀을 연결하기 위해 [Object]-[Slide]에서 그림과 같은 블록을 선택하여 화면과 같은 위치에 연결한 다음 색을 칠해요.

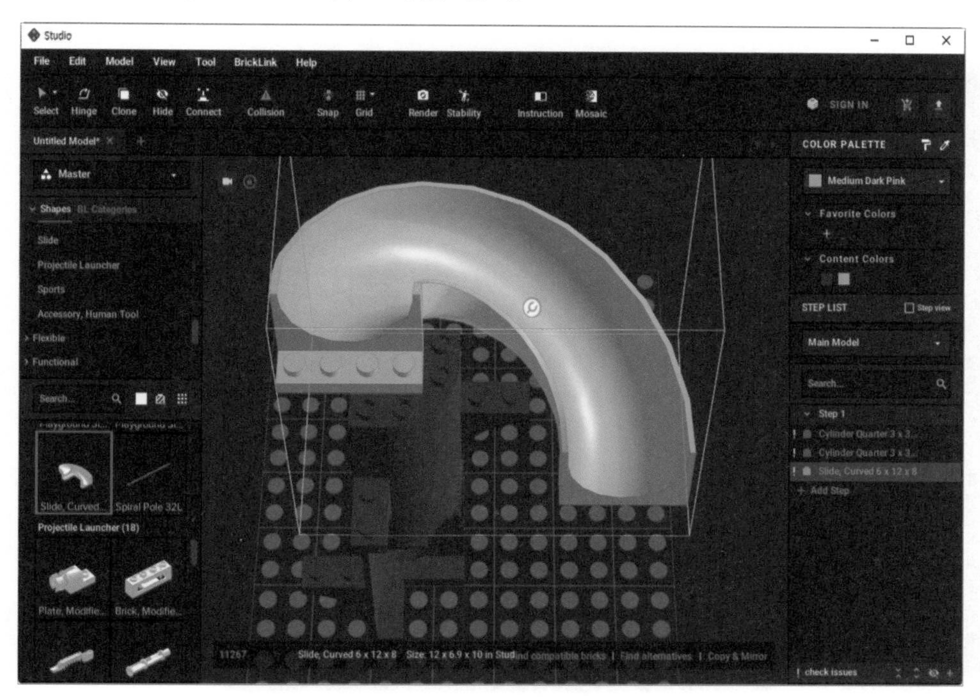

02 다시 같은 블록을 선택하여 키보드의 ▶ 방향키를 2번 눌러 회전한 후, 화면과 같은 위치에 연결한 다음 색을 칠해요.

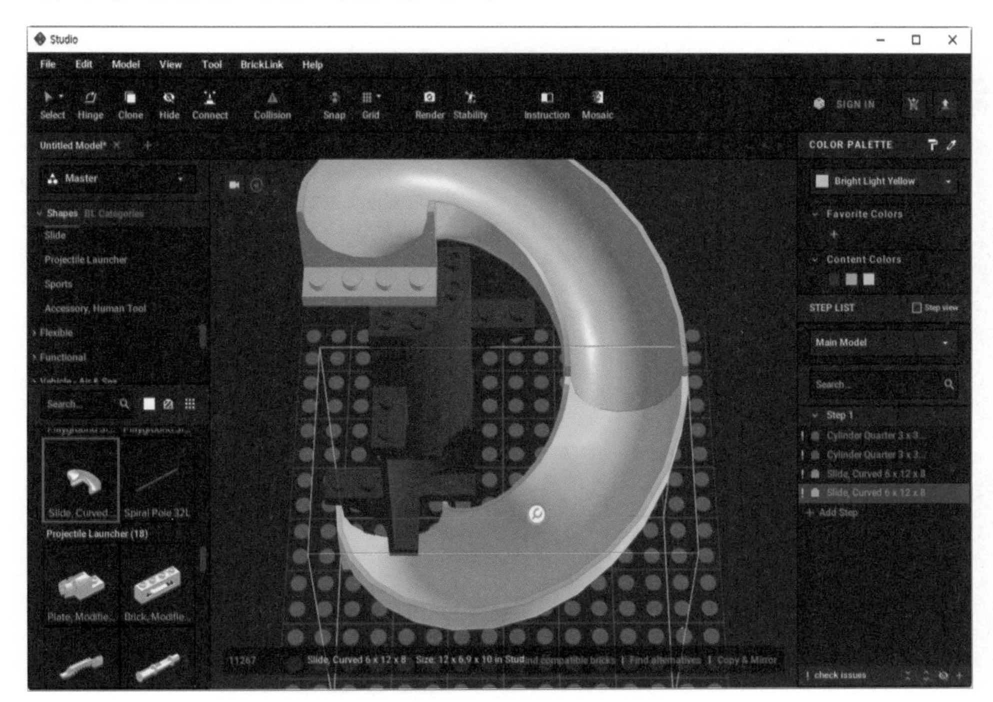

03 숲속을 만들어요.

01 나뭇잎을 연결하기 위해 빌딩 팔레트의 [Plant]에서 그림과 같은 [4×3] 블록을 선택하여 화면과 같은 위치에 연결한 다음 컬러 팔레트에서 [초록]-[Green] 색을 칠해요.

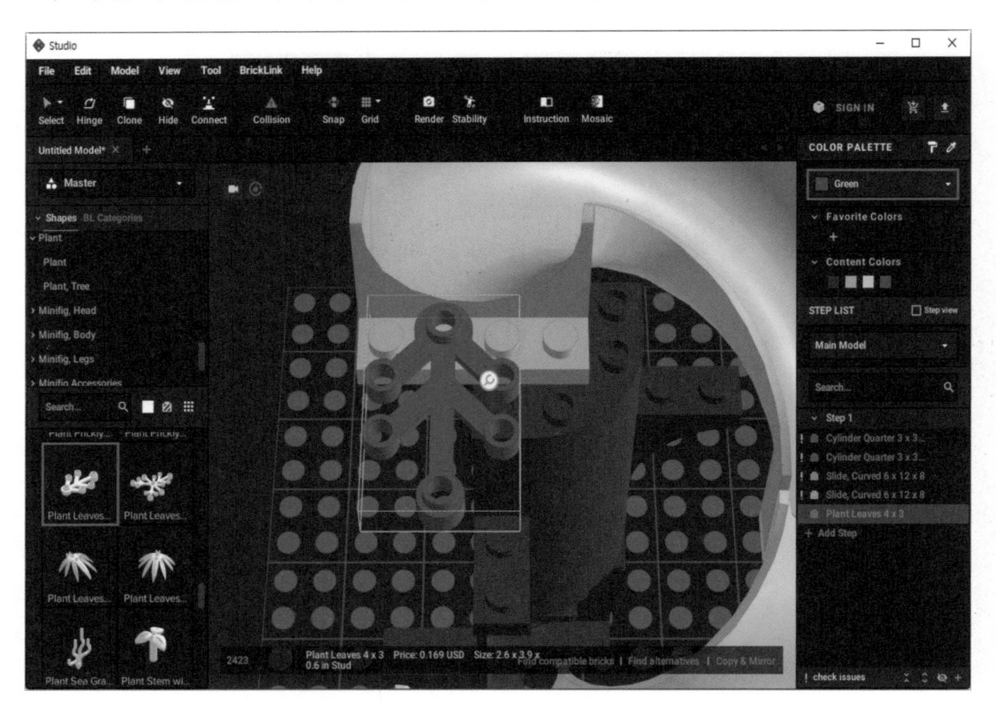

02 다시 그림과 같은 [4×3] 블록을 선택하여 화면과 같은 위치에 연결한 다음 색을 칠한 후, 빌딩 도구에서 [힌지]( ) 아이콘을 클릭해 화면과 같은 방향으로 회전해요.

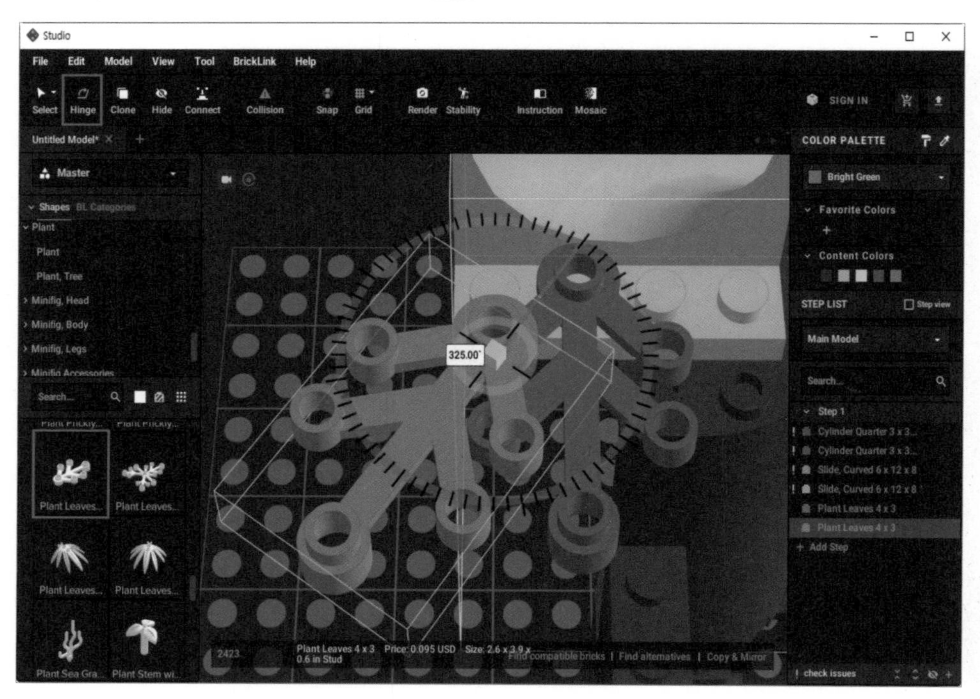

03 다시 그림과 같은 [6×5] 블록을 선택하여 화면과 같은 위치에 3개를 연결한 다음 색을 칠해요.

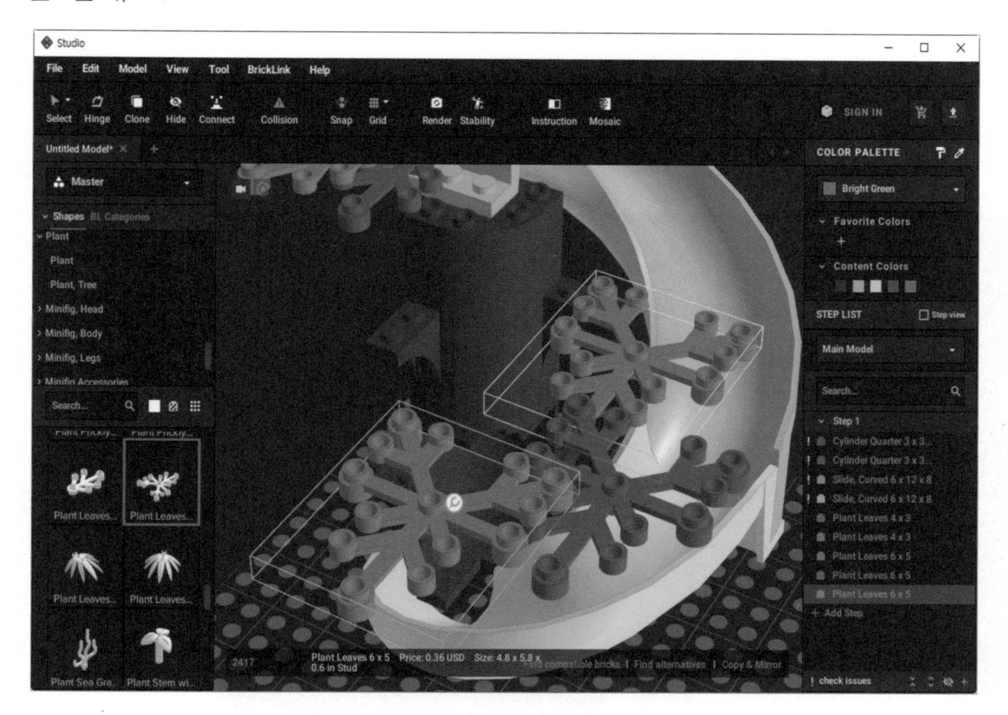

04 위와 같은 방법으로 나뭇잎 블록을 연결하여 숲속을 만들어요.

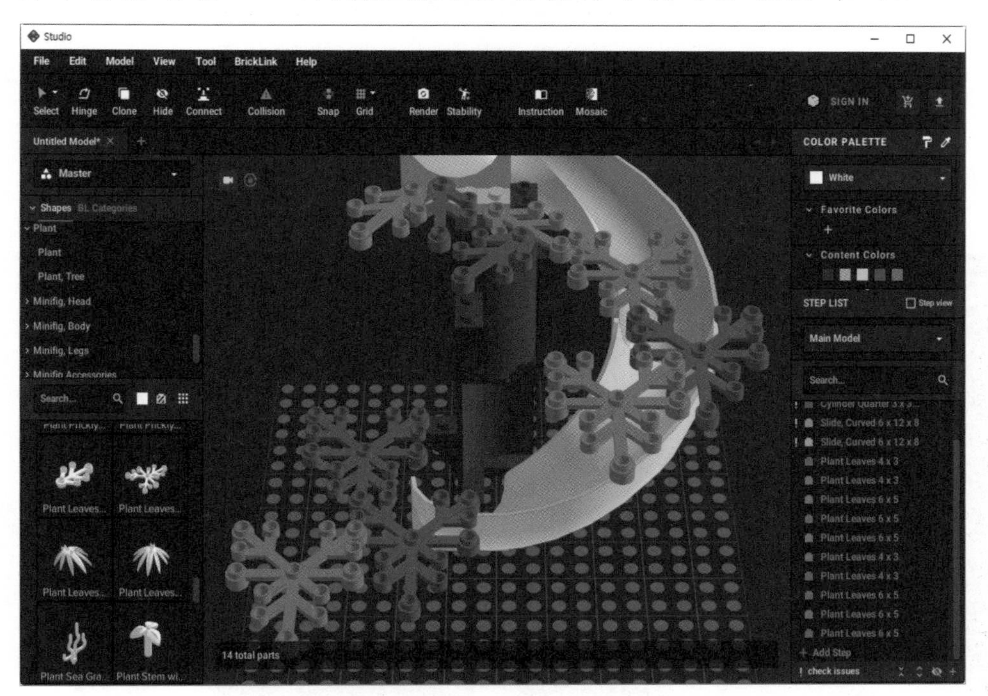

04 새와 토끼를 연결해요.

01 새를 연결하기 위해 [Animal]-[Animal, Air]에서 그림과 같은 블록을 선택하여 화면과 같은 위치에 3개를 연결해요.

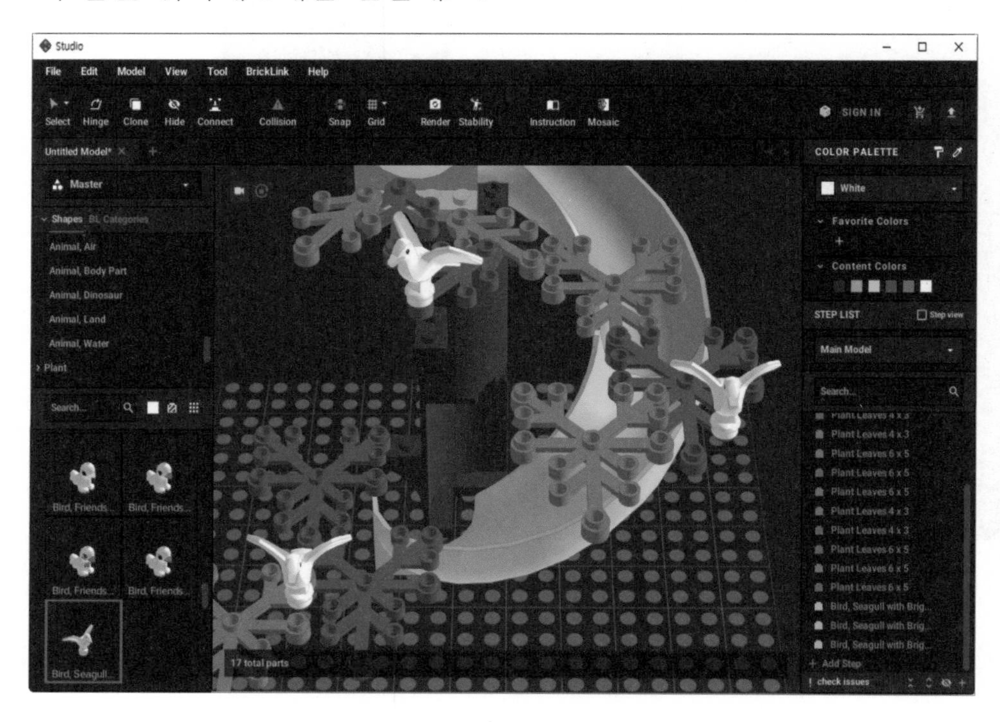

02 토끼를 연결하기 위해 [Animal]-[Animal, Land]에서 그림과 같은 블록을 선택하여 화면과 같은 위치에 2개를 연결한 다음 색을 칠해요.

Tip
키보드의 ▶ 방향 키를 눌러 토끼가 깡충 뛰는 모습으로 회전해요.

① 아기 호랑이가 뛰어노는 숲속 놀이터를 만들어요.

② 귀여운 강아지가 뛰어노는 동물 놀이터를 만들어요.

스피드가 중요해!

번개처럼 빠른 레이싱카를 만들기 위해 자동차 부품을 찾아 연결하고, 외곽선을 설정하여 멋진 레이싱카를 완성해요.

학습 목표

- 블록을 연결하여 레이싱카를 만드는 방법에 대해 알아봅니다.
- 외곽선을 설정하는 방법에 대해 알아봅니다.

미리 보기

01 레이싱카를 만들어요.

01 레이싱카를 만들기 위해 빌딩 팔레트의 [Vehicle-Land]-[Vehicle, Base]에서 그림과 같은 블록을 선택하여 키보드의 ▶ 방향키를 눌러 회전하여 연결한 다음 색을 칠해요.

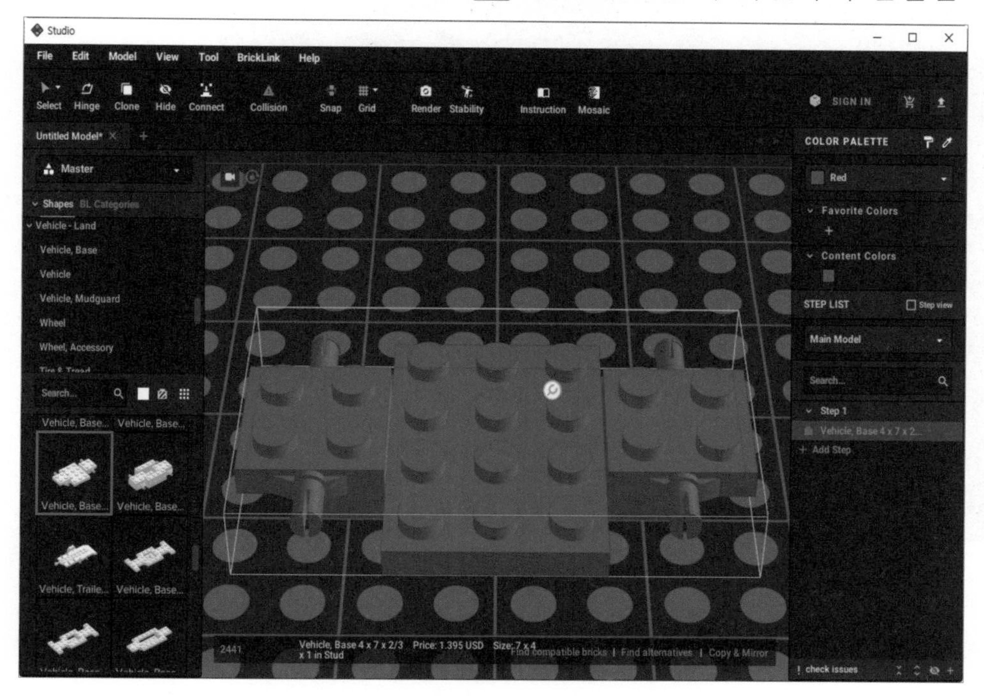

02 자동차 보닛과 스포일러를 연결하기 위해 빌딩 팔레트의 [Plate]에서 그림과 같은 [2×2] 블록을 선택하여 화면과 같은 위치에 2개를 연결한 다음 색을 칠해요.

03 다시 빌딩 팔레트의 [Brick]에서 그림과 같은 [2×3] 블록을 선택하여 화면과 같은 위치에 2개를 연결한 다음 색을 칠해요.

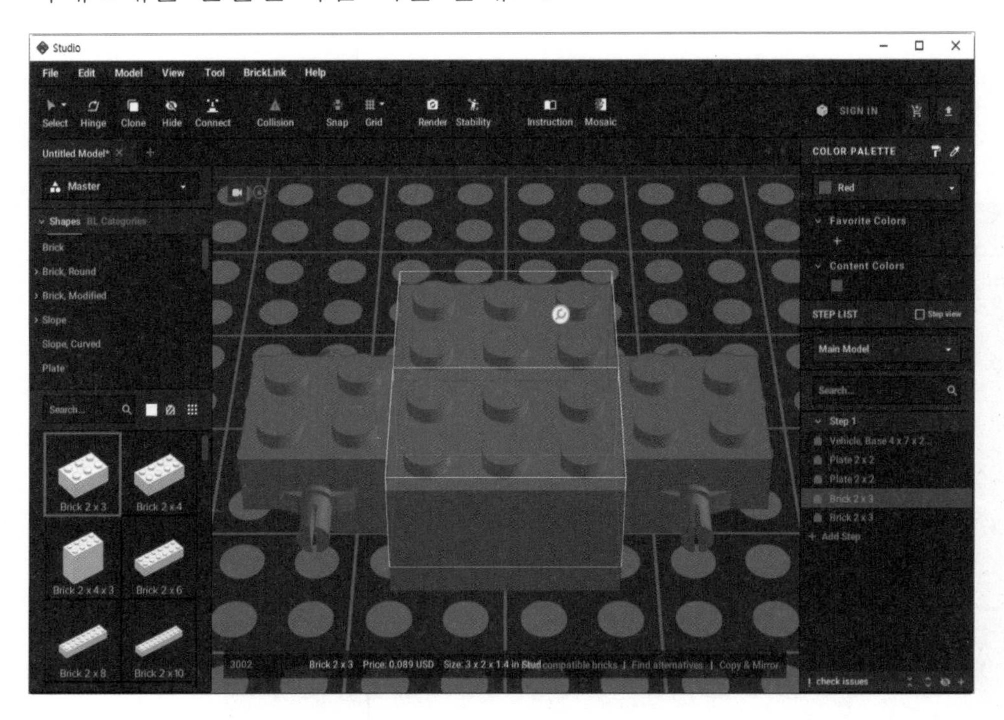

04 왼쪽 타이어를 연결하기 위해 [Vehicle-Land]-[Wheel & Tire Assembly]에서 그림과 같은 [8mm D×9mm] 블록을 선택하여 화면과 같은 위치에 2개를 연결해요.

05 이어서 오른쪽 타이어를 연결하기 위해 키보드의 ▶ 방향키를 2번 눌러 회전한 후, 화면과 같은 위치에 2개를 연결해요.

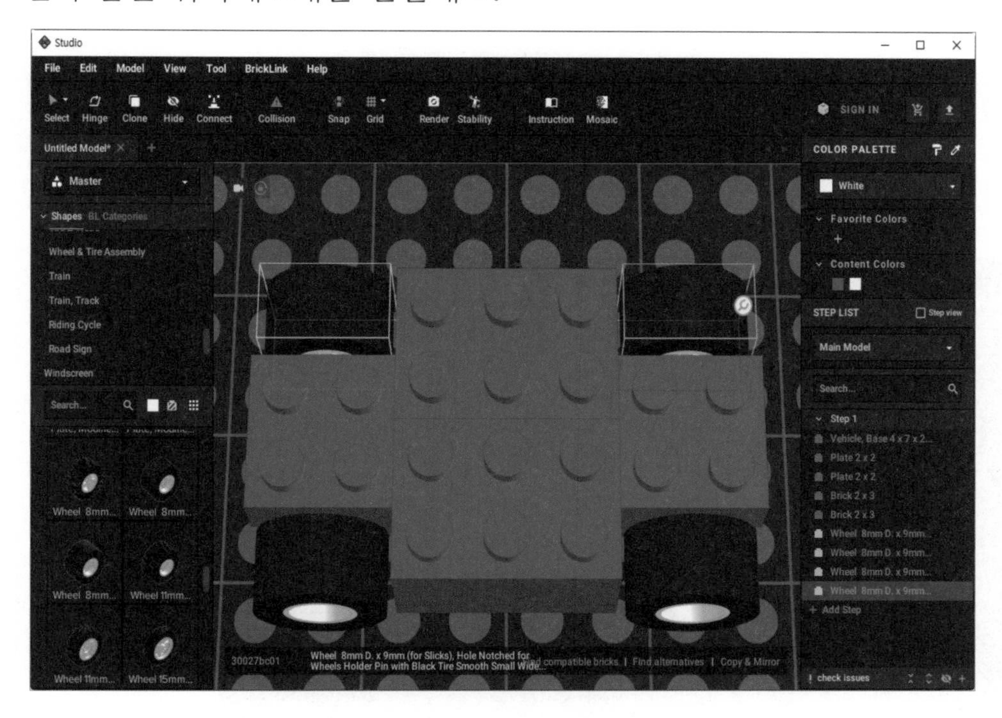

06 보닛을 연결하기 위해 [Vehicle, Mudguard]에서 그림과 같은 블록을 선택하여 키보드의 ▶ 방향키를 눌러 회전한 후, 화면과 같은 위치에 연결한 다음 색을 칠해요.

02 자동차 앞 유리와 핸들을 연결해요.

01 자동차 앞 유리를 연결하기 위해 빌딩 팔레트의 [Windscreen]에서 그림과 같은 [2×3×2] 블록을 선택하여 키보드의 ▶ 방향키를 눌러 회전한 후, 화면과 같은 위치에 연결한 다음 색을 칠해요.

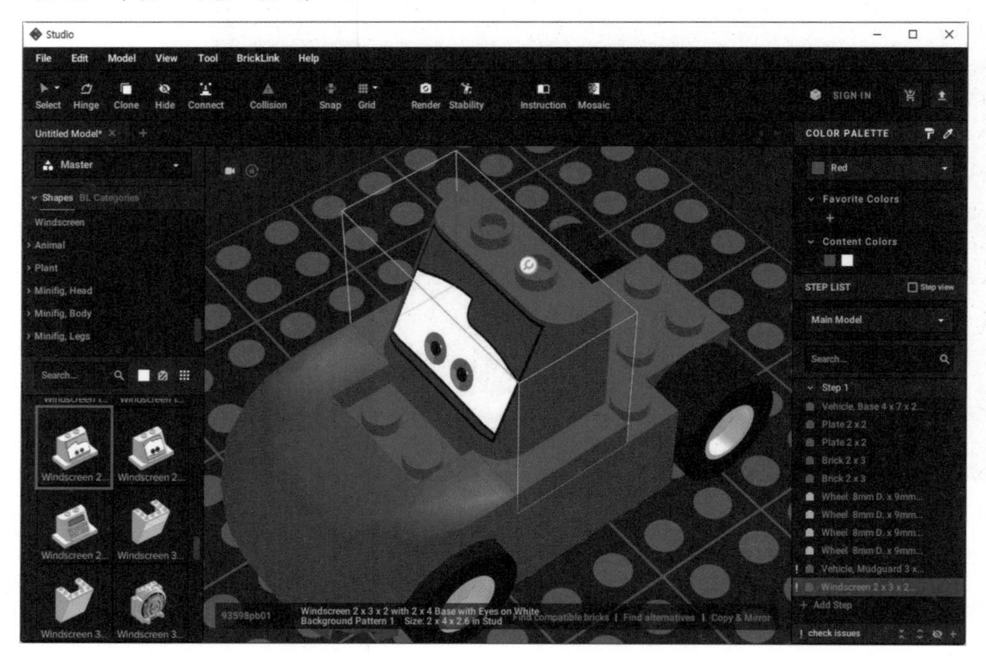

02 핸들을 연결하기 위해 빌딩 팔레트의 [Vehicle-Land]-[Vehicle]에서 그림과 같은 블록을 선택해 키보드의 ▶ 방향키를 눌러 회전한 후, 화면과 같은 위치에 연결한 다음 색을 칠해요.

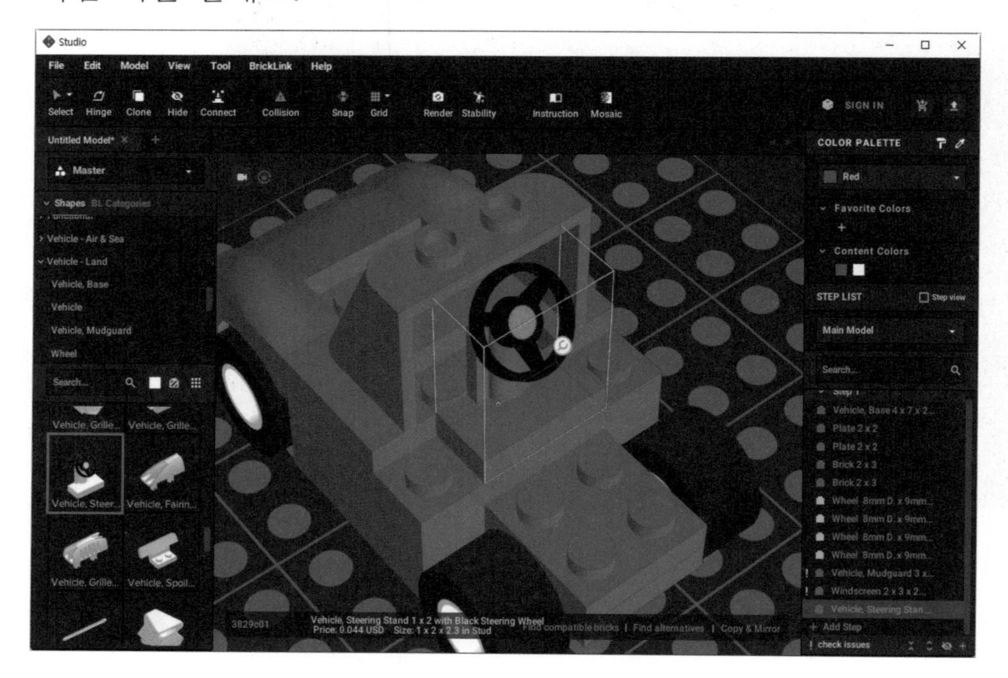

03 자동차 후면을 연결하기 위해 빌딩 팔레트의 [Vehicle-Land]-[Vehicle, Mudguard]에서 그림과 같은 블록을 선택하여 키보드의 ◀ 방향키를 눌러 회전한 후, 화면과 같은 위치에 연결한 다음 색을 칠해요.

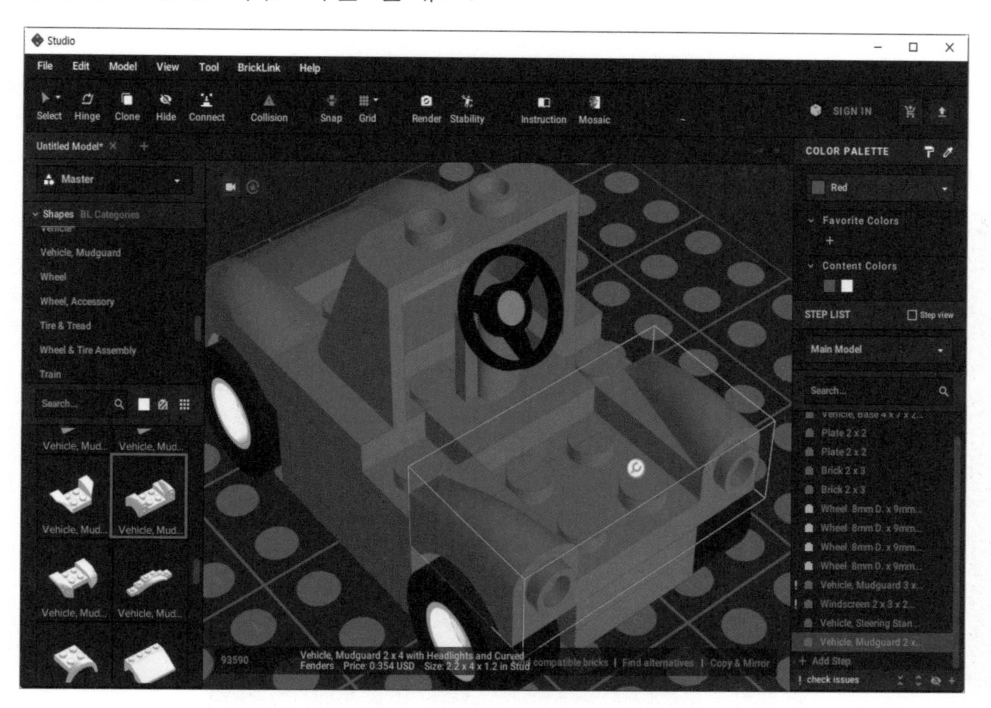

04 스포일러를 연결하기 위해 [Vehicle]에서 그림과 같은 블록을 선택하여 키보드의 ▶ 방향키를 눌러 회전한 후, 화면과 같은 위치에 연결한 다음 색을 칠해요.

03 레이싱카를 장식해요.

01 레이싱카를 장식하기 위해 빌딩 팔레트의 [Tile]에서 그림과 같은 [2×2] 블록을 선택하여 키보드의 ◀ 방향키를 눌러 회전한 후, 화면과 같은 위치에 연결한 다음 색을 칠해요.

02 다시 그림과 같은 [1×2] 블록을 선택하여 키보드의 ▶ 방향키를 눌러 회전한 후, 화면과 같은 위치에 연결한 다음 색을 칠해요.

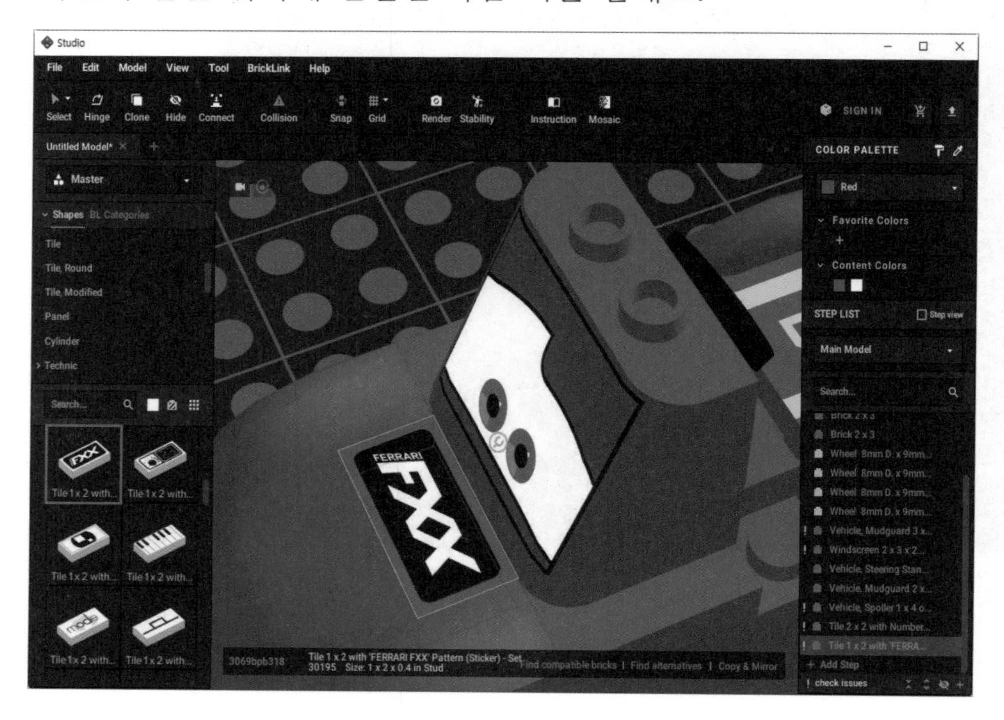

04 깃발을 장식해요.

01 깃발을 장식하기 위해 빌딩 팔레트의 [Object]-[Flag]에서 그림과 같은 블록을 선택하여 키보드의 ▶ 방향키를 2번 눌러 회전하여 연결한 다음 컬러 팔레트에서 [노랑]-[Glowing Neon Yellow] 색을 칠한 후, [힌지]( ) 도구로 회전해요.

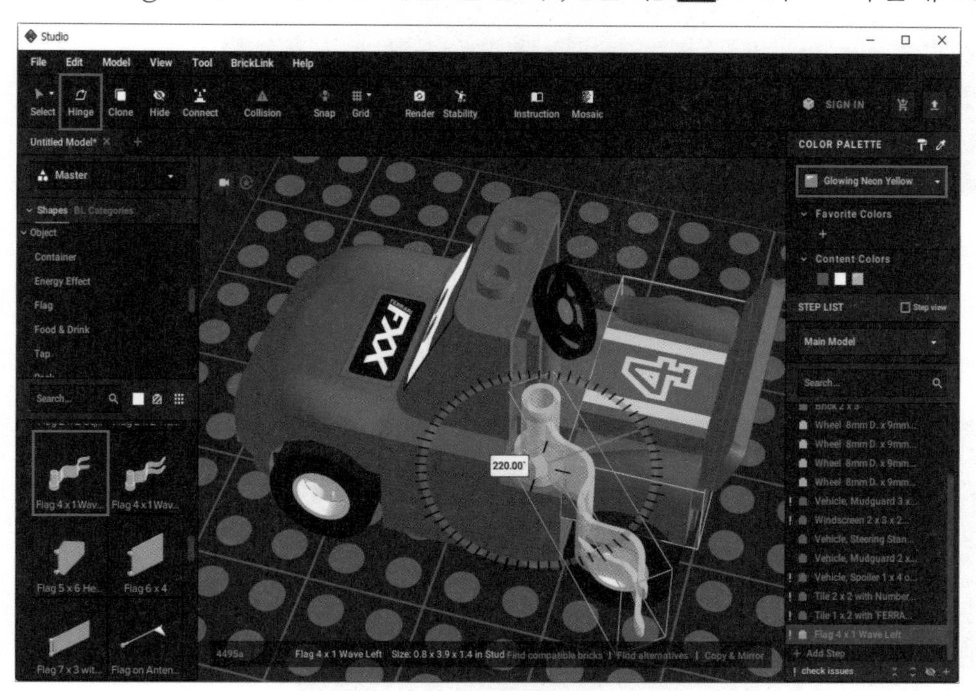

02 다시 같은 블록을 선택하여 화면과 같은 위치에 연결한 다음 색을 칠한 후, [힌지]( ) 도구로 회전해요.

05 외곽선을 설정해요.

01 레이싱카에 외곽선을 나타내기 위해 메뉴의 [Edit]-[Preferences]를 클릭해요.

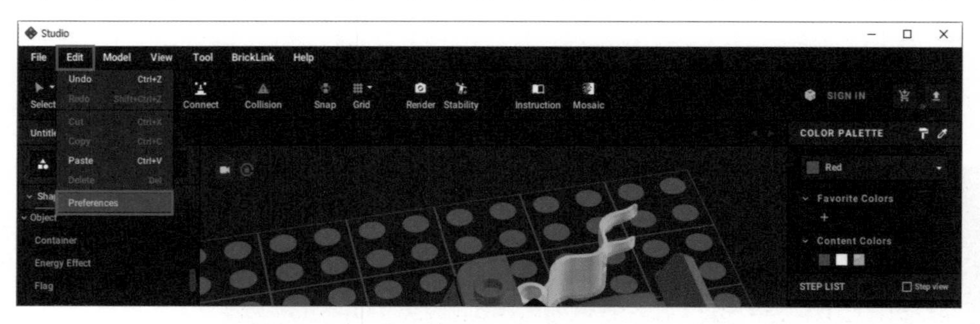

02 그림과 같이 [APPEARANCE] 탭에서 [Enable Outline edges] 선택하고, [Horizontal] 버튼을 클릭한 다음 하단의 [Okay] 단추를 클릭해요.

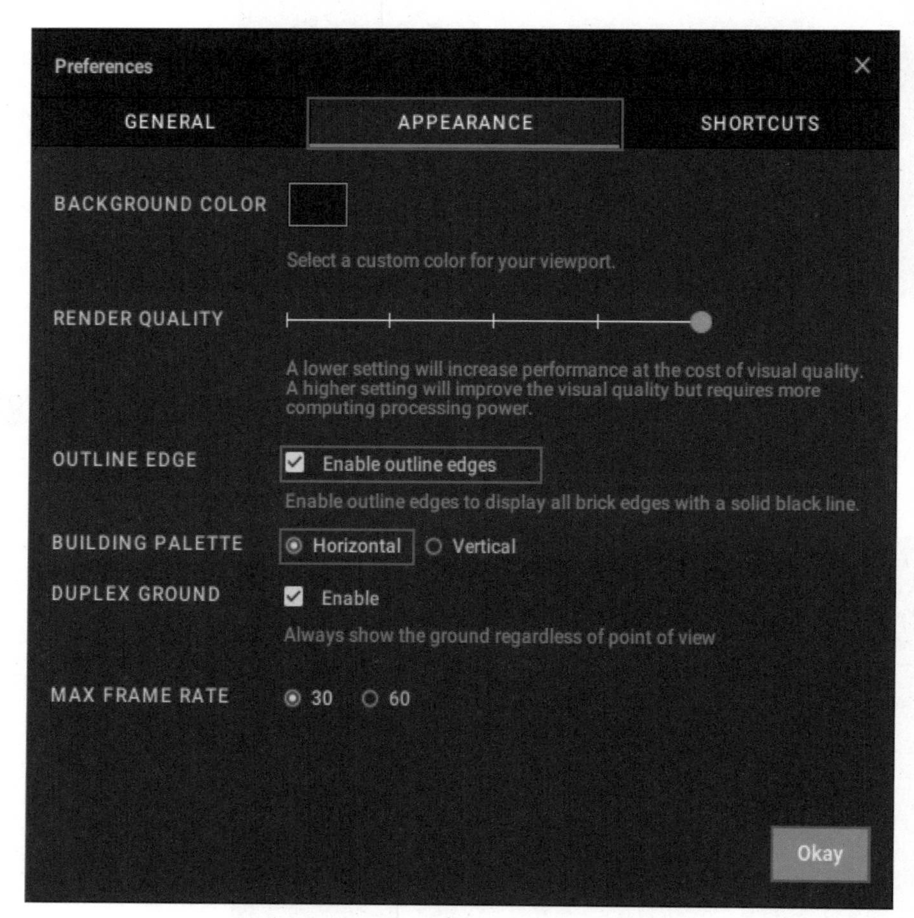

03 그림과 같이 빌딩 팔레트의 위치가 변경되면서 레이싱카에 외곽선이 나타난 것을 확인할 수 있어요.

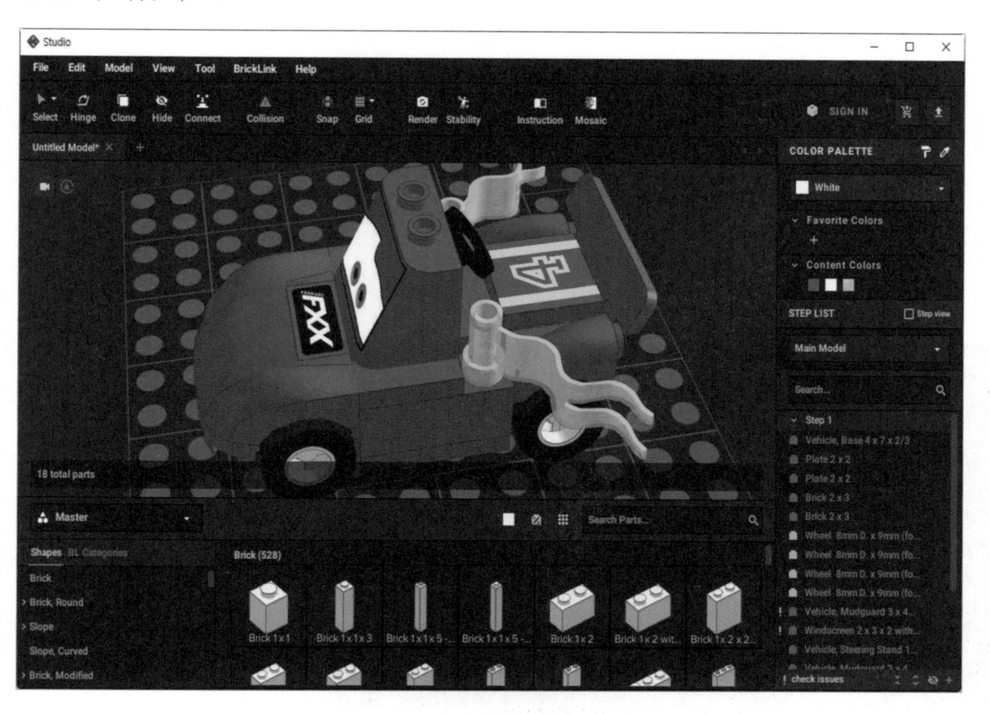

04 다시 [Edit] 메뉴의 [Preferences]를 클릭하여 [Enable Outline edges] 선택을 해제한 다음 [Vertical] 버튼으로 변경해요.

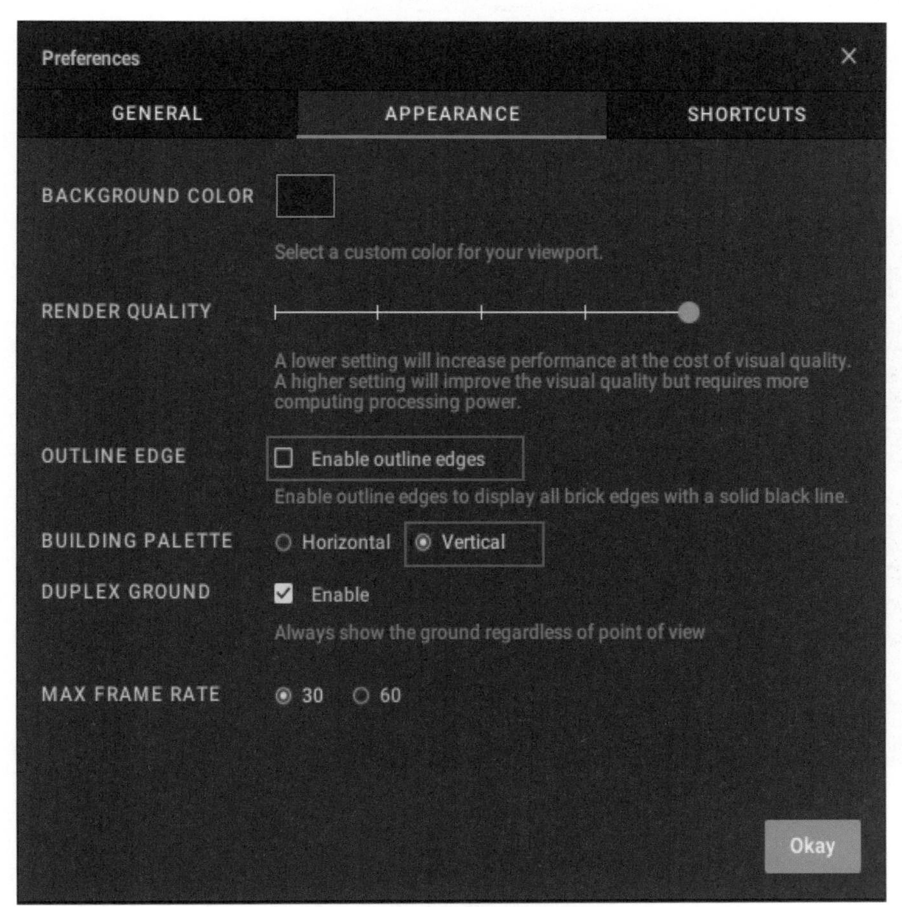

만들어 봄

① 블록을 연결하여 레이싱 챔피언 자동차를 만들어요.

② 레이싱 챔피언 자동차에 외곽선을 설정해요.

20 카페에 반하다

공원에 있는 카페 트럭을 만들어 예쁜 컵도 진열하고, 멀리서 손님이 볼 수 있는 입간판도 만들어요.

학습 목표

- 블록을 연결하여 카페 트럭을 만드는 방법에 대해 알아봅니다.
- 블록을 연결하여 카페 입간판을 만드는 방법에 대해 알아봅니다.

미리 보기

01 카페 트럭을 만들어요.

01 카페를 만들기 위해 빌딩 팔레트의 [Vehicle-Land]-[Wheel & Tire Assembly]에서 그림과 같은 블록을 선택하여 키보드의 ▶ 방향키를 눌러 회전한 후, 화면과 같은 위치에 2개를 연결해요.

02 다시 빌딩 팔레트의 [Plate]에서 그림과 같은 [2×2] 블록을 선택하여 화면과 같은 위치에 2개를 연결해요.

03 다시 그림과 같은 [2×8] 블록을 선택하여 화면과 같은 위치에 연결해요.

04 다시 그림과 같은 [4×8] 블록을 선택하여 화면과 같은 위치에 연결한 다음 색을 칠해요.

Tip

블록을 연결할 때 [4×8] 블록을 [2×8] 블록 가운데에 위치하도록 연결해요.

02 유리 진열장을 만들어요.

01 유리 진열장을 만들기 위해 [Windscreen]에서 그림과 같은 블록을 선택하여 화면과 같은 위치에 연결해요.

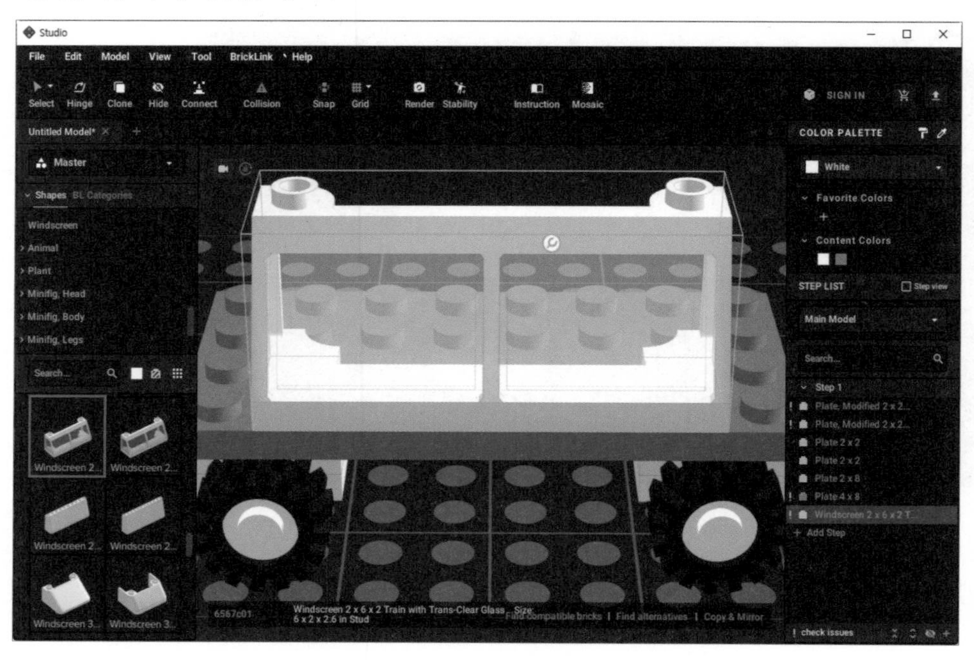

02 다시 빌딩 팔레트의 [Plate, Round]에서 그림과 같은 블록을 선택하여 키보드의 [▶] 방향키를 2번 눌러 회전하여 연결한 다음 색을 칠해요.

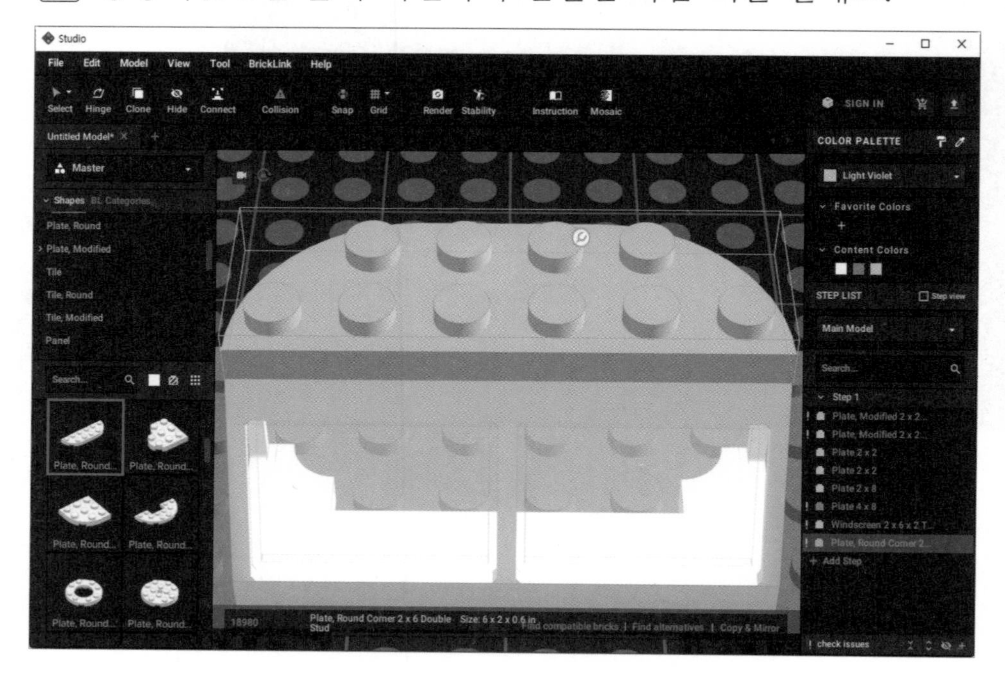

03 카페를 완성해요.

01 카페를 완성하기 위해 빌딩 팔레트의 [Brick]에서 그림과 같은 [1×1×3] 블록을 선택하여 화면과 같은 위치에 2개를 연결한 다음 색을 칠해요.

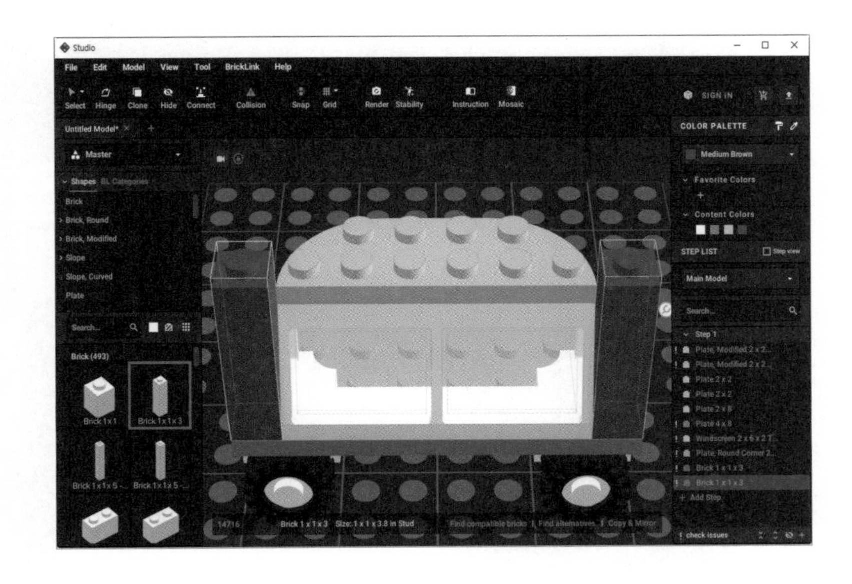

02 다시 빌딩 팔레트의 [Brick, Modified]-[Arch]에서 그림과 같은 [1×3×2] 블록을 선택하여 키보드의 ▶ 방향키를 눌러 회전하여 연결한 다음 색을 칠해요.

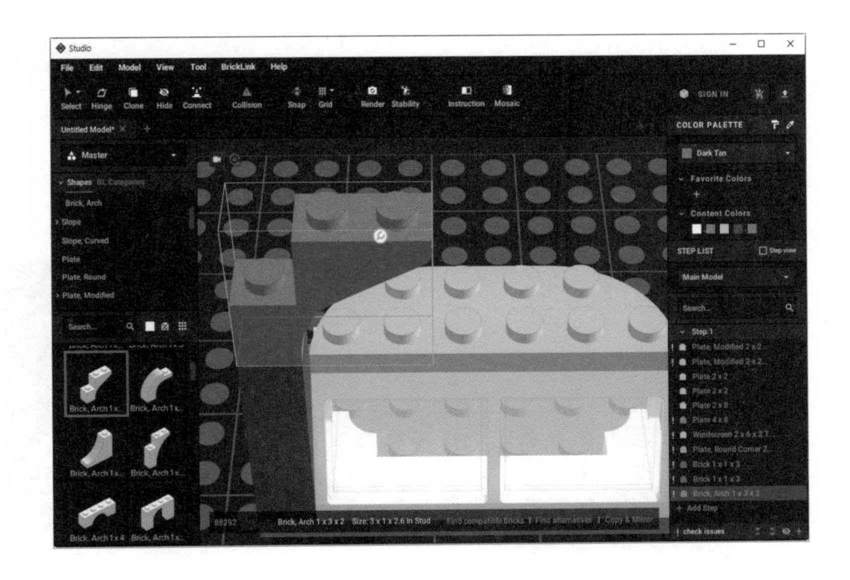

03 다시 같은 블록을 선택하여 키보드의 ◀ 방향키를 눌러 회전하여 연결한 다음 색을 칠해요.

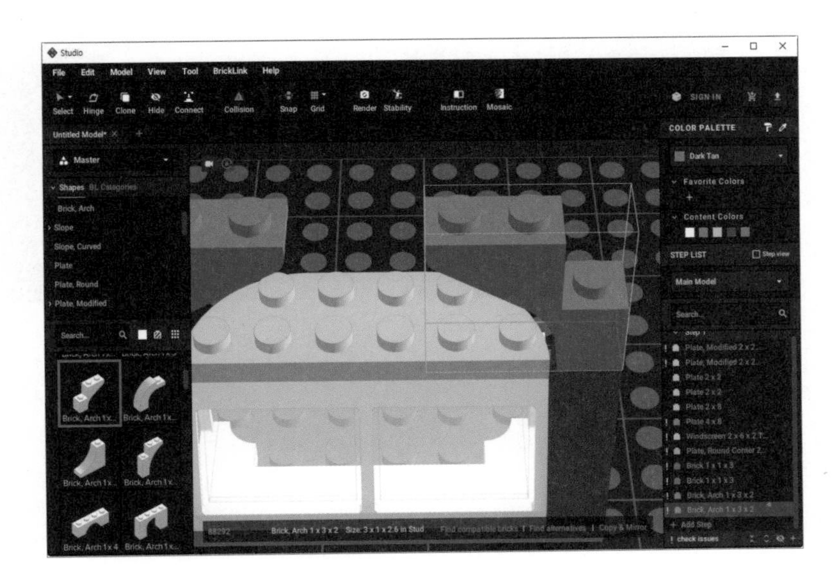

04 카페 간판을 연결하기 위해 빌딩 팔레트의 [Brick]에서 그림과 같은 [1×6] 블록을 선택하여 연결해요.

05 다시 빌딩 팔레트의 [Tile]에서 그림과 같은 [1×3] 블록을 선택하여 2개를 연결해요.

04 머그잔과 종이컵을 연결해요.

01 카페가 완성되면 뷰포트를 회전해요. 머그잔을 연결하기 위해 빌딩 팔레트의 [Retired & Miscellaneous]-[Scala]에서 그림과 같은 블록을 선택하여 키보드의 ▶ 방향키를 눌러 회전한 후, 2개를 연결한 다음 색을 칠해요.

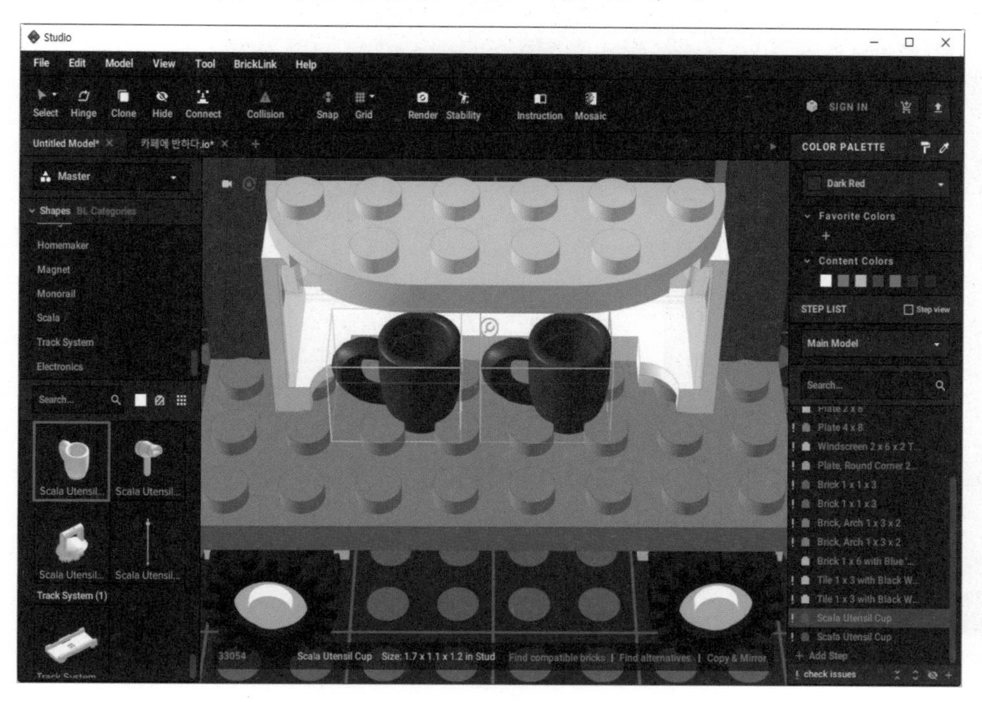

Tip
마우스 오른쪽 버튼을 누르고 뷰포트를 왼쪽 방향으로 드래그하여 회전해요.

02 다시 종이컵을 연결하기 위해 빌딩 팔레트의 [Minifigure Accessories]-[Minifigure, Untensil]에서 그림과 같은 블록을 선택하여 3개를 연결한 다음 색을 칠해요.

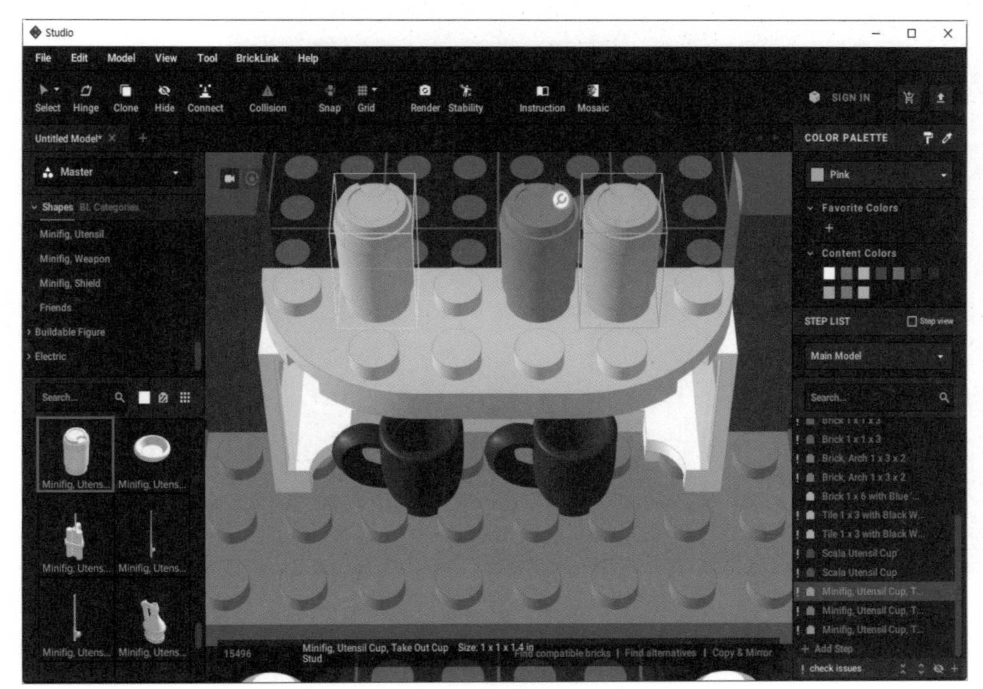

05 입간판을 만들어요.

01 입간판을 만들기 위해 빌딩 팔레트의 [Brick]에서 그림과 같은 [1×2×5] 블록을 선택하여 연결한 후, [힌지]( ) 도구로 회전해요.

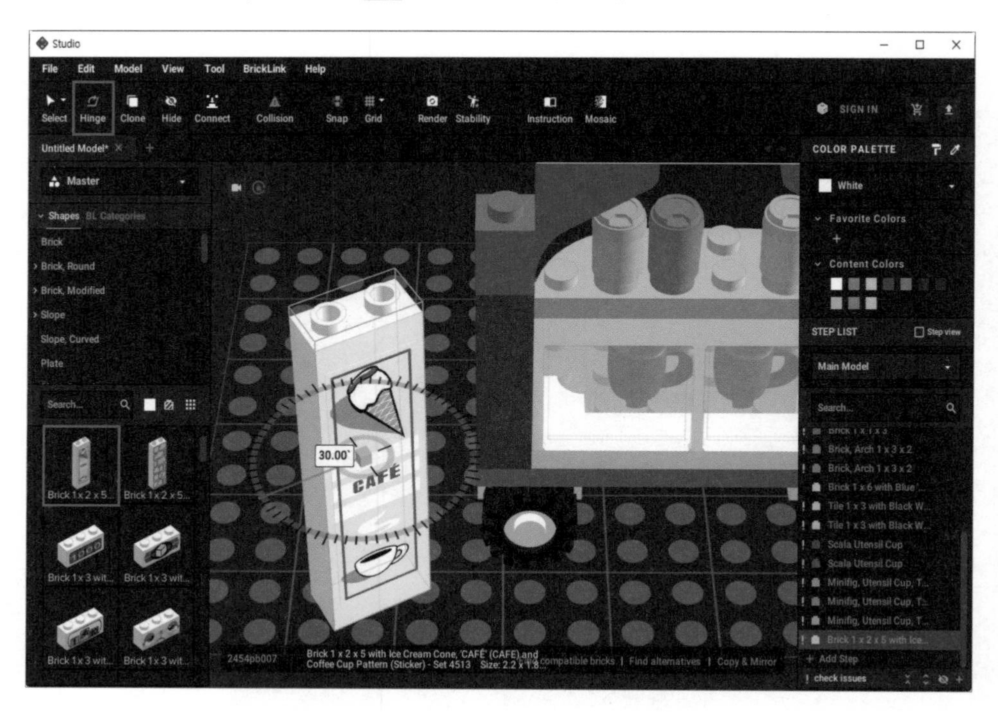

02 마지막으로 빌딩 팔레트의 [Tile]에서 그림과 같은 [1×2] 블록을 선택하여 화면과 같은 위치에 연결해요.

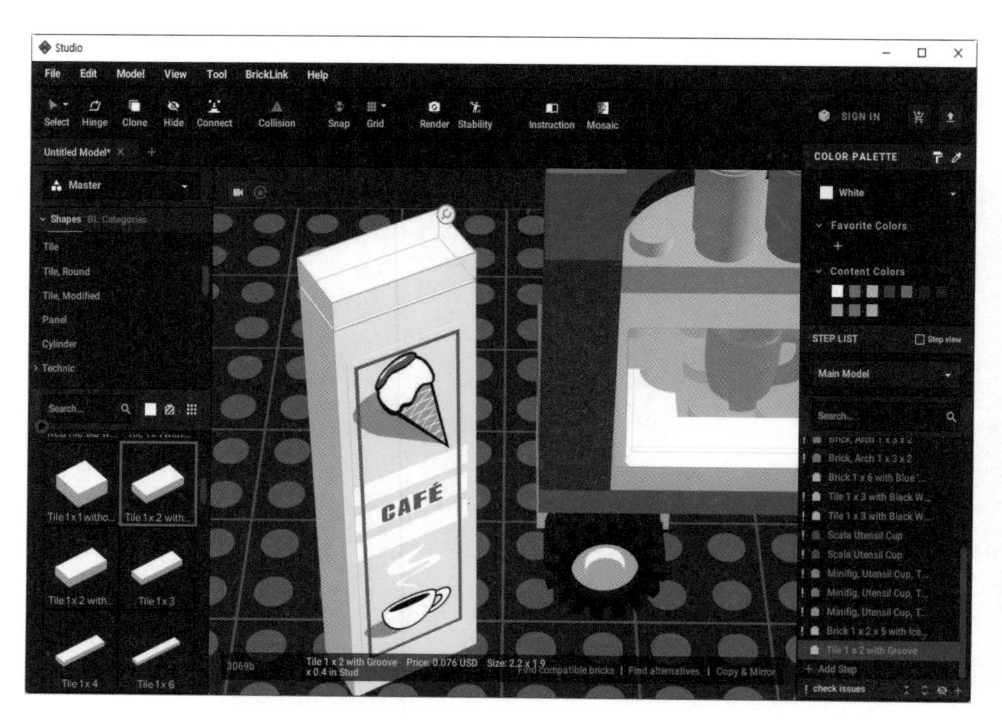

만들어봄

① 블록을 연결하여 아이스크림 카페와 간판을 만들어요.

② 블록을 연결하여 음료수 자판기를 만들어요.

티켓박스 영화관

영화관에 있는 티켓박스를 만들기 위해 뷰포트를 회전하여 블록을 연결하고, 스냅 기능을 끄고 계산기와 영화 티켓을 진열해요.

학습 목표

- 스냅 기능을 끄고 블록을 연결하는 방법에 대해 알아봅니다.
- 카메라를 회전하여 블록을 연결하는 방법에 대해 알아봅니다.

01 영화관을 만들어요.

01 영화관을 만들기 위해 빌딩 팔레트의 [Brick, Round]에서 그림과 같은 블록을 선택하여 화면과 같은 위치에 연결한 다음 색을 칠해요.

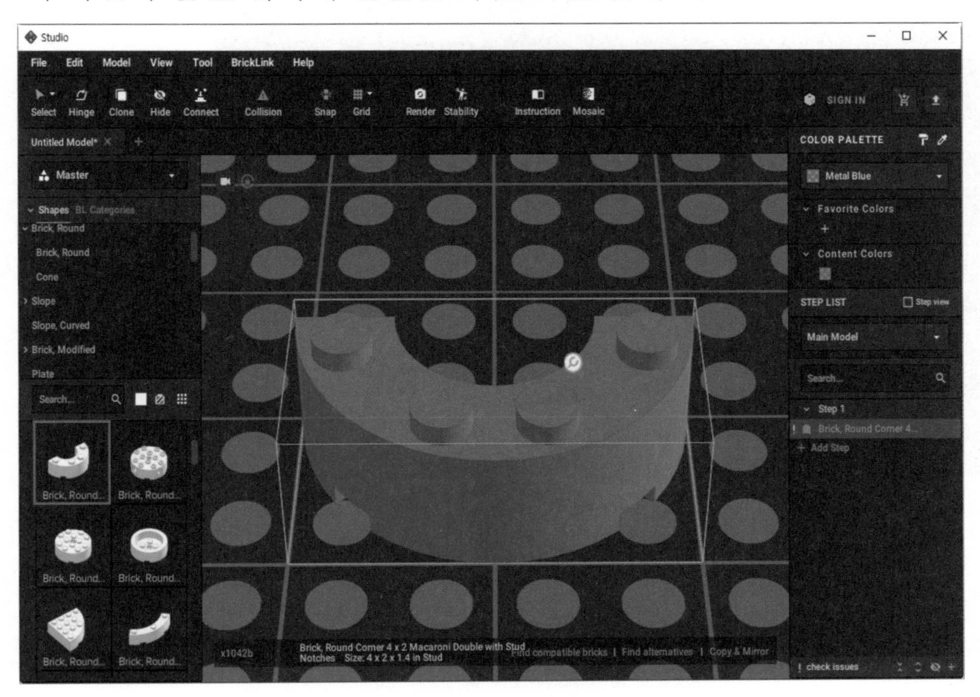

02 이어서 같은 블록을 선택하여 키보드의 ▶ 방향키를 2번 눌러 회전한 후, 화면과 같은 위치에 연결한 다음 색을 칠해요.

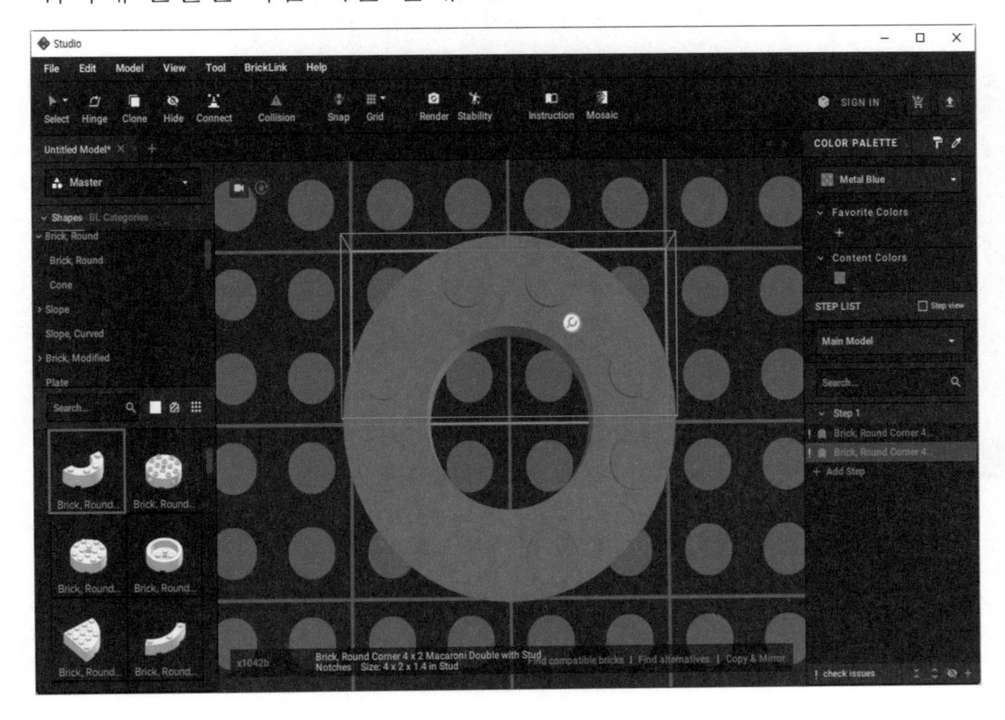

Tip

마우스 오른쪽 버튼을 누르고 뷰포트를 아래쪽 방향으로 드래그한 다음 블록을 연결해요.

03 위와 같은 방법으로 블록을 2단으로 연결한 다음 색을 칠해요.

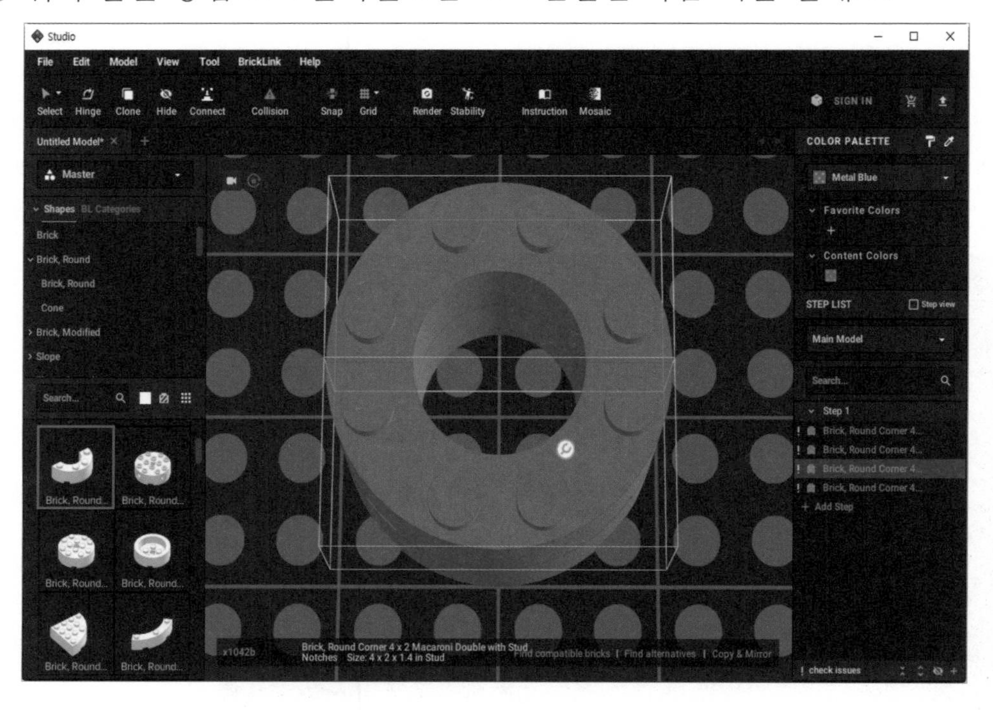

04 다시 빌딩 팔레트의 [Plate]에서 그림과 같은 [4×4] 블록을 선택하여 화면과 같은 위치에 연결한 다음 색을 칠해요.

Tip

마우스 오른쪽 버튼을 누르고 위쪽 방향으로 드래그한 다음 블록을 연결해요.

02 티켓박스를 만들어요.

01 티켓박스를 만들기 위해 빌딩 팔레트의 [Functional]-[String Reel/ Winch]에서 그림과 같은 블록을 선택하여 화면과 같은 위치에 연결해요.

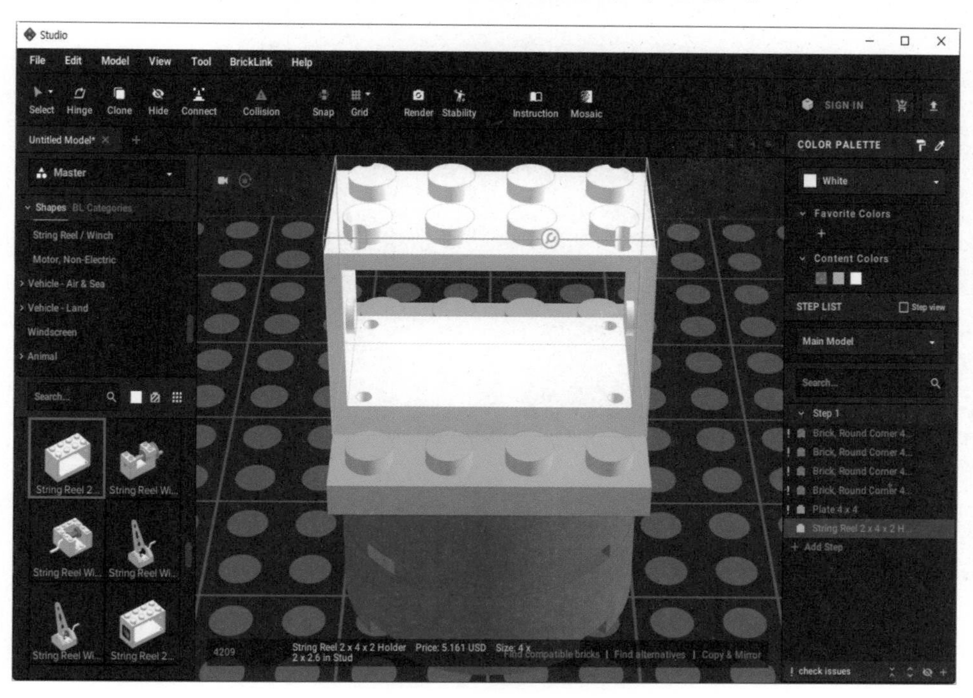

02 다시 빌딩 팔레트의 [Panel]에서 그림과 같은 블록을 선택하여 화면과 같은 위치에 연결해요.

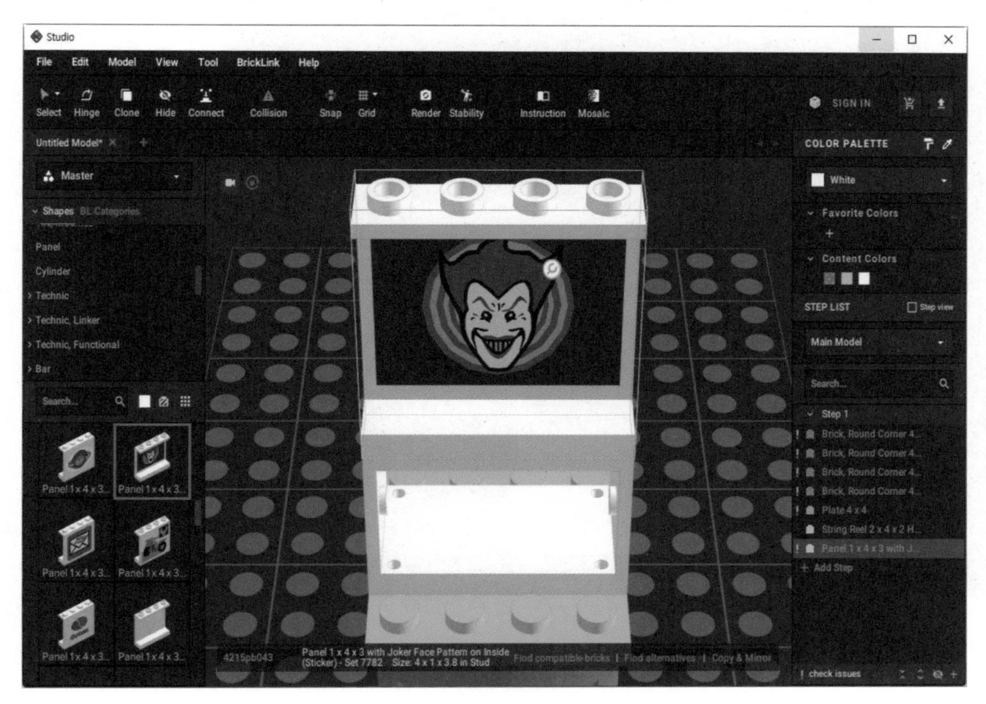

03 조명 블록을 연결하기 위해 빌딩 팔레트의 [Plate, Modified]에서 그림과 같은 블록을 선택하여 화면과 같은 위치에 2개를 연결한 다음 컬러 팔레트에서 [검/흰]-[Metallic Silver] 색을 칠해요.

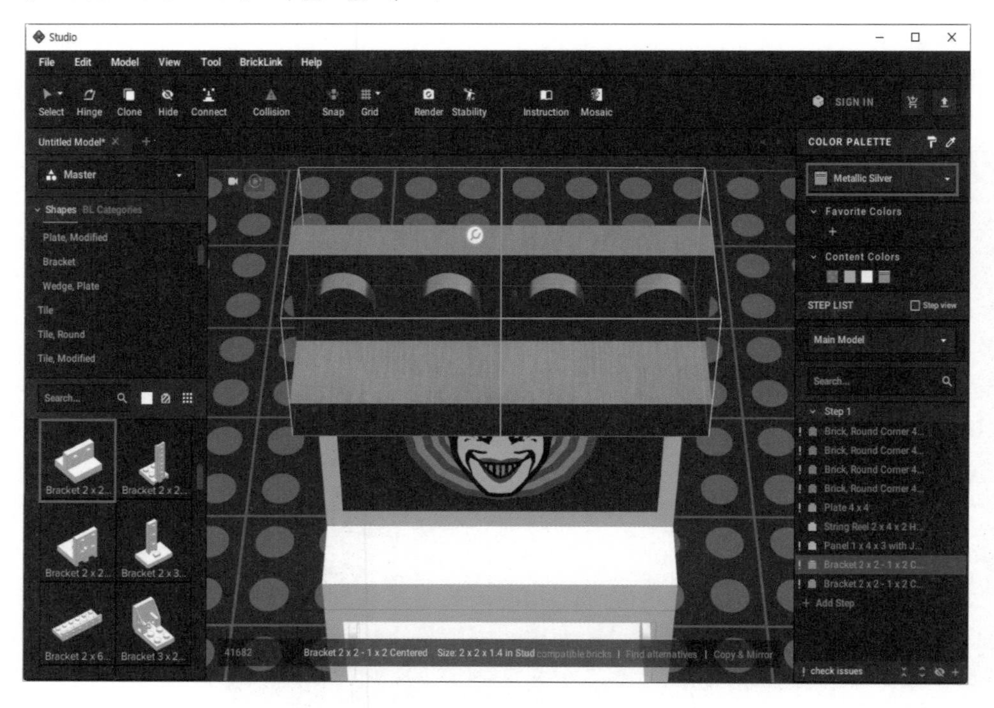

04 다시 빌딩 팔레트의 [Plate, Round]에서 그림과 같은 블록을 선택하여 키보드의 ▼ 방향키를 눌러 회전한 후, 화면과 같은 위치에 2개를 연결한 다음 색을 칠해요.

03 스냅 기능을 꺼요.

01 티켓 블록을 연결하기 위해 빌딩 팔레트의 [Tile]에서 그림과 같은 블록을 선택하여 키보드의 ▼ 방향키를 눌러 회전한 후, 화면과 같은 위치에 연결해요.

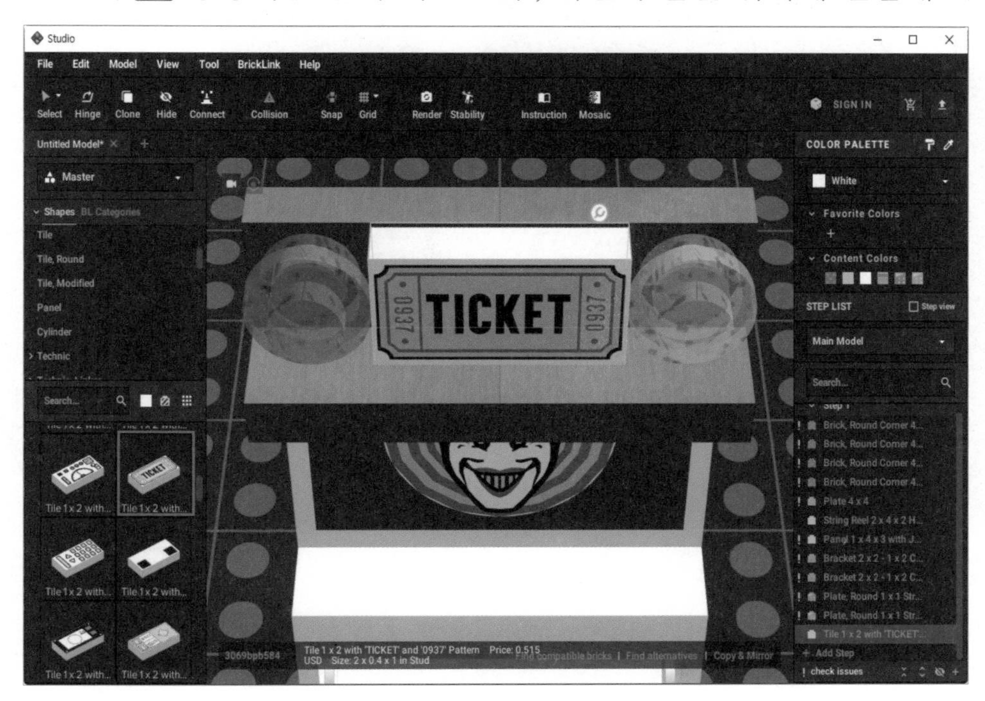

02 티켓을 연결하기 위해 빌딩 도구에서 [스냅]( ) 아이콘을 클릭하여 스냅 기능을 꺼요. 다시 그림과 같은 블록을 선택하여 키보드의 ▼ 방향키를 눌러 회전한 후, 연결해요.

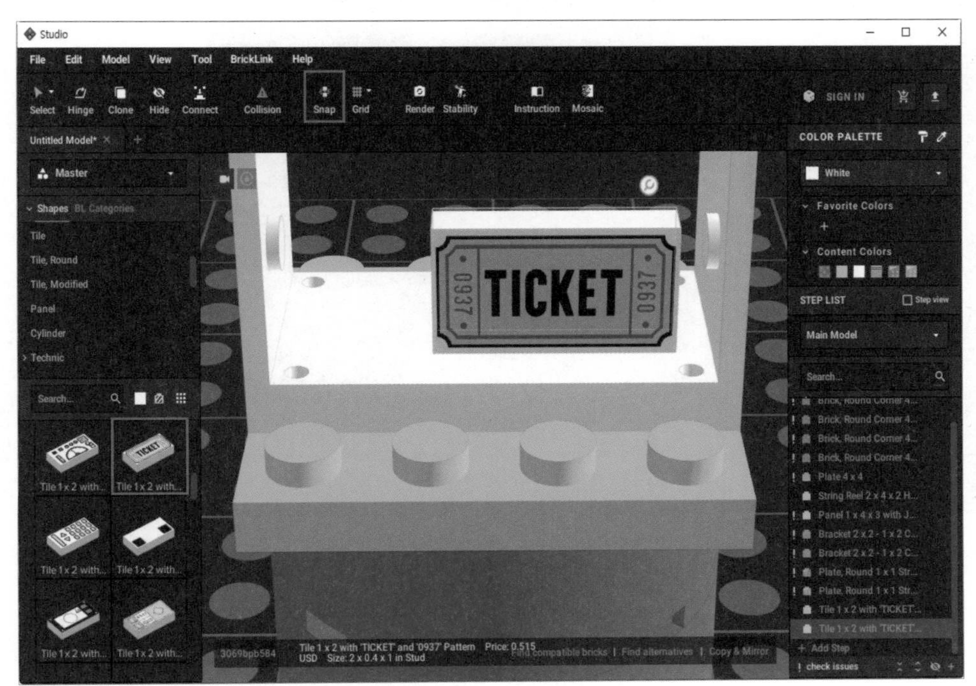

03 이어서 티켓을 회전하기 위해 빌딩 도구에서 [힌지]( ) 아이콘을 클릭하여 화면과 같은 위치로 회전해요.

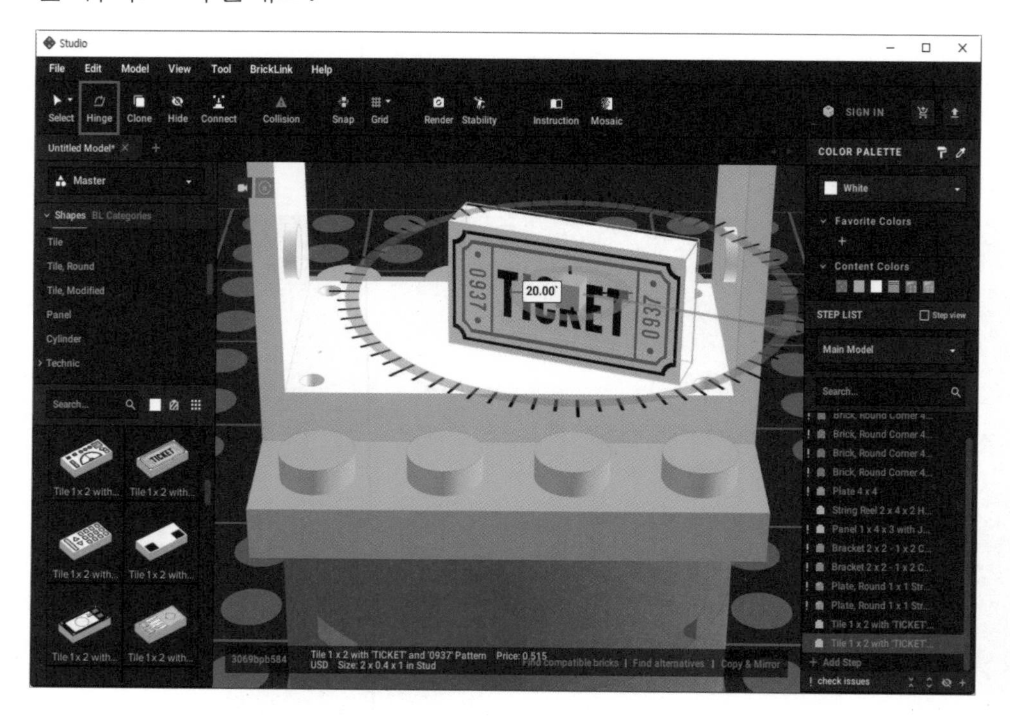

Tip

블록 회전이 끝나면 다시 [선택]( ) 아이콘을 클릭해요.

04 카드 단말기를 연결하기 위해 [Slope]에서 그림과 같은 블록을 선택하여 화면과 같은 위치에 연결해요.

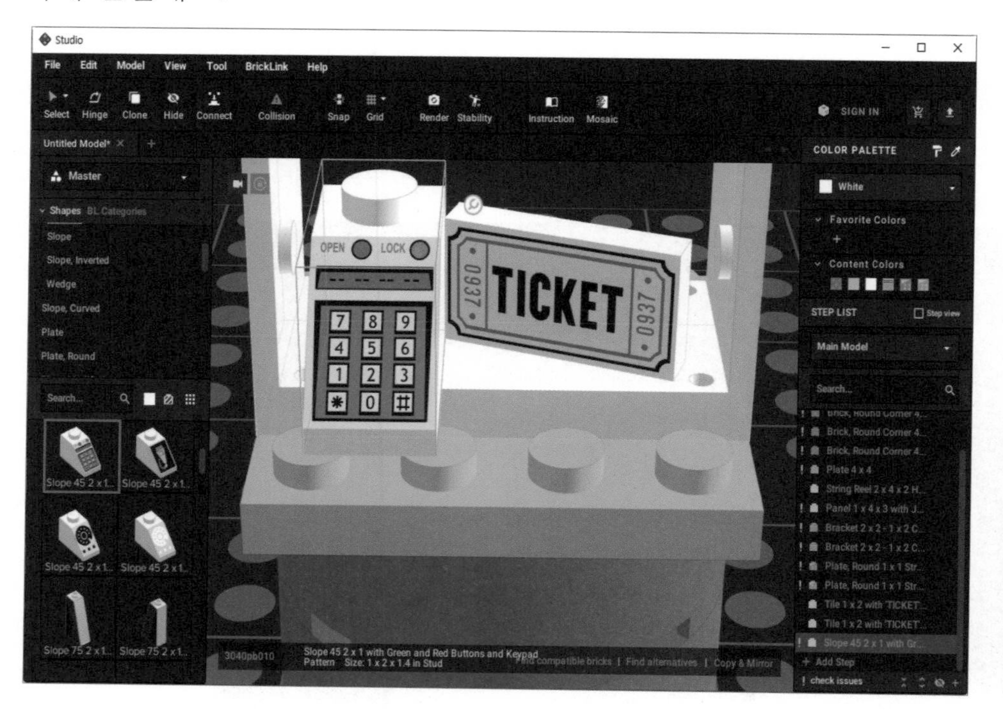

Tip

돌기가 없는 블록에 연결이 끝나면 다시 [스냅]( ) 아이콘을 클릭해서 스냅 기능을 켜요.

04 영화관을 완성해요.

01 영화관을 완성하기 위해 다시 [스냅]( ) 아이콘을 클릭하여 스냅 기능을 켠 다음 빌딩 팔레트의 [Brick, Round]에서 그림과 같은 블록을 선택하여 왼쪽에 6개, 오른쪽에 5개를 연결해요.

02 지붕을 연결하기 위해 빌딩 팔레트의 [Slope]에서 그림과 같은 블록을 선택하여 화면과 같은 위치에 연결한 다음 색을 칠해요.

03 다시 같은 블록을 선택하여 키보드의 ▶ 방향키를 눌러 회전한 후, 화면과 같은 위치에 연결한 다음 위와 같은 색을 칠해요.

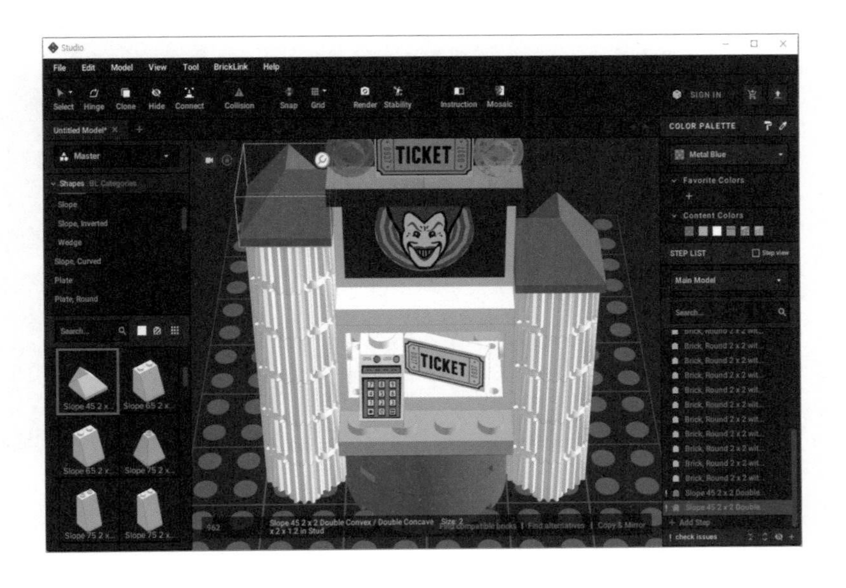

만들어봄

① 스냅 기능을 이용해 영화 상영관을 만들어요.

② 스냅 기능을 이용해 컴퓨터 책상을 만들어요.

22 놀이터로 모여라

놀이터를 만들기 위해 뷰포트를 축소하고, 완성된 파일을 가져와 놀이터를 꾸며요.

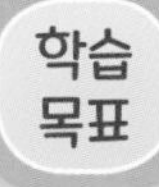

학습 목표

- 카메라를 축소하는 방법에 대해 알아봅니다.
- 파일을 가져오는 방법에 대해 알아봅니다.

미리 보기

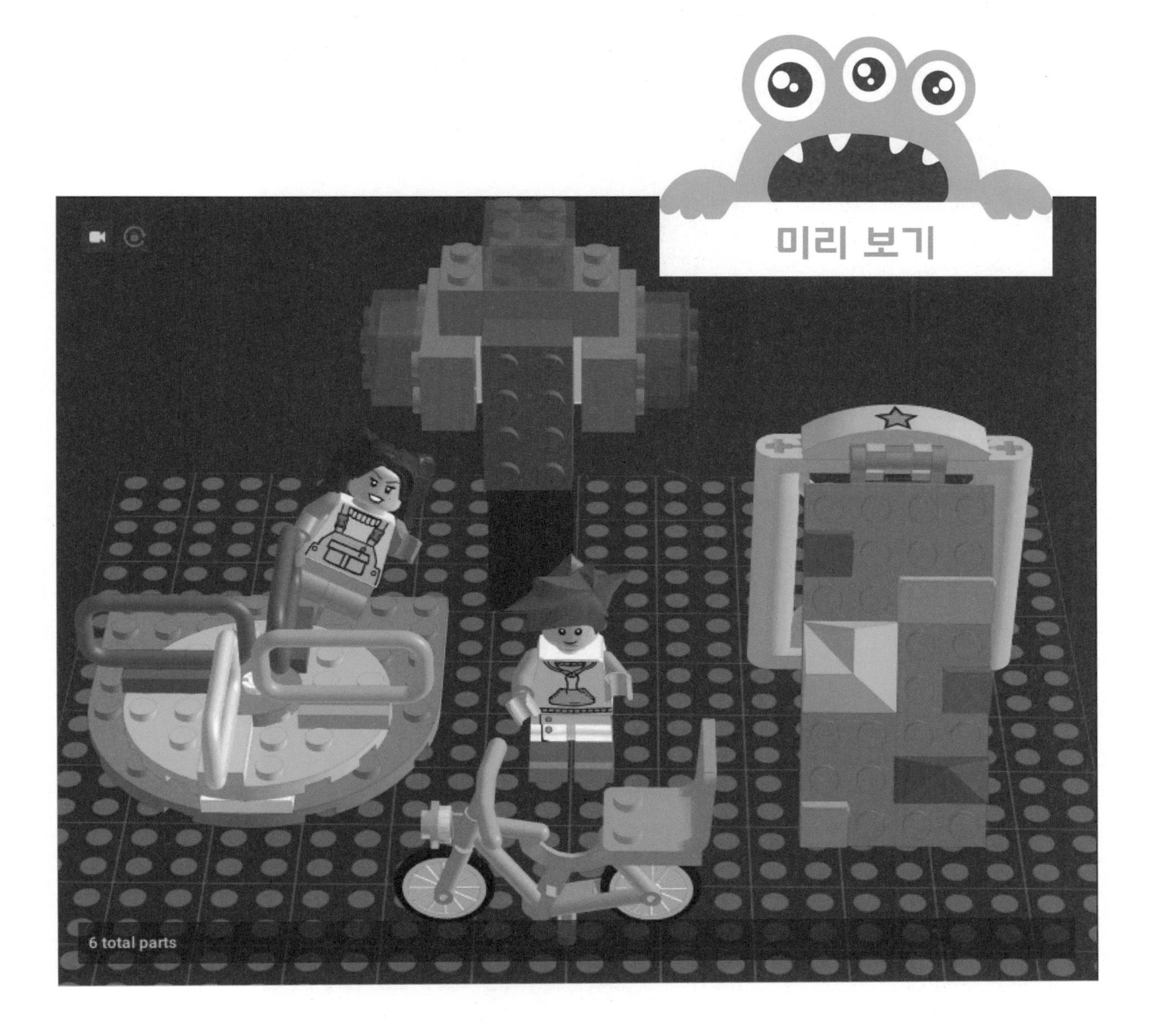

01 놀이기구 가져오기

01 여러 파일을 가져오기 위해 [마우스 휠]을 아래로 여러 번 움직여 그림과 같이 카메라를 축소해요.

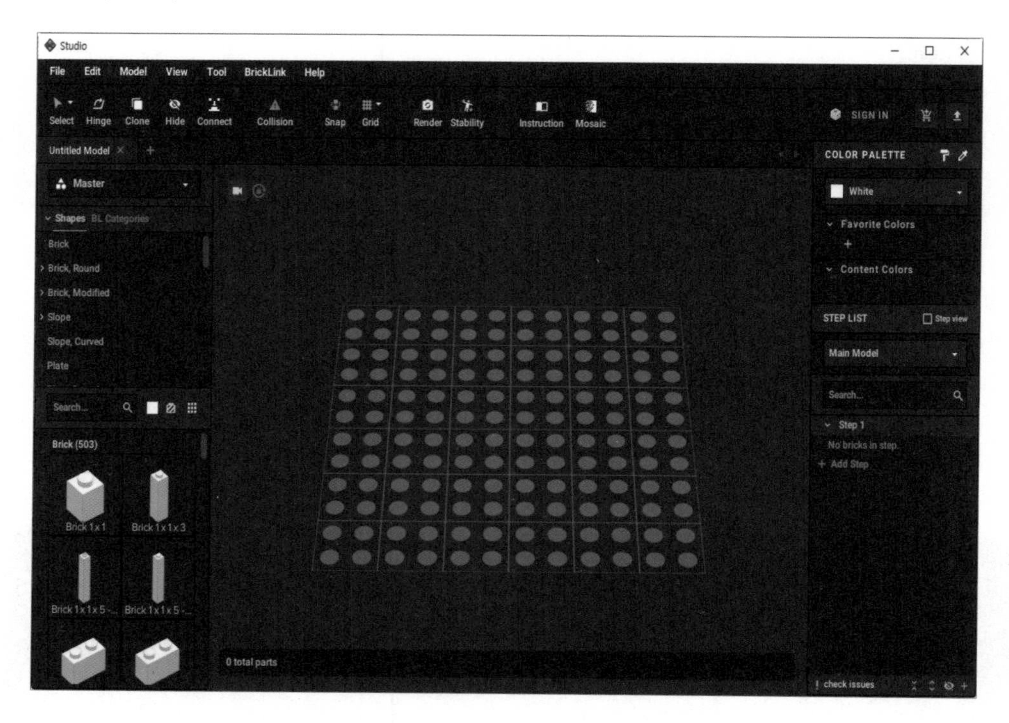

02 놀이기구를 가져오기 위해 메뉴의 [File]-[Import]-[Import Model]을 클릭해요.

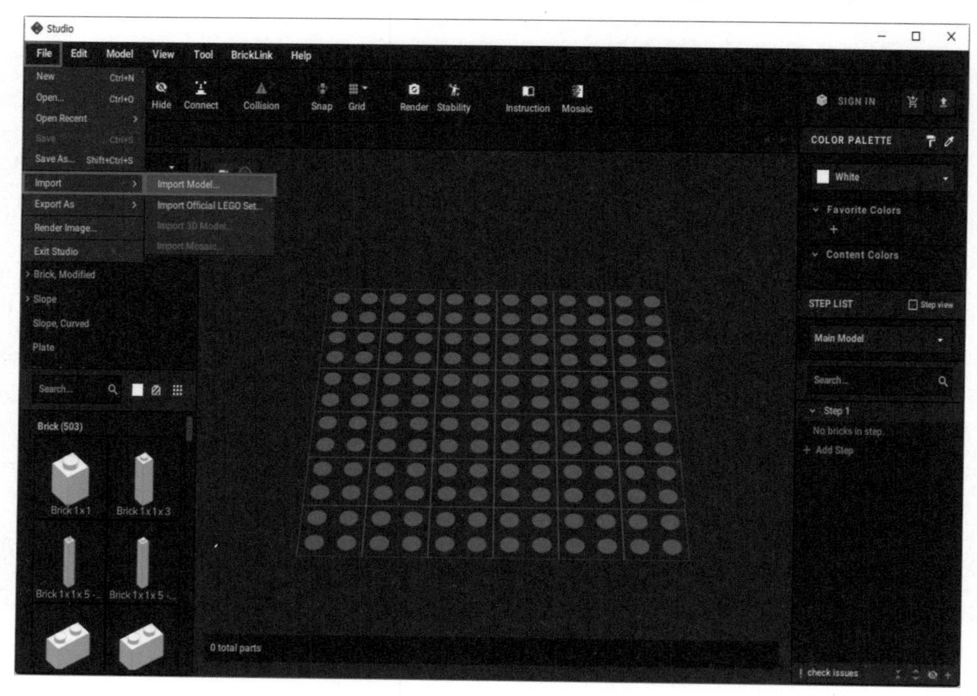

03 [파일 열기] 창이 나타나면 파일이 저장된 위치를 선택한 후, [22강_회전놀이기구(예제)]를 선택한 다음 [열기] 단추를 클릭해요.

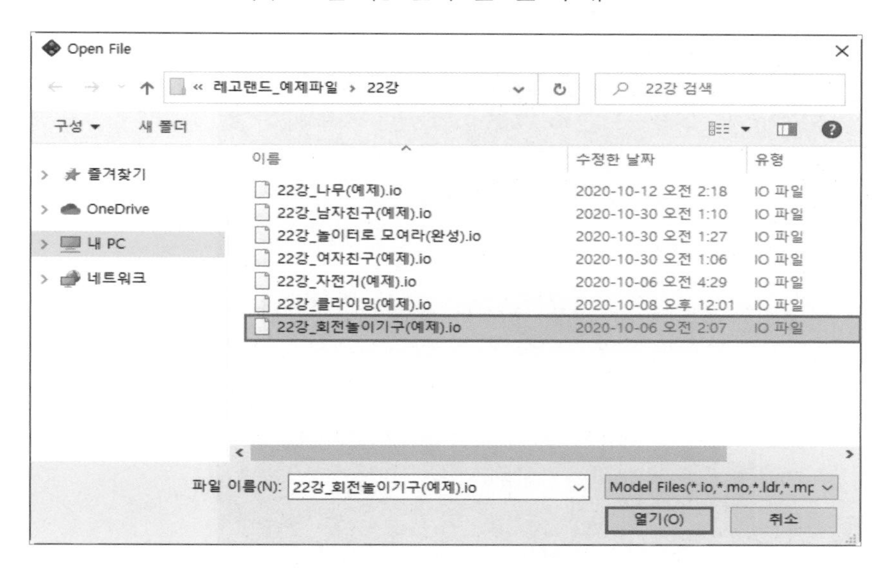

04 회전 놀이기구가 나타나면 화면과 같은 위치로 이동해요.

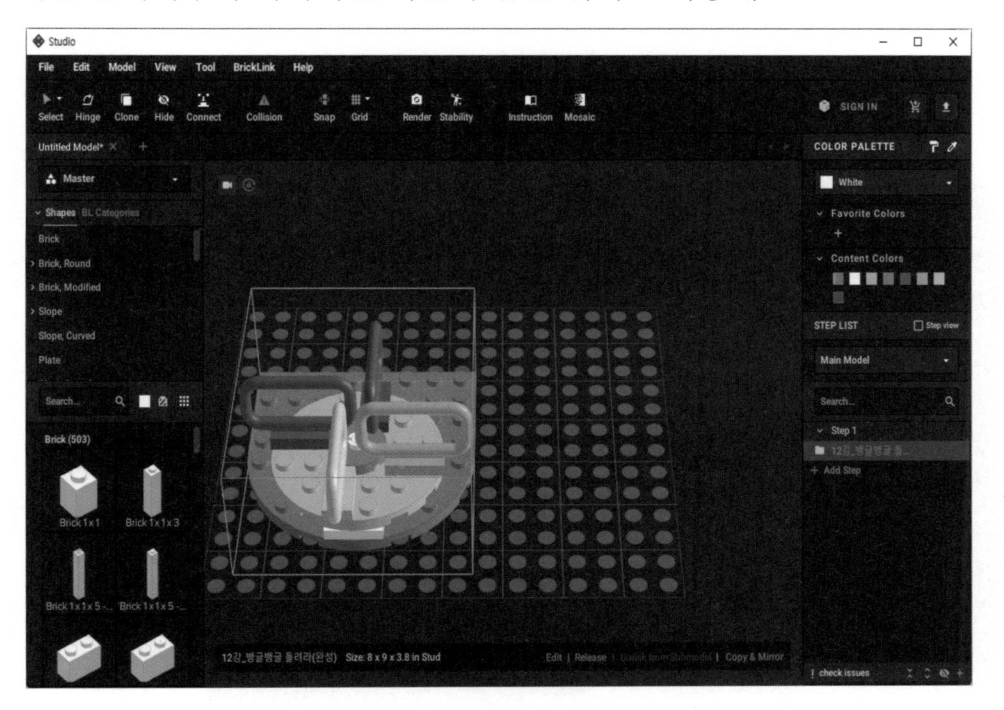

TIP

- 키보드의 Ctrl + + 키를 눌러 카메라를 확대해요.
- 키보드의 Ctrl + - 키를 눌러 카메라를 축소해요.

05 위와 같은 방법으로 저장된 [22강_클라이밍(예제)] 파일을 가져온 후, 화면과 같은 위치로 이동해요.

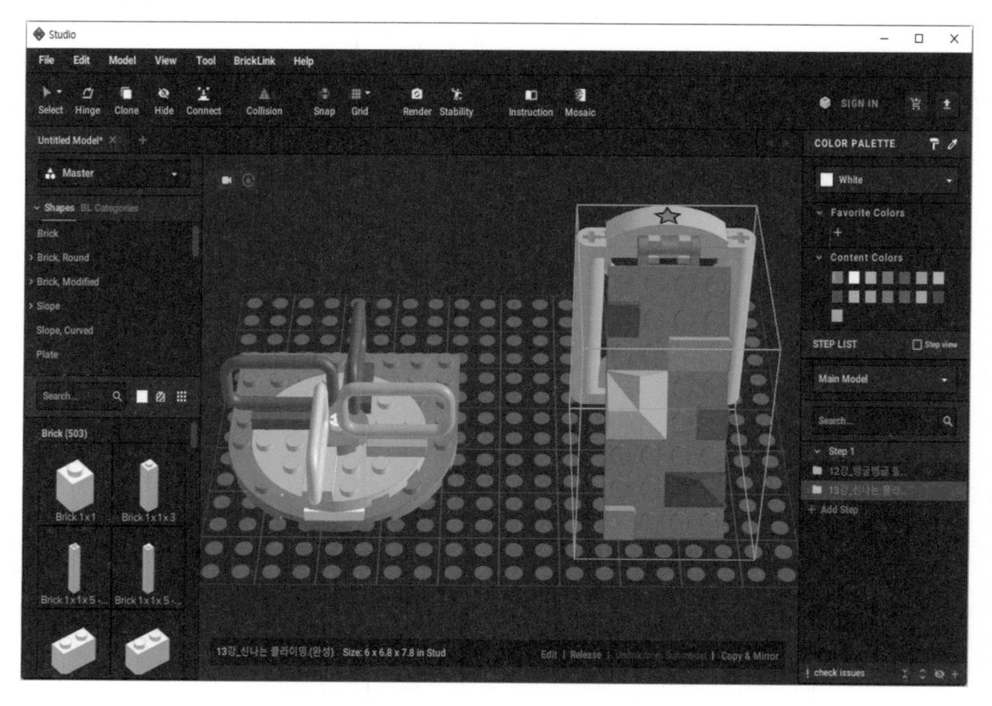

06 마지막으로 자전거, 나무, 남자친구, 여자친구 파일을 가져와 놀이터를 완성해요.

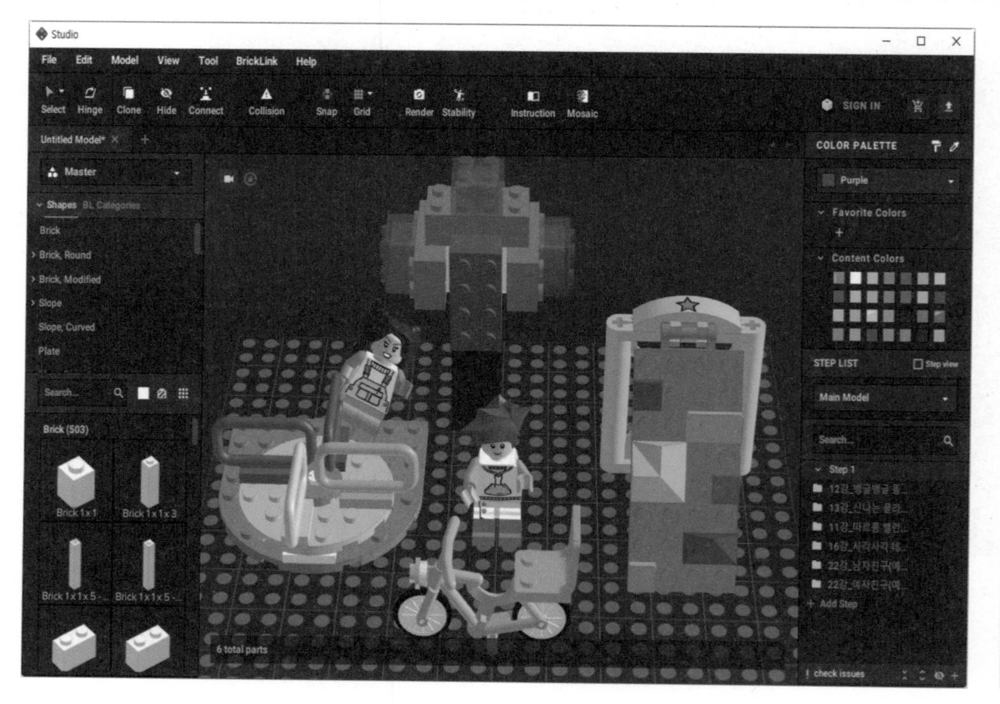

만들어봄

① 파일을 가져와 아쿠아리움을 만들어요.

② 파일을 가져와 카페 놀이를 만들어요.

23 알콩달콩 커플 사진

완성된 놀이터 파일을 배경색이 멋진 실사 이미지로 렌더링 하여 알콩달콩 커플 사진을 만들어요.

학습 목표

- 파일을 렌더링하는 방법에 대해 알아봅니다.
- 배경색을 변경하는 방법에 대해 알아봅니다.

미리 보기

01 실사 이미지를 만들어요.

01 커플 사진을 사실적인 이미지로 만들기 위해 메뉴의 [File]-[Open]을 클릭해요.

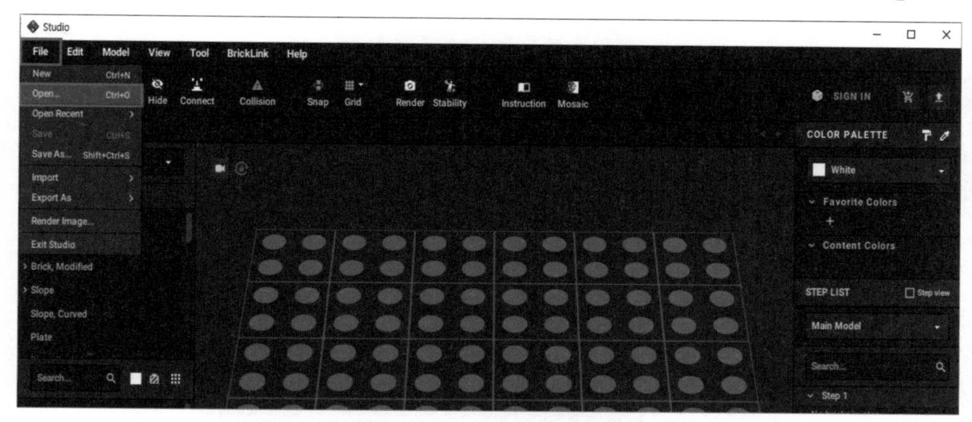

02 [파일 열기] 창이 나타나면 파일이 저장된 위치를 선택한 후, [23강_커플사진(예제)]를 선택한 다음 [열기] 단추를 클릭해요.

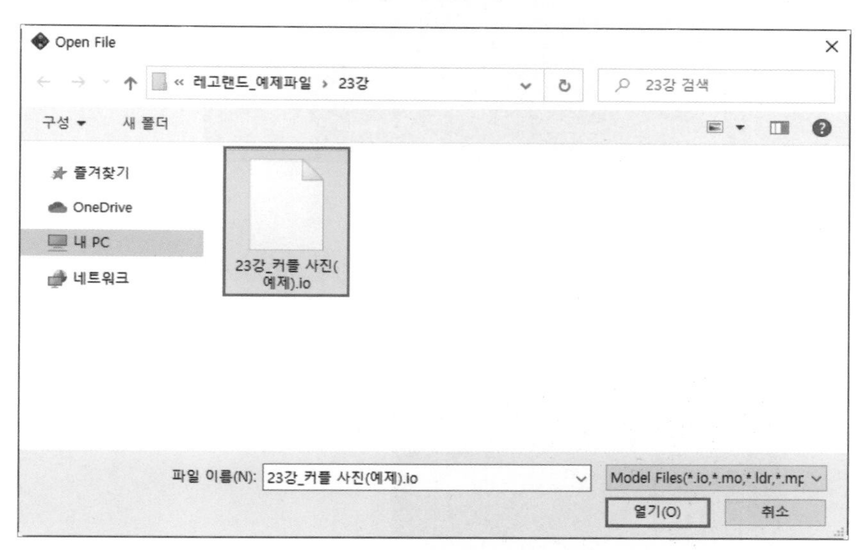

03 그림과 같이 파일이 나타나면 빌딩 도구에서 [렌더]( ) 아이콘을 클릭해요.

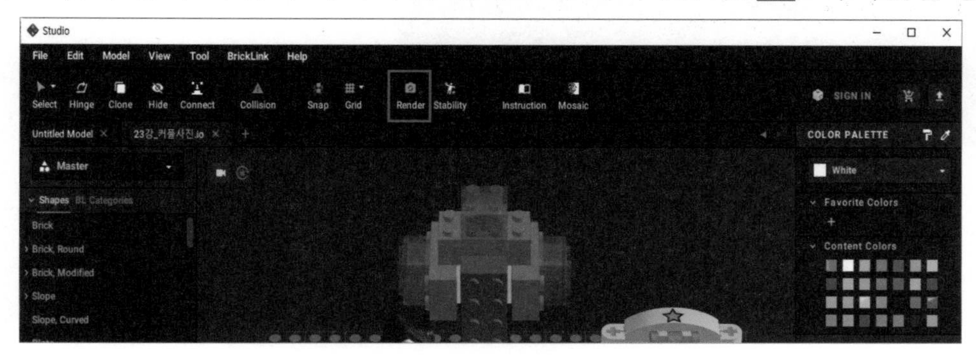

02 배경색을 변경해요.

01 이미지의 배경색을 변경하기 위해 [PHOTOREAL] 탭을 클릭한 다음 [Color]를 클릭해요.

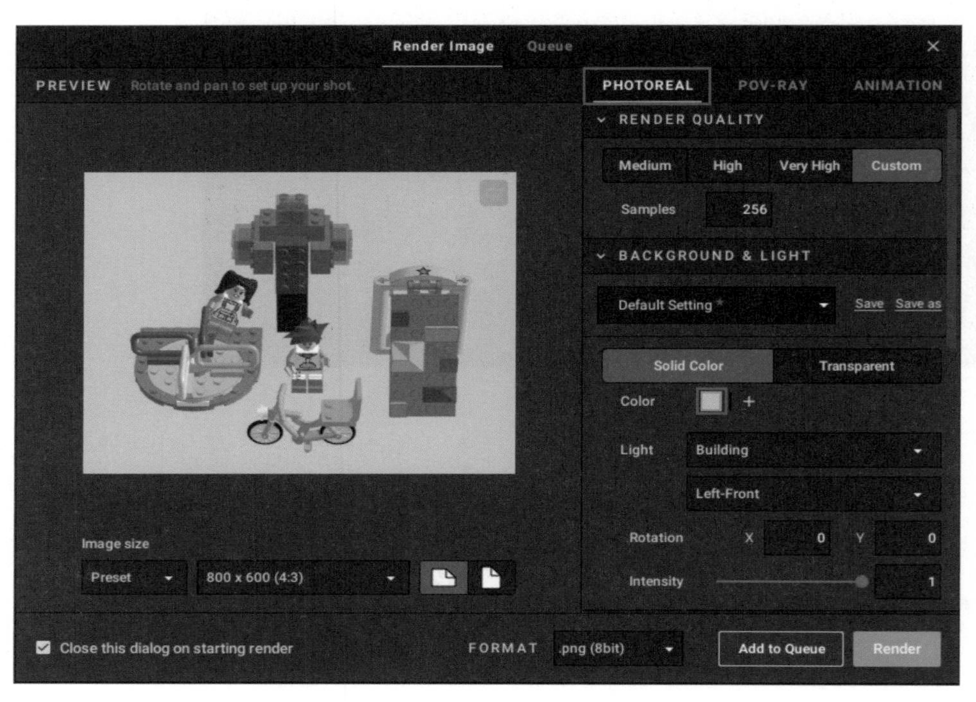

02 그림과 같이 색상 패널이 나타나면 [색상 선택 상자]에서 배경색을 선택한 다음 [Okay] 단추를 클릭합니다.

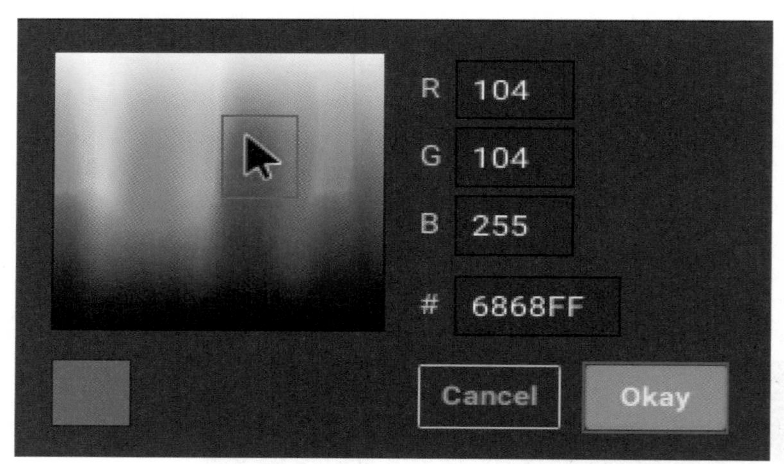

Tip

색상 패널에서 색상 값을 직접 입력하여 배경색을 선택할 수도 있어요.

03 커플 사진을 렌더링해요.

01 이미지를 렌더링하기 위해 화면 하단의 [Render] 단추를 클릭해요.

02 [파일 저장] 창이 나타나면 파일 이름은 '커플 사진'으로 입력한 후, [저장] 단추를 클릭해요.

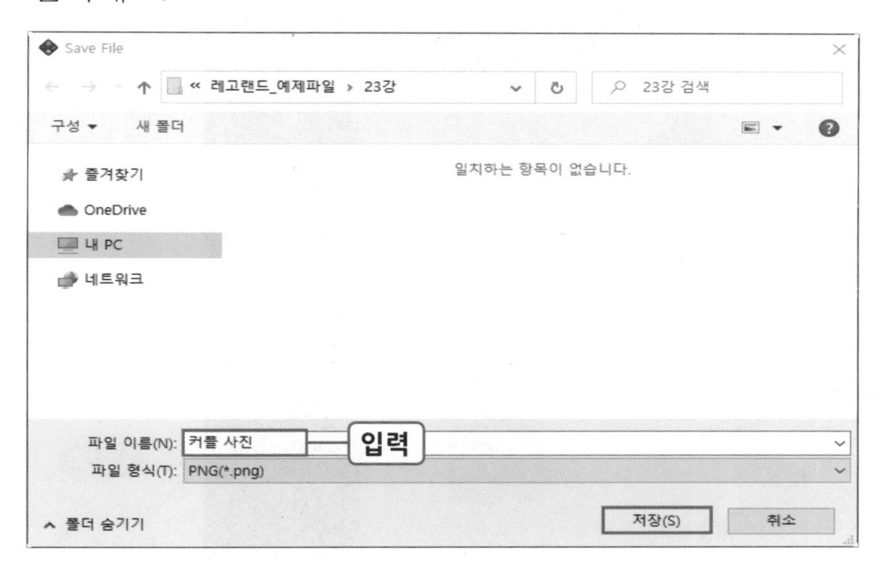

03 그림과 같이 렌더링 프로그램이 자동으로 실행되는 것을 확인할 수 있어요.

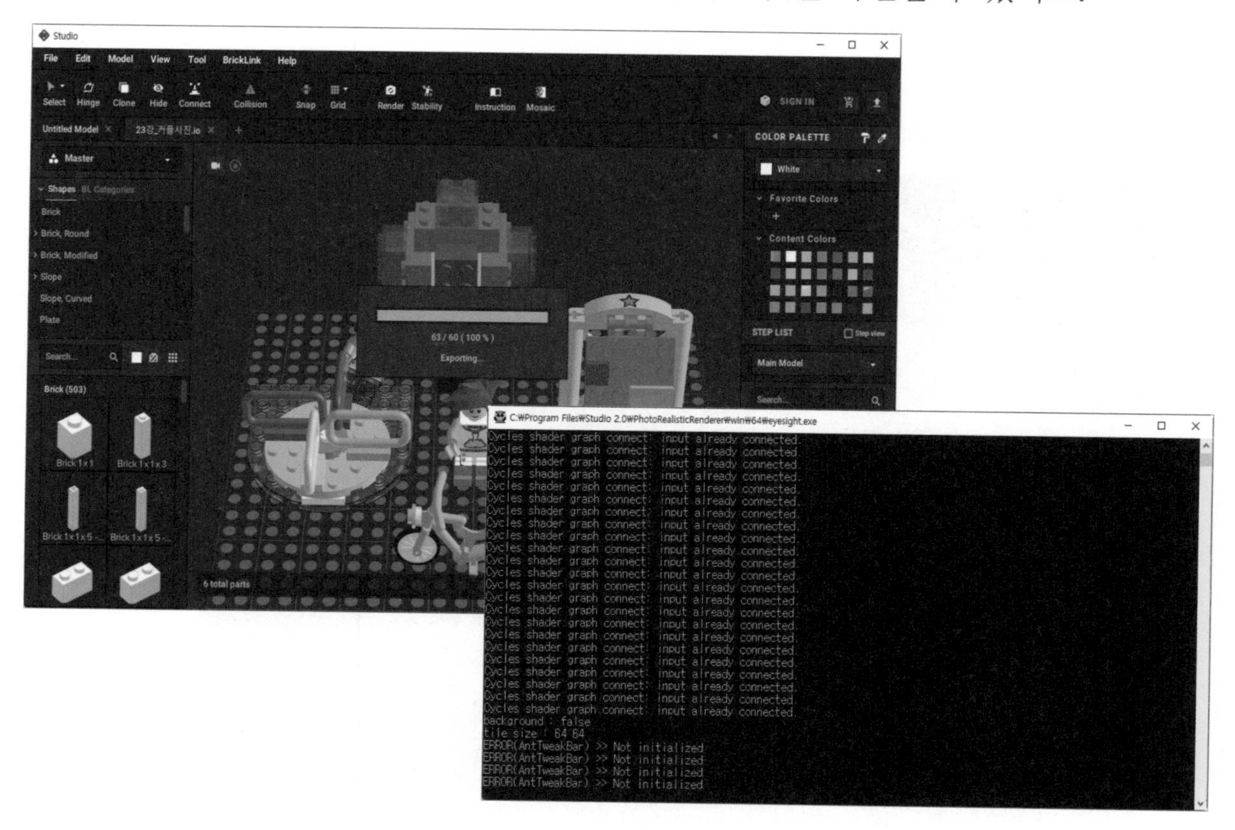

04 [렌더러] 창이 나타나면 그림과 같이 렌더링이 진행되는 것을 확인할 수 있어요.

Tip

렌더링 진행이 100%가 되면 프로그램이 자동으로 종료돼요.

04 이미지 파일을 확인해요.

01 렌더링이 끝나면 그림과 같이 이미지 파일을 확인할 수 있어요.

Tip
인쇄 아이콘을 클릭하여 이미지를 사진으로 인쇄할 수도 있어요.

02 커플 사진 파일이 저장된 위치를 선택하여 커플 사진 이미지 파일을 확인해요.

만들어봄

① 아쿠아리움을 렌더링하여 실사 이미지를 만들어요.

② 카페 놀이를 렌더링하여 실사 이미지를 만들어요.

조립 설명서 만들기

레고 작품을 만드는 방법을 공유하기 위해 부품 설명서와 컬러 가이드를 만들고, PDF 파일로 저장하여 조립 설명서를 완성해요.

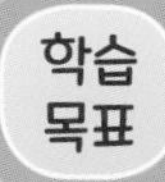

학습 목표

- 컬러 가이드를 만드는 방법에 대해 알아봅니다.
- PDF 파일로 저장하는 방법에 대해 알아봅니다.

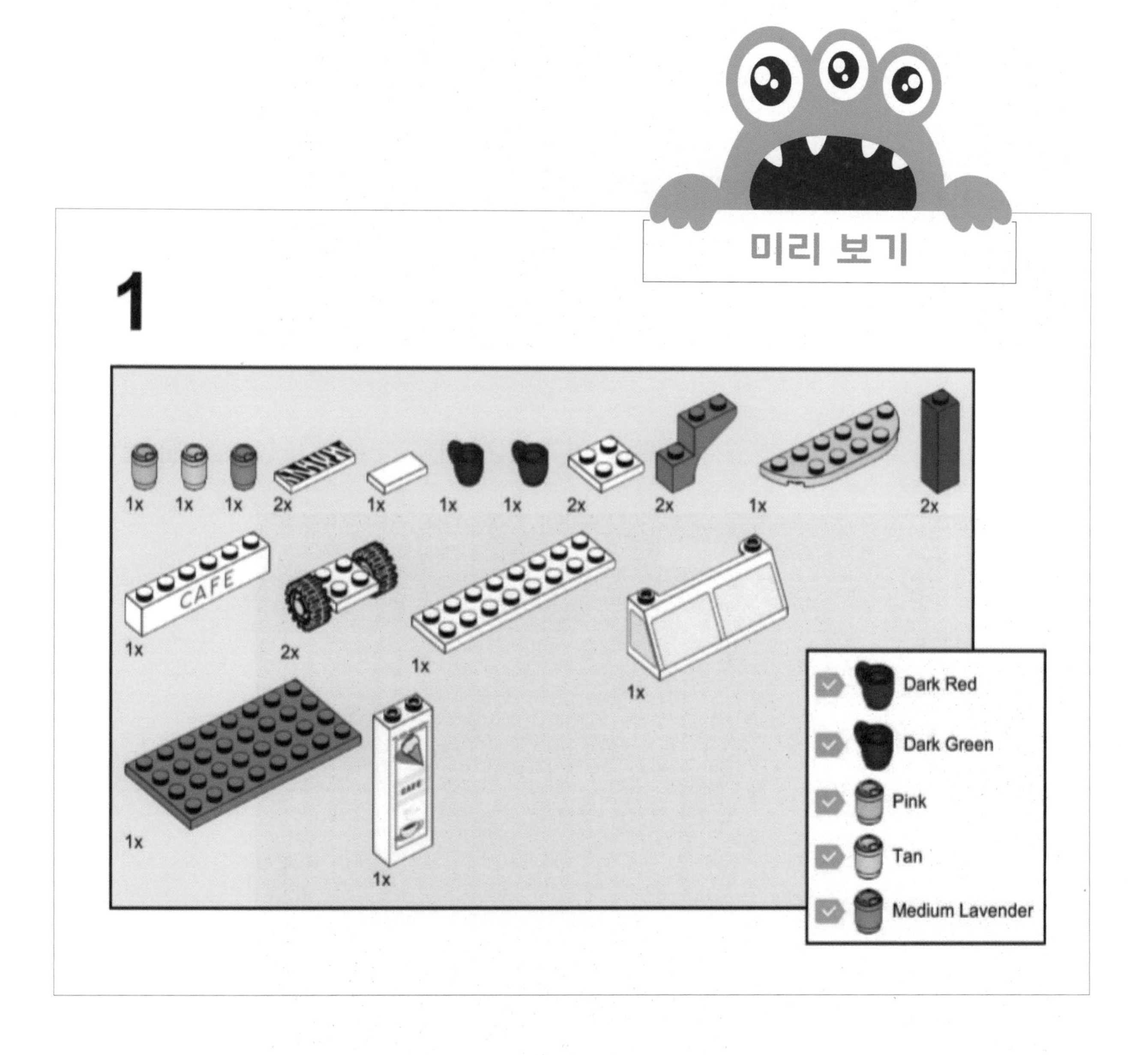

01 조립 설명서를 만들어요.

01 조립 설명서를 만들기 위해 빌딩 도구에서 [설명서]( ) 아이콘을 클릭한 다음 그림과 같은 창이 나타나면 [Ok, proceed] 단추를 클릭해요.

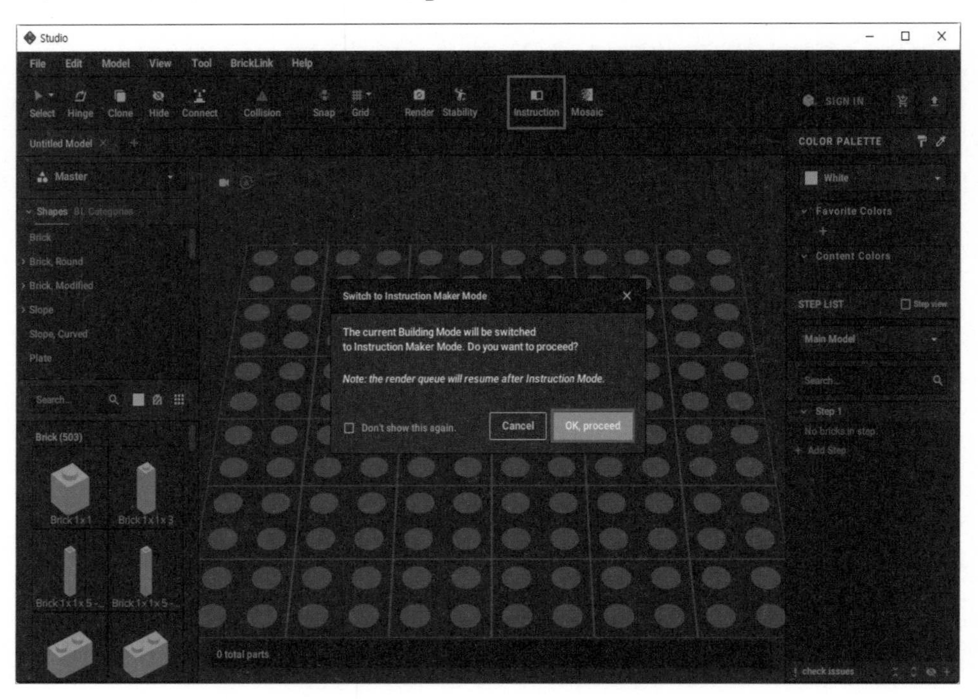

02 편집 화면이 나타나면 편집할 파일을 열기 위해 메뉴의 [File]-[Open]을 클릭해요.

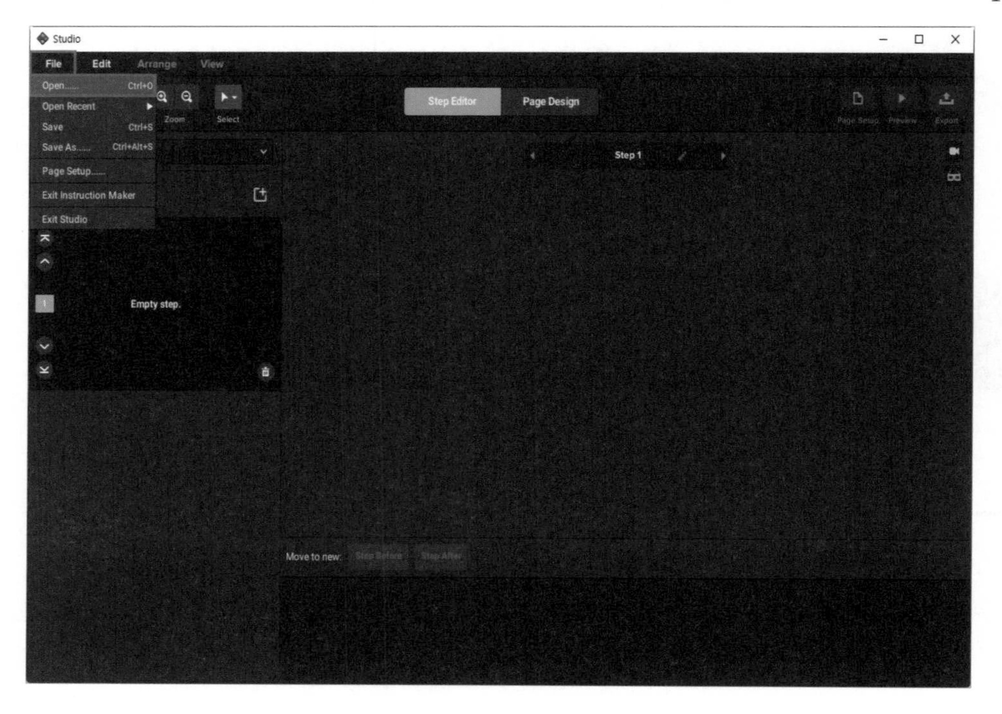

03 [파일 열기] 창이 나타나면 파일이 저장된 위치를 선택한 후, [24강_조립설명서(예제).io] 파일을 선택한 다음 [열기] 단추를 클릭해요.

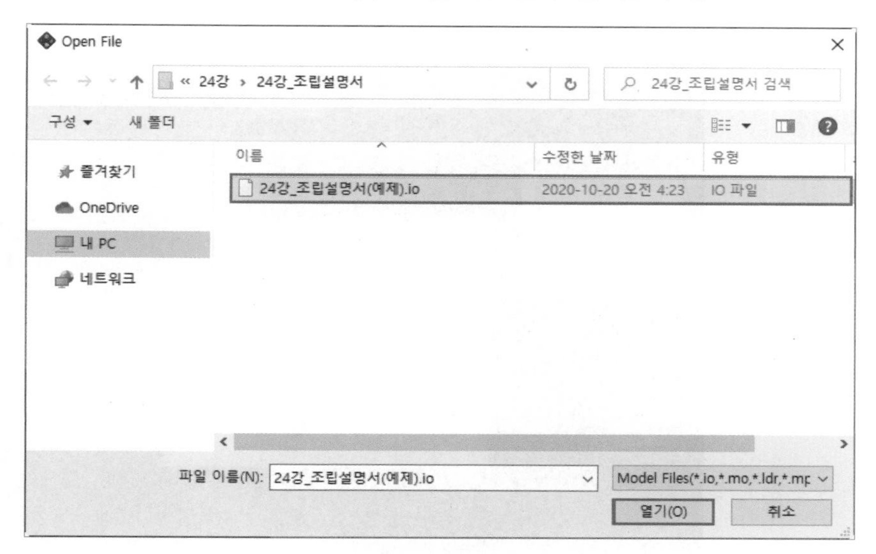

04 편집 파일이 나타나면 화면 상단의 [Page Design] 모드를 클릭해요.

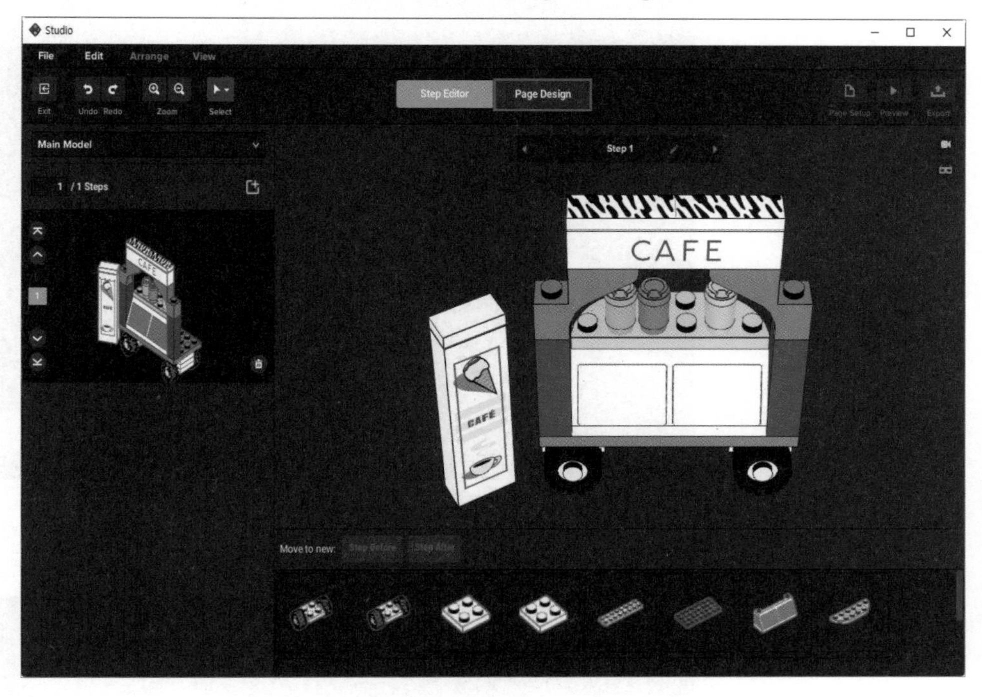

Tip

편집 화면 하단의 스크롤바를 움직여 조립에 사용된 블록을 살펴 볼 수 있어요.

02 컬러 가이드를 만들어요.

01 조립 설명서에 컬러 가이드를 삽입하기 위해 [삽입](+) 단추를 클릭한 다음 [Color Guide]를 클릭해요.

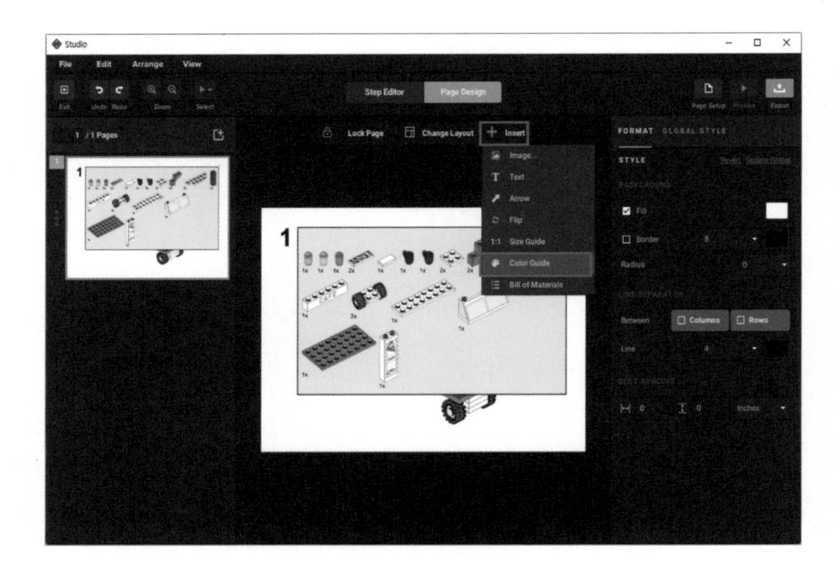

02 [컬러 가이드 만들기] 창이 나타나면 [스크롤바]를 아래로 움직여 머그컵 2개와 종이컵 3개를 선택한 다음 [Create] 단추를 클릭해요.

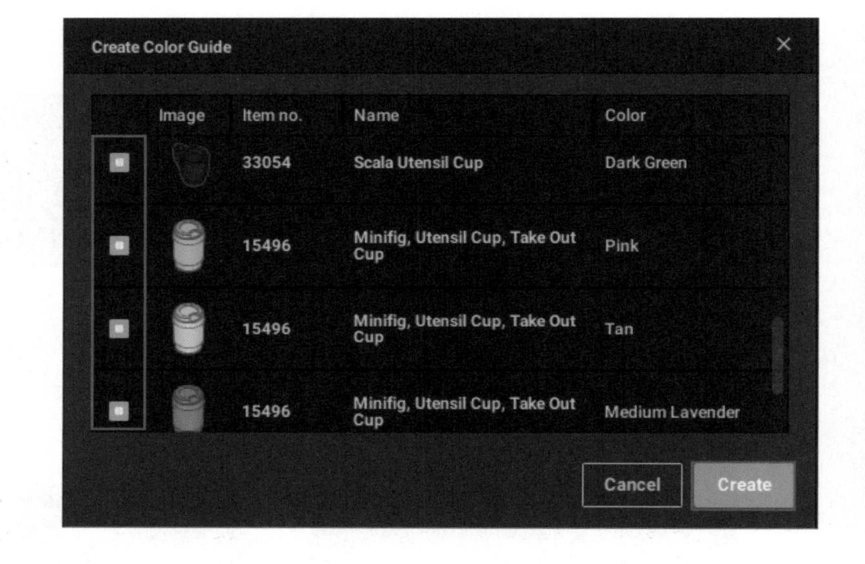

03 컬러 가이드가 삽입되면 조립설명서를 선택한 후, 드래그하여 화면과 같은 위치로 이동해요.

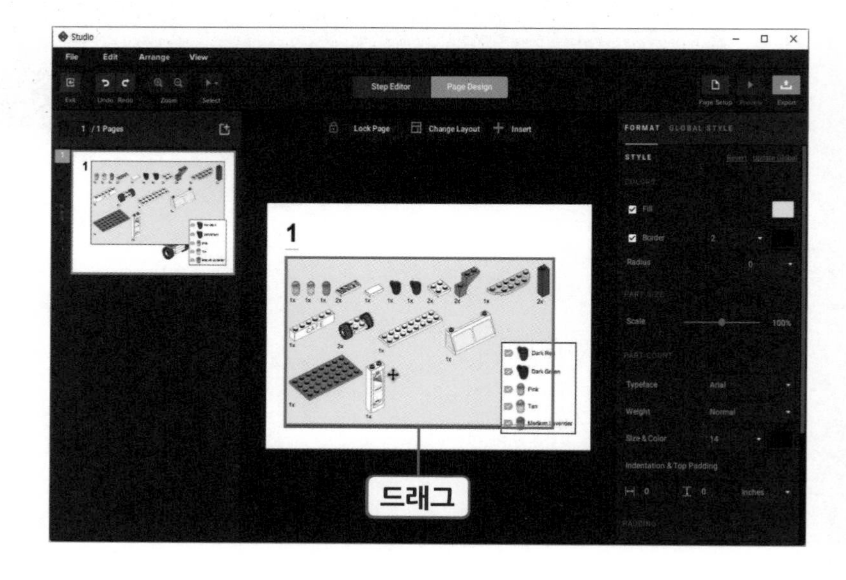

03 부품설명서를 만들어요.

01 부품설명서를 만들기 위해 [새 페이지]( ) 아이콘을 클릭해요.

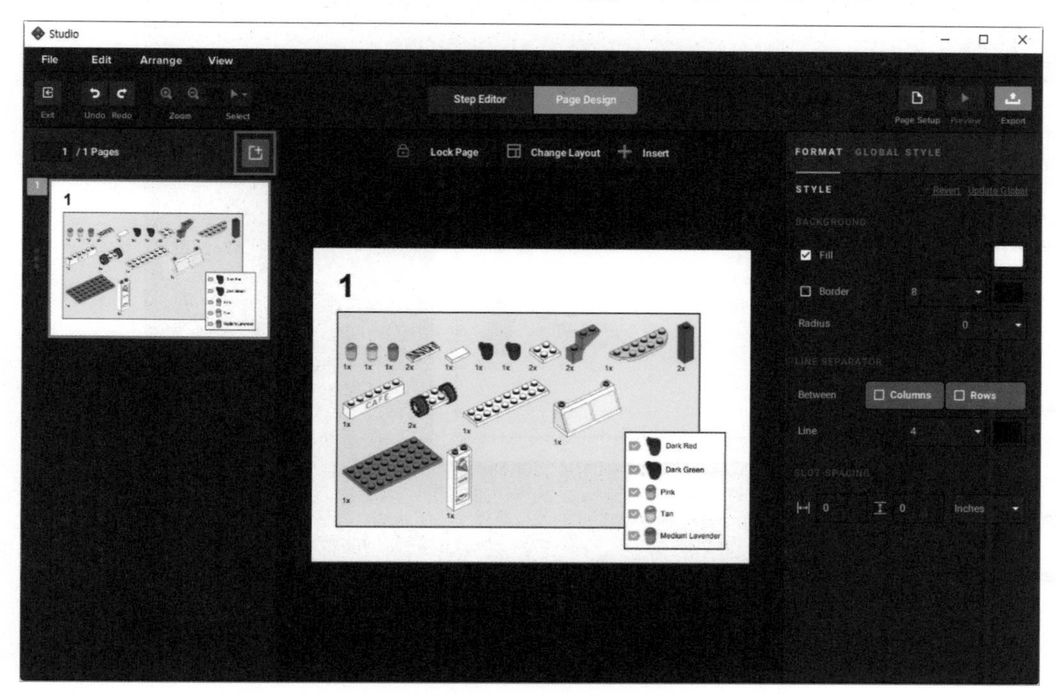

02 새 페이지가 나타나면 [삽입]( ) 단추를 클릭한 다음 [Bill of Materials]를 클릭해요.

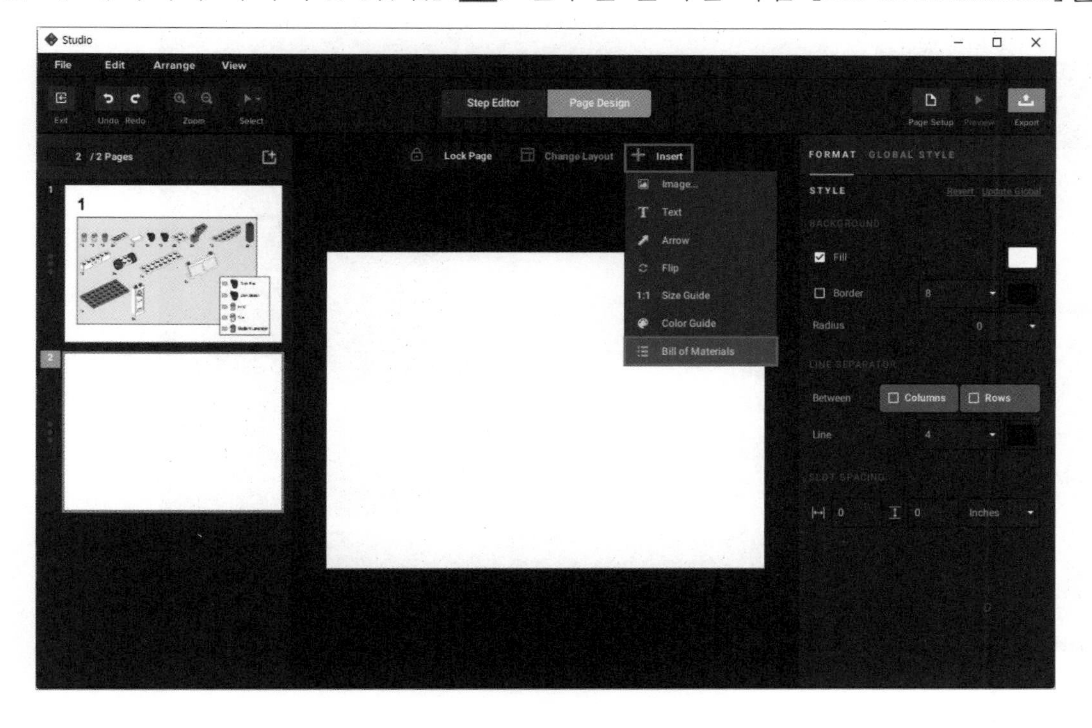

03 블록을 크게 보기 위해 삽입된 부품설명서를 클릭한 다음 [Scale] 슬라이더를 드래그하여 [130%]로 확대해요.

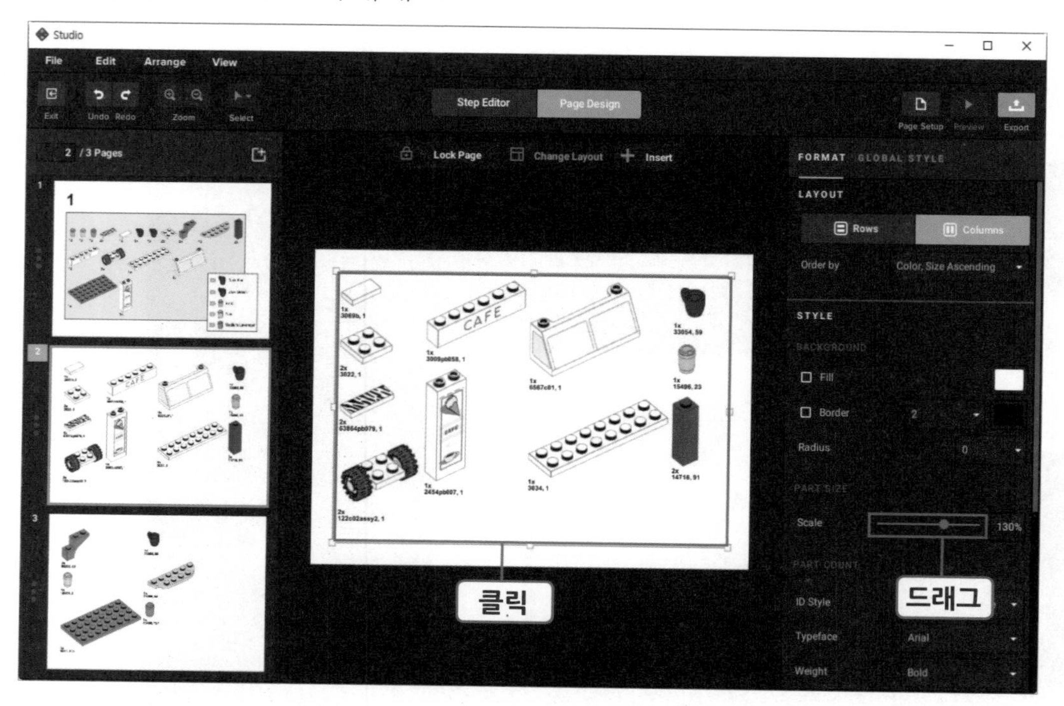

04 다시 부품설명서의 배경 색을 바꾸기 위해 [Fill]-[색상표] 단추를 클릭한 다음 [색상 선택 상자]에서 색을 선택해요.

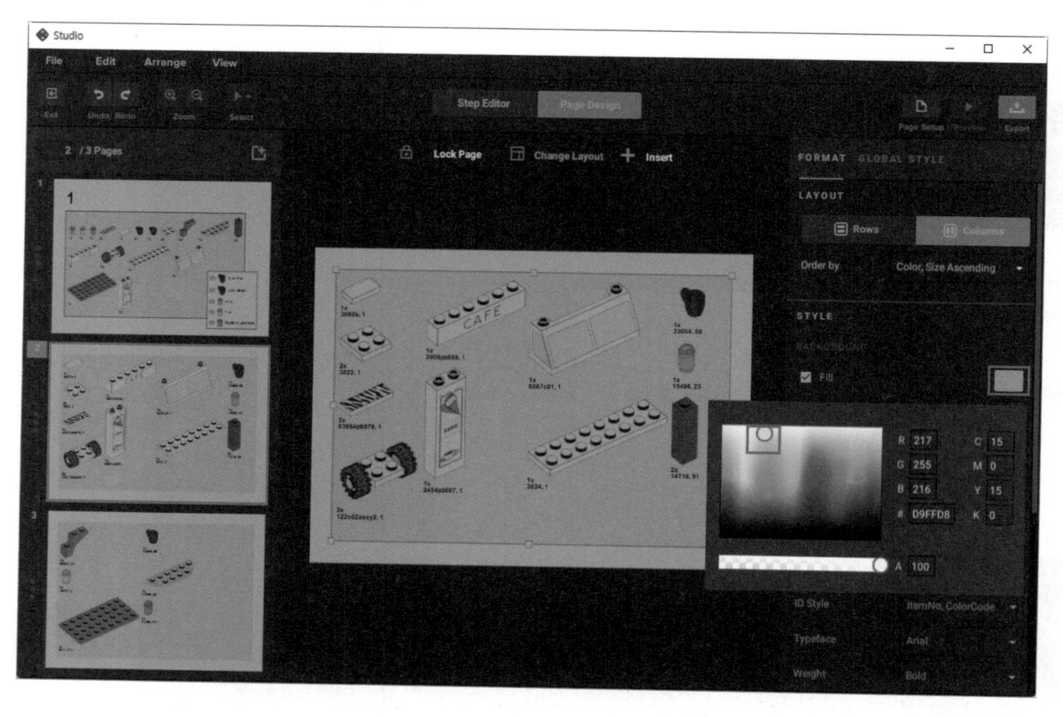

04 조립 설명서를 PDF 파일로 만들어요.

01 완성된 조립 설명서를 PDF 파일로 만들기 위해 오른쪽 상단의 [내보내기]( ) 단추를 클릭한 다음 [내보내기] 창이 나타나면 [페이지]-[All], [포맷]-[pdf], [사이즈]-[**1×**]를 선택한 다음 [다른 이름으로 저장하기]에서 [폴더]( )를 클릭해요.

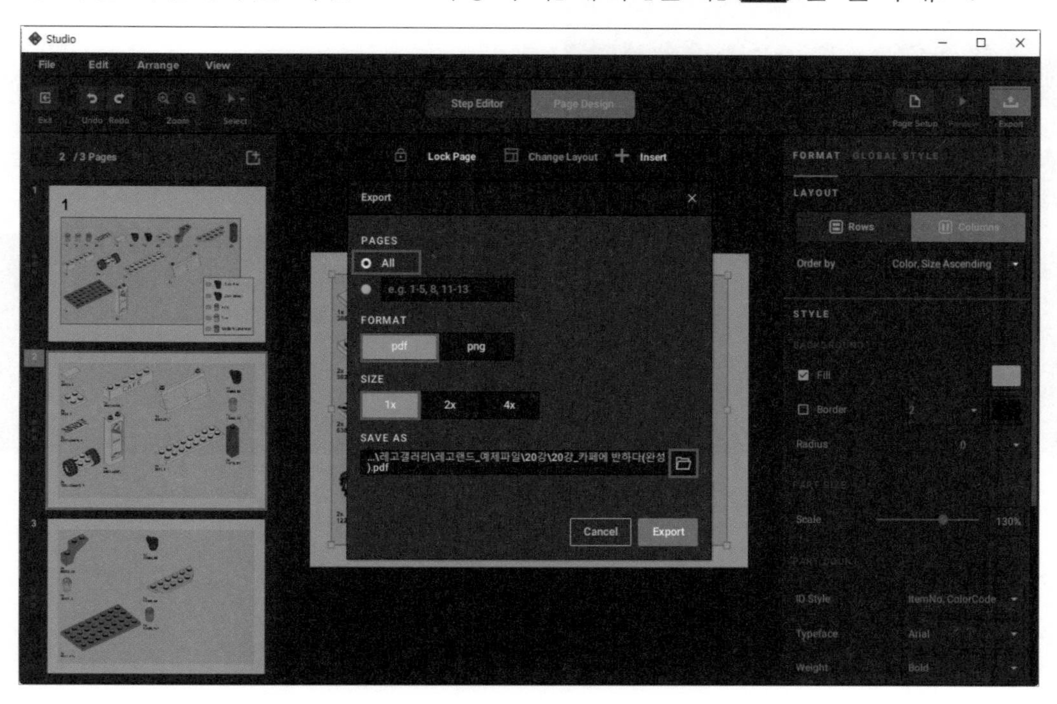

02 그림과 같이 [파일 저장] 창이 나타나면 저장할 위치를 선택한 다음 파일 이름은 '조립 설명서' 라고 입력한 후, [저장] 단추를 클릭해요.

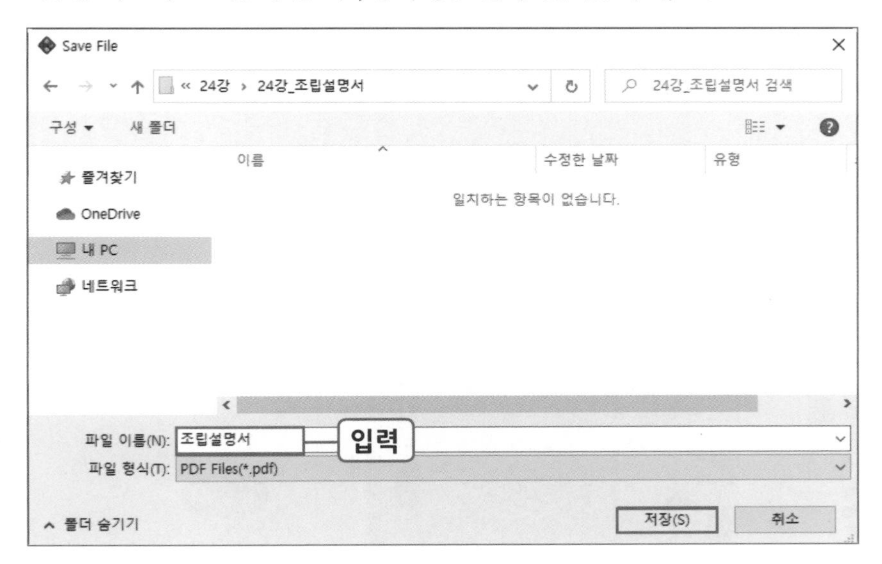

03 저장할 위치 지정이 끝나면 [Export] 단추를 클릭한 후, 그림과 같이 내보내기가 성공적으로 완료되었다는 창이 나타나면 폴더를 열기 위해 [Open the folder] 단추를 클릭해요.

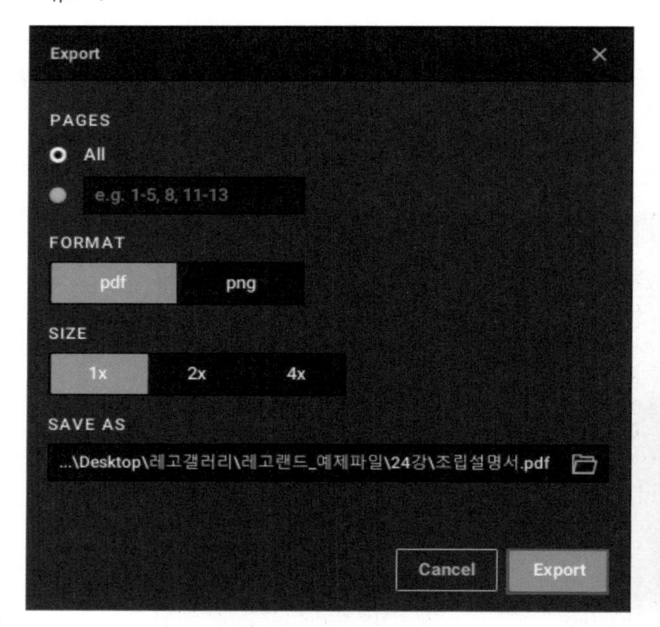

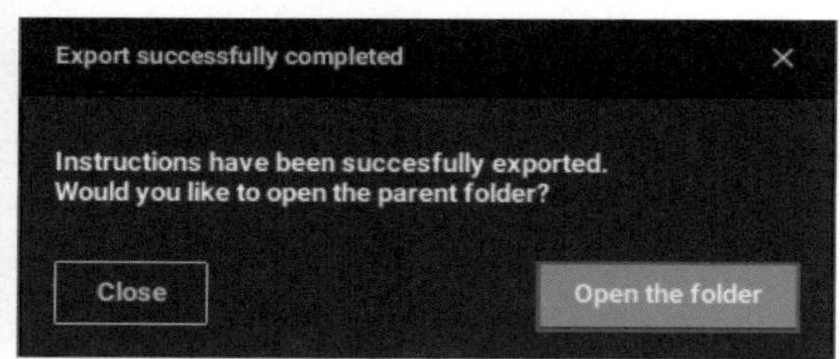

04 폴더에 저장된 PDF 파일을 확인하기 위해 [조립 설명서] 파일을 더블 클릭해요.

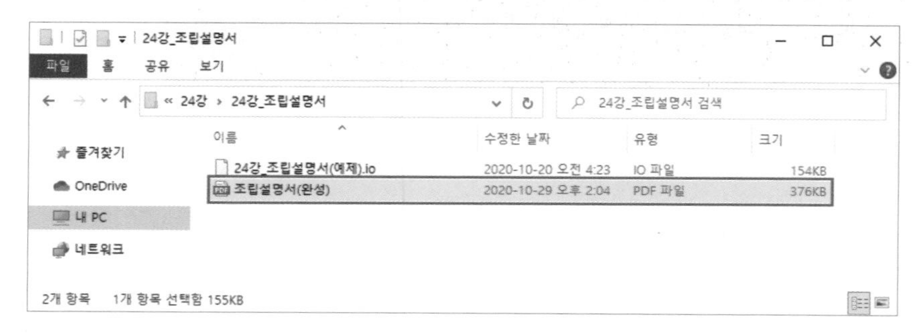

05 그림과 같이 완성된 조립 설명서 PDF 파일을 확인할 수 있어요.

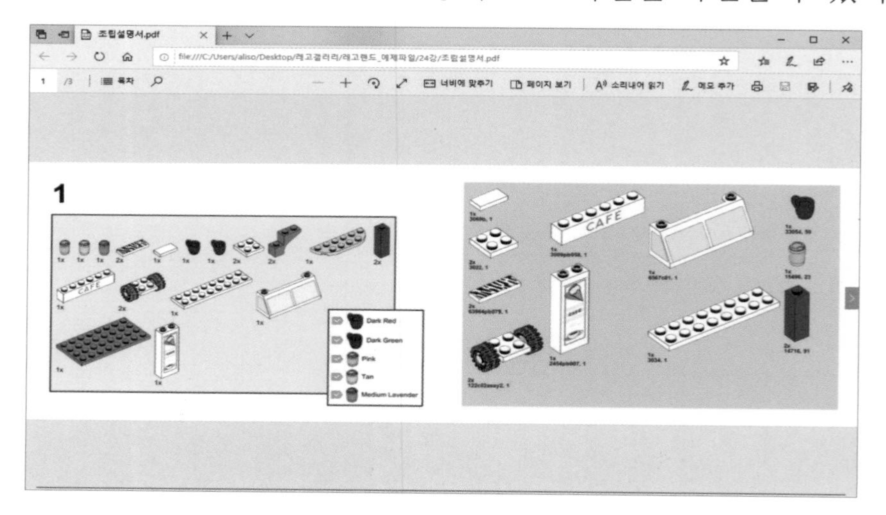

Tip

페이지 보기에서 단일 페이지 레이아웃을 2페이지 레이아웃으로 변경해요.

① 미스터 디제이 조립 설명서를 만들어 PDF 파일로 저장해요.

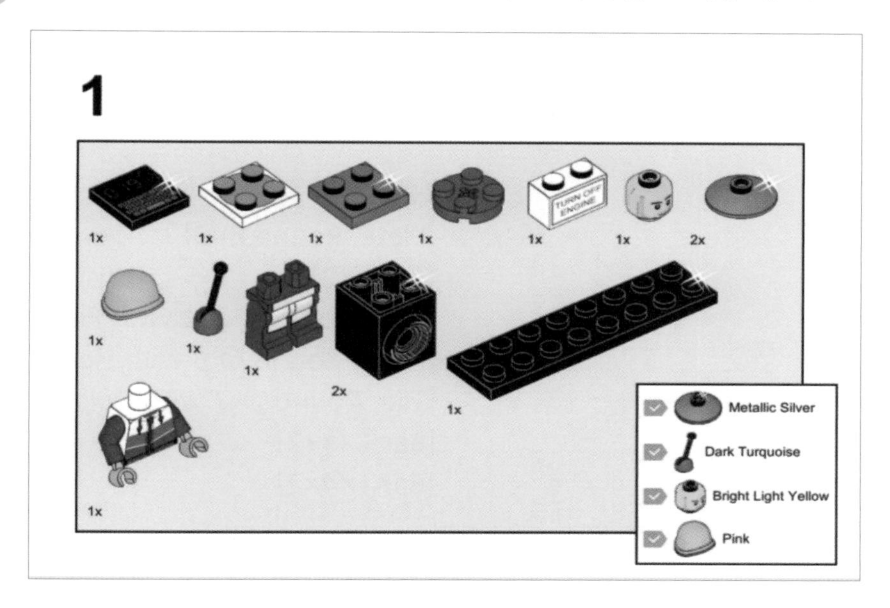

② 티켓박스 영화관 부품설명서를 만들어 PDF 파일로 저장해요.

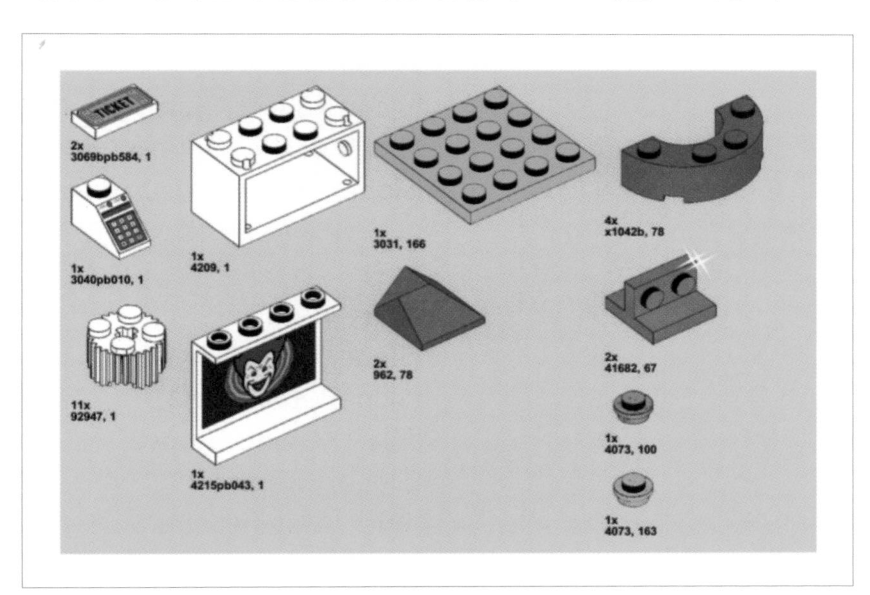

블록 찾기

MEMO

MEMO

Thank you.

- 이 책에는 빙그레가 제공한 빙그레 메로나 서체가 적용되었습니다.
- 이 책에는 메이플스토리가 제공한 메이플스토리 서체가 적용되었습니다.
- 이 책에는 네이버가 제공한 나눔고딕, 나눔명조 서체가 적용되었습니다.
- 이 책에는 레시피코리아가 제공한 레시피코리아 서체가 적용되었습니다.